미래 이후

After the Future
ⓒ Franco Berardi 'Bifo' 2011
Preface ⓒ Gary Genosko and Nicholas Thoburn 2011
Korean translation copyright ⓒ Nanjang Publishing House 2013
All Rights Reserved

This Korean translation are published by arrangement with
Franco Berardi 'Bifo' (Bologna) through Federico Campagna (London).

이 책의 한국어판 저작권은 페데리코 캄파냐(대행인)를 통한 저작권자와의
독점계약으로 도서출판 난장에 있습니다.
저작권법에 의해 한국 내에서 보호를 받는 저작물이므로
무단전재와 무단복제를 금합니다.

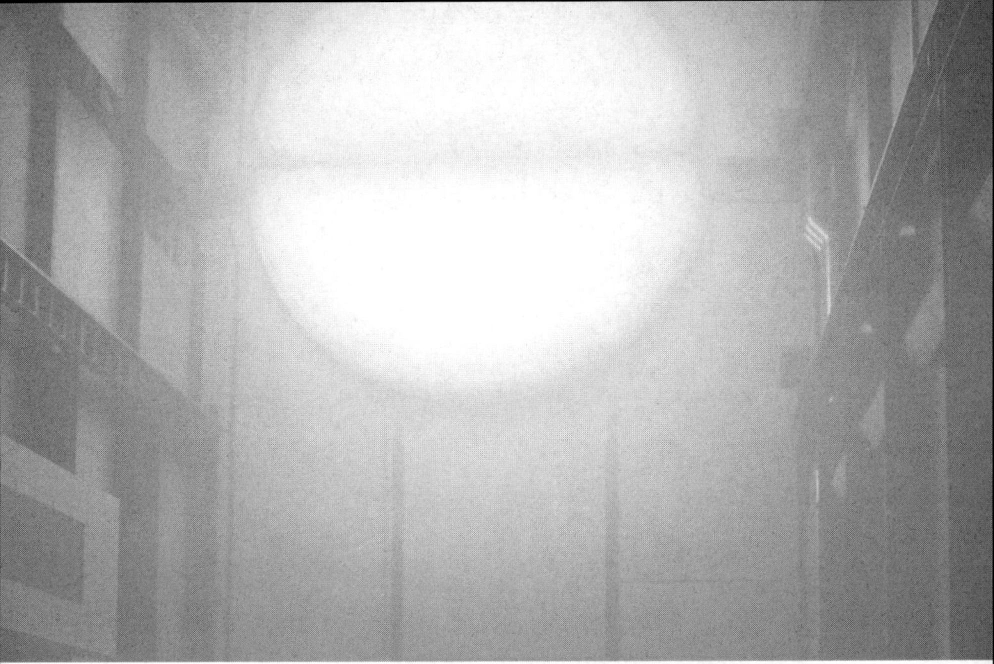

미래 이후

프랑코 베라르디 '비포' 지음 | 강서진 옮김

한국의 독자들에게 9
지은이 서문 15
편집자 서문: 프랑코 베라르디 '비포'의 횡단적 코뮤니즘(개리 제노스코, 니콜라스 쏘번) 21

1장. 미래를 신봉한 세기 31

미래주의와 미래의 전도 37 | 아방가르드의 미디어 유토피아 45 | 싸움과 테크노마야 50 | 행동주의 59 | 접속과 감수성 65 | 미래의 종말 76 | 저주받은 예언자 85 | 마지막 유토피아 88 | 미래의 전도 97

2장. 2000년대 113

시애틀에서 코펜하겐까지 115 | 대참사 직전 121 | 닷컴 붕괴 이후 127 | 인지노동의 불투명한 경제 132 | 정보노동과 불안정화 137 | 공황의 도시 145

3장. 바로크와 기호자본 151

이탈리아의 룸펜들 158 | 언어와 독 161 | 이탈리아의 변칙성 167 | 노동기피자들 171 | 신바로크 사회에서의 우발적 가치 175 | 자기경멸 182

4장. 소진과 주체성 187

불안정한 미래 191 | 소진: 장 보드리야르 다시 읽기 205 | 죽음의 경제(네크로노미) 213 | 특이성의 봉기 226 | 나이든 이들이 사랑에 빠질 때 236 | 행복한 결말 242 | 미래주의 이후 251

부록: 프랑코 베라르디 '비포'와의 대화(개리 제노스코, 니콜라스 쏘번) 255
후주 279
옮긴이 후기 301
찾아보기 309

일러두기

1. 이 책은 Franco Berardi 'Bifo'가 쓴 다음의 책을 완역한 것이다. *After the Future*, Oakland, CA: AK Press, 2011.

2. 인명, 지명, 작품명, 단체명은 국립국어원이 2002년 발간한 『외래어 표기 용례집』을 따랐다. 단, 이미 관례적으로 쓰이는 표기는 그대로 따랐다.

3. 각주는 모두 '옮긴이 주'이며 후주로 처리했다. 옮긴이 주에는 본문의 내용을 이해하는 데 필요한 배경지식이나 자세한 서지사항 등을 소개해놓았다.

4. 본문에 들어 있는 '[ ]' 안의 내용은 옮긴이가 읽는이들의 이해를 돕기 위해 원문에 없었던 내용이나 표현을 덧붙인 것이다. 단, 지은이가 덧붙였을 경우에는 '[ ]' 안의 내용 뒤에 '— 지은이'라고 명기했다.

5. 본문에 인용된 책이나 글의 내용 중, 해당 한국어판이 있는 경우에는 '[ ]' 안에 그 자세한 서지사항과 해당 쪽수를 병기했다. 단, 인용된 구절은 한국어판을 참조하되 꼭 그대로 따르지는 않았고, 필요할 경우에는 부분적으로 수정했다.

6. 단행본·전집·정기간행물·팸플릿·영상물·음반물·공연물에는 겹낫표(『 』)를, 그리고 논문·논설·기고문·단편·미술 등에는 홑낫표(「 」)를 사용했다.

한국의 독자들에게

나는 이 책을 「미래주의 선언」이 나온 지 100주년이 되는 해였던 2009년에 썼다.

1909년 2월 5일 이탈리아 시인 필립포 토마소 마리네티는 「미래주의 선언」을 발표했다. 마리네티의 이 텍스트는 시간을 지각하는 방식에서 일어난 문화적 변형(즉 근대성이 가져온 변형의 핵심)이 정점에 달했음을 보여줬다. 전통 문화들이 과거를 현재의 삶에 대한 참조 대상이자 토대로 본 반면, 근대는 미래의 팽창을 향한 [현재와의] 긴장상태에 그 에너지의 기반을 두었다.

'팽창'은 자본주의를 규정하는 핵심어이다. 지구에 존재하는 물리적 자원들의 착취, 특히 인간 노동의 착취에 기반을 둔 자본주의는 노동의 리듬과 생산성을 계속 가속화하고 생산의 잠재력과 산출량을 끊임없이 키우기 위해 몸부림치고 있다. 따라서 미래와 팽창이라는 개념은 근대 문화의 틀 안에서 밀접히 연결되어왔다.

「미래주의 선언」이 출판된 지 1백여 년이 지난 오늘날, 미래에 대한 지각은 근본적으로 바뀌었다. 20세기가 '미래를 신봉한 세기'로 규정될 수 있다면, 새로운 세기는 향후 어떤 일이 일어날지 확실히 예측할 수도 없고 미래가 사라져버렸다는 인식으로 괴로워하는 세기인 듯하다.

물론 미래가 사라졌다는 것은 환상이다. 무한한 성장과 무한한 에너지를 기대하는 것이 환상인 것과 마찬가지로 말이다. 그러나 환상은 일종의 집단적 상상력으로서 실제의 삶과 정치적 선택들, 그리고 욕망의 무의식적인 투영을 형성한다.

이 책을 쓰기 시작했을 때 나는 미래주의적 상상력이 소멸하고 미래가 없다는 감수성이 출현한 데 대해서 얘기하고 싶었다. 그렇지만 오늘날처럼 불안정성의 시대에 만연해 있는 우울한 상상력에 대해서도 얘기하고 싶었고, 이런 우울이 어떻게 전개되어갈지 생각해보면서 불안정성이 전 세계의 새로운 세대 사이에 퍼뜨려 놓은 이 질병[우울증]을 치료할 수 있는 방법도 찾아보고 싶었다.

미래는 시간의 흐름, 즉 오늘이 내일이 되는 시간의 이행에 불과한 것이 아니다. 미래는 기다림과 기대의 조건이자, 몸과 정신의 성향을 미리 결정짓는 조건이기도 하다.

미래를 팽창과 동일시한다는 것은 무한한 성장, 생산 기반의 끝없는 팽창, 지구상의 자원들과 인류가 지닌 신경에너지의 무제한적 착취 등의 개념을 은연중에 수반한다. 이런 동일시가 사회적 기대를 형성해왔기 때문에 우리는 해마다 소비되는 사물의 양이 증가하기만 한다면 행복해질 수 있다고 믿게 됐다.

그러나 20세기가 저물 무렵, 특히 20세기의 마지막 30년 동안에 우리는 성장이 무한히 지속될 수 없다는 것을 깨닫게 됐다. 지구상의 물리적 자원들이 바닥날 수 있고 인지노동자들의 신경에너지 역시 바닥날 수 있기 때문이다.

1972년 로마 클럽이 내놓은 『성장의 한계』는 1970년대의 문화적 감수성에 중요한 영향을 미쳤다. 환경주의가 정치 무대에 등장했고, 소비주의에 대한 비판이 노동착취에 대한 비판과 합류해 널리 확산됐다.

이제 세계의 대부분, 특히 서구 세계는 불황에 들어섰다. 이는 우리로 하여금 무한한 성장이 불가능함을 깨닫지 않을 수 없게 만들고 있으며, 풍요로움에 대해 다시 생각하지 않을 수 없게 만들고 있다.

미래는 이처럼 난제에 처해 있다. 만일 미래와 팽창을 동일시하는 기존의 인식을 고집한다면, 우리는 아무런 미래도 없는 상황에 점점 더 옴짝달싹할 수 없이 갇히게 될 것이다.

"미래는 없다"라는 말은 섹스피스톨즈라는 영국 그룹이 1970년대 말에 처음으로 외쳤다.

이 말은 미래주의적 꿈과 자본주의적 기만이 끝장났다는 당대의 자각을 보여준다. 그러나 자본주의적 기만은 쉽사리 죽지 않음이 증명됐고, 이후 수십 년 동안 신자유주의가 승리를 구가하면서 자본주의는 환경, 사회적 생산, 집단적 지식을 금융독재에 종속시켰다. 본질적으로 금융적 축적방식은 과거 사회의 문명에서 생산된 것을 끊임없이 파괴하는 데 기반을 둔다. 이와 동시에 이 금융적 축적방식은 다가올 수십 년 동안 인류가 생존하고 행복한 삶을 살 가능성을 파괴하고 있는 중이다.

2008년 9월에 폭발해 서구 경제를 황폐화시키며 유럽을 구렁텅이의 일보 직전에 빠뜨린 금융 위기는 인류의 자원을 사회적 삶이 아닌 금융계급을 위해 돌리는 기회로 이용되고 있다. 사회적 지출에 쓰여야 할 돈을 끌어와서 은행의 파산을 막고 있는 식이다. 이 때문에 사회적 삶이 궁핍해졌는데, 잇따른 교육·보건재정 삭감은 불안정성과 비참함을 더 악화시킬 것이며 무지와 폭력을 증가시킬 것이다.

그러나 미래에 대한 신봉이 거의 사라지게 됐고, 이제는 완전히 없어졌다고 해도 과언이 아니다. 지구화 시대에 자란 세대는 이미 강도 높고 불안정한 착취, 실업과 주변화에 종속되어 있다.

우리는 미래 이후의 시간을 살고 있다. 자본주의가 그동안 사회의 정신에 주입해왔던 대로 미래가 지속적인 팽창에 대한 기대를 뜻하는 것이라면 말이다.

1970년대 이래로 자본주의는 파괴를 통한 축적 국면에 들어섰다. 그때부터 이미 전지구적 생산기계는 무한한 성장을 위한 체계, 부와 소비를 동일시하는 체계를 살찌우기 위해 (물, 공기, 도시환경 등의) 물리적 자원을 파괴하고 신경에너지를 과잉 착취해왔던 것이다.

1977년에 폭발한 펑크 운동은 이런 미래의 소진, 노동·생존·정동의 불안정화를 예감한 운동이었다.

지난 십수 년간 일어난 운동(1999년의 시애틀 시위에서 2001년의 제노바 시위에 이르기까지 지속된 반지구화 운동, 서구와 아랍 세계에서 일어난 최근의 점거 운동) 역시 미래라는 관념을 문제 삼았고, 불안정한 노동과 인지노동에 대한 자율적 의식을 창조해왔다.

사회적 기대를 재형성하고 미래를 새롭게 생각하기 위해 우리는 풍요로움의 개념(그리고 이 개념에 대한 사회적 인식)을 재규정하는 것에서부터 출발해야 한다.

'풍요로움'의 의미는 무엇일까? 이 개념은 '소유'를 의미할까, '향유'를 의미할까? 풍요로움은 사물의 소비와 연관되어 있을까, 시간 속에서 자유롭게 흘러가는 기쁨과 관련이 있을까? 이 개념은 경쟁과 관련되어 있을까, 연대와 관련되어 있을까? 전 세계 곳곳으로 확산된 점거 운동은 결국 이런 질문들에 대한 것이었다. 즉 미래의 새로운 차원을 창조하는 것에 관한 질문들 말이다.

2013년 1월

지은이 서문

이 책에 실린 글들은 지난 10년간 각기 다른 시간과 상황 속에서 써졌다. 따라서 책의 각 부분은 서로 다른 방식과 목적으로 구상되고 구성됐다. 독자들은 이런 구성상의 특징이 이 책에서 접하게 될 여러 글들의 문체에 나타난다는 사실을 알게 될 것이다. 아테네, 런던, 로마에서의 학생 봉기들과 2011년 초 몇 달 동안 있었던 아랍 봉기, 후쿠시마 핵발전소 노심 용융 같은 최근의 사건들은 이 책에 실리진 못했지만 이 책의 기운과 구상 안에 충분히 새겨져 있으며, 신자유주의적 독단론이 사회적 문명의 근대적 가치들을 돌이킬 수 없이 황폐화시켰음을 확증해준다. 구상, 구조, 목표, 문체가 다른 이 일련의 글들이 모두 합쳐져서 미래의 종말에 대한 한 권의 책이 됐고, 현재의 복잡한 성좌들 가운데 있게 됐다.

  1장 「미래를 신봉한 세기」는 미래주의자들의 열정적 기대와 선언에서 "미래는 없다"는 펑크적 상상까지, 20세기 초에 걸친 '미래'에 대한 상상의 역사를 되짚었다. 2009년에 쓴 1장의 글들은 1909년의 「미래주의 선언」에서 20세기 마지막 10년 동안에 꽃핀 『와이어드』의 이데올로기가 보여주는 디지털 미래주의까지를 다룬다.

1장이 정확한 개요를 따라 시간 순서대로 집필됐다면, 2장 「2000년대」는 전지구적 정의를 위한 운동의 한가운데 놓여 있었던 지난 10년 동안에 발표한 논문들과 짧은 글들로 이뤄져 있다. 이 글들은 레콤비난트, 제너레이션 온라인, 『섭스턴스』, 『아큐파이드 런던』 등에 이미 수록된 바 있다.

3장 「바로크와 기호자본」은 바로크 정신, 대중의 폭력, 거액의 금융범죄가 뒤섞인 사회형태의 출현, 즉 실비오 베를루스코니 시대의 이탈리아와 기호자본주의 개념을 설명하는 데 집중한다.

4장 「소진과 주체성」은 행동주의와 주체성에 관한 현재의 생각들에 초점을 맞추고 있다. 나는 다음의 질문에 답을 찾고자 노력했다. 우리는 어떻게 의식적인 집단적 주체화의 미래를 상상할 수 있을까? 불안정성의 시대, 시간의 프랙탈화 속에서 어떻게 집단적 의식성을 창조할 수 있을까? 자본주의가 되돌릴 수 없는 파괴의 경향을 제도화해 놓은 세계 속에서 어떻게 사회적 자율을 실천할 수 있을까?

2000년에서 2009년까지, 현기증 나는 이 시기는 우리의 견해와 전망을 놀랍도록 뒤바꿔 놓았다. 닷컴 붕괴에서 2001년 9월 11일 사건까지, 조지 W. 부시 정부의 범죄적 전쟁들에서 전지구적 금융 경제의 붕괴 위기까지, 최근의 세계사는 충격적인 사건들과 놀라운 역전들로 특징지어진다. 시애틀 봉기에 의해 예고되고 대항지구화 운동의 확산으로 개시된 이 10년은 내게 흥미롭고 놀라우며 신나는 기간이었다. 그러나 결국 이 시기는 슬프게 끝이 났다.

미국에서 버락 오바마가 승리했지만, 지난 10년의 끝에서 전망은 암울했다. 기업자본주의와 신자유주의는 세계의 물질적 구조와 인류의 사회·문화·신경 체계에 영구히 손상을 입혔다. 한편 1990년대에는 새로운 운동이 출현해 도처에서 자본주의 기업들의 권력을 문제 삼으며 빠르고 널리 성장하기도 했다.

나는 몸과 정신을 집단적으로 변이시키는 것, 의식·습관·기대를 변화시키는 것을 '운동'이라 부른다. 운동은 집단적 의식성과 집단적 노력, 투쟁을 동반한 의식적 변화를 의미한다. 의식적이고 집단적인 변화. 이것이 '운동'의 의미이다.

1999년의 시애틀에서 2001년의 제노바에 이르기까지 운동은 자본주의가 문명화된 삶의 조건을 망치지 못하게 하려고 애썼다. 더도 덜도 아니고 바로 이것, 문명화된 삶의 조건이 문제의 핵심이었다.

전 세계의 활동가들이 전하고자 한 바는 간단했다. 만일 우리가 착취, 부채, 강제적 소비의 기계를 멈추지 않는다면, 지구상에서 인류 공존의 전망은 어두워지거나 불가능하게 되리라는 것이었다.

시애틀 투쟁이 일어난 지 10여 년이 지났고, 2009년 코펜하겐 기후정상회담이 실패한 지금, 우리는 저 활동가들이 진실을 이야기하고 있었다고 말할 수 있다.

자본주의적 지구화에 대항하는 전지구적 운동은 인상적일 만큼 광범위함과 파급력을 얻었으나 결코 사회의 일상생활을 바꿀 수는 없었다. 그 운동은 사회를 변형시키는 동력이 아니라 윤리적인 운동에 머물렀다. 사회의 재구성 과정을 만들어낼 수도, 사회적 주체화의 효과를 생산할 수도 없었다. 전 세계 수백만의 사람들이 이라크 전쟁에 반대해 거리에 운집했던 2003년 2월 15일의 대규모 시위 이후, 부시는 이들을 침묵시켰다.

21세기의 첫 번째 10년이 지나간 오늘날 운동의 부재, 다시 말해서 능동적 문화의 부재, 공적 영역의 결여, 집단적 상상의 공백, 주체화 과정의 마비는 명백해졌다. 의식 있는 집단적 주체로 향하는 길은 가로막힌 듯하다.

지금은 어떨까? 일상의 수준에서 의식적·집단적 변화가 일어나는 것은 불가능해 보인다. 물론 우리가 이전에 겪어본 적 없는 속도로 매일 변화가 일어나고 있음을 나는 잘 알고 있다. 미국에서 흑인 대통령이 선출된 것이 변화가 아니라면 무엇이겠는가? 그러나 사회의식의 영역에서는 변화가 일어나고 있지 않다. 변화는 일상생활에서가 아니라 스펙터클한 정치의 영역에서 일어난다. 정치와 일상생활의 관계가 너무 미약해져 정치에서 무슨 일이 일어나든 삶은 바뀌지 않을 것 같다는 생각이 가끔씩 들 정도이다.

엄청난 경제적 붕괴는 분명 일상생활의 많은 것을 바꿀 것이다. 내기를 해도 좋다. 그런데 이 변화는 의식적으로 계획된 것일까? 어떤 의식적·집단적 행동과 연결되어 있나? 아니다. 이것이 바로 그 실패에도 불구하고 신자유주의에 대한 맹신이 여전히 살아남아 전 세계 권력들의 의제를 추동하는 이유이다.

세기말의 전야에 시애틀에서 태어난 대항지구화 운동은 집단적·의식적 행위자였으며, 유례없는 힘과 파급력을 가진 운동이었다. 그러나 반복컨대 그것은 대중의 일상생활을 전혀 바꾸지 못했다. 임금노동과 자본주의 기업 사이의 관계도, 불안정 노동자들 사이의 일상적 관계도, 이민자들의 삶의 조건도 바꾸지 못했다. 그리고 공장, 학교, 도시에서 사람들 사이의 연대를 창조하지도 못했다. 신자유주의 정치는 실패했지만 사회적 자율이 나타나지는 않았던 셈이다.

신자유주의 정치의 광기에 대한 윤리적 자각은 도처에 퍼져 있지만, 그런 자각이 사람들 사이에 정동적이고 사회적인 관계를 형성하지는 않았다. 운동은 윤리적 항의의 표현에 그쳤다. 그런데도 불구하고 운동은 효과들을 만들어냈다. 이전에 신의 말이자 자연적이고 명백한 진리로 여겨졌던 신자유주의 이데올로기는 시애틀 봉기 이후 문제시되기 시작했고 광범위하게 비난받았다. 그러나 윤리적 시위는 사회적 지배의 현실을 바꿔 놓지 않는다. 글로벌 기업들은 노동에 대한 착취와 지구 환경에 대한 대규모 파괴 속도를 늦추지 않았다. 전쟁광들은 아프가니스탄, 이라크, 팔레스타인을 비롯한 세계 곳곳에서 쉬지 않고 민간인들에 대한 치명적 공격을 조직하고 개시했다.

왜? 도대체 왜 2003년 2월 15일에 시작된 인류 역사상 가장 거대했던 시위인 반전 지구행동은 바그다드 폭격을 막지 못했을까?

전 세계에서 대규모로 일어났는데도 왜 의식적·집단적 행동은 사태를 바꿀 수 없었을까? 이것이 바로 내가 지난 10여 년간 답하려 노력해왔던 질문이다. 나는 이 책에서 그 답을 찾고자 노력했다.

여기서 짧게 말하건대, 그 답은 정치적 투쟁 전략에서가 아니라 사회의 짜임새에 존재하는 구조적 취약함 속에서 찾아야 한다.

20세기에 사회적 투쟁이 집단적·의식적으로 사태를 바꿔낼 수 있었던 것은 산업 노동자들이 일상생활 속에서 연대와 단결을 유지할 수 있었기 때문이다. 따라서 그들은 싸워 이겼다. 자율은 승리의 조건이었다. 자율은 일상생활 속에서 사회적 연대를 창조하는 능력, 노동과 착취의 지배 바깥에서 자기조직화할 수 있는 능력을 의미하기 때문이다. 자율적 공동체는 정치적 힘의 조건이었다. 사회의 재구성이 가능할 때, 집단적이고 의식적인 변화 역시 가능하다.

노동력이 공통된 문화적 흐름과 공통된 감수성의 토대를 창조해 동일한 문제와 때로 동일한 답을 공유하면서 집단적 행위자가 될 때,

우리는 사회의 역사에서 재구성에 대해 이야기할 수 있다. 사회적 재구성의 조건들 속에서 자본으로부터의 자율이 가능해진다. 자율은 일상생활, 공장, 동네, 가정, 사람들 사이의 정동적 관계 속에 존재하는 대항권력으로 자본의 권력에 맞설 수 있는 가능성이다.

그런데 이것이 끝장난 것처럼 보인다. 노동의 조직화는 새로운 테크놀로지에 의해 파편화됐으며 노동자들의 연대는 뿌리째 파괴됐다. 노동시장은 지구화됐지만 노동자들의 정치적 조직화는 그렇지 못했다. 정보영역은 극적으로 변하고 가속화되어감으로써 소통, 공감, 연대의 가능성 자체를 위태롭게 하고 있다.

노동과 소통의 이 새로운 조건들 속에서 우리는 이해의 공통된 토대와 공동 행동을 만들어낼 수 없었다. 2000년대 초반에 확산된 운동은 자본주의적 지구화의 효과들을 고발할 수 있었지만 사회적 조직화의 새로운 길을, 자본주의적 착취로부터 자율의 새로운 길을 찾아낼 순 없었다.

앞서 말했듯이 이 책은 순차적으로 구성되어 있지 않다. 이 책은 우리의 현재를 구성하는 복잡한 성좌들의 표현이다. 때로 독자들은 글의 전개가 완벽히 일관적이지 않다는 점을 발견하게 될지 모른다. 실제로 그렇다. 나는 지금 이 순간 우리가 어디를 향하고 있는지 모르고, 사회적 자율에 관한 오늘날의 문제에 해결책을 가지고 있는 척하지도 않았다. 내가 할 수 있는 것은 우리의 방황을 보여주는 지도를 스케치하는 것, 그리고 빠져나가는 길을 모색하는 것이다.

편집자 서문

프랑코 베라르디 '비포'의 횡단적 코뮤니즘
개리 제노스코·니콜라스 쏘번

정치적 사유, 실천, 상상이 '미래'를 놓칠 때 무슨 일이 일어날까? 위기에 빠진다. 20세기를 수놓은 혁명적 정치의 분석적·심리적·리비도적 구조들은 미래라는 시간 형식에 기대고 있었다. 미래는 20세기 최초의 아방가르드 운동에 이름을 주기도 했다. 미래주의가 바로 그것이다. 미래는 혁명의 편에 있었다. 미래는 위대하고 힘을 북돋워주는 신화였다. 그러나 이제 더 이상 미래를 믿는 사람은 없다. 미래는 끝났다. 미래의 마지막 흔적은 고도로 미래화된 금융자본주의의 도식 안에서 소진되어버렸다.

    이것이 프랑코 베라르디 '비포'가 이 책에서 내리고 있는 근본적인 진단의 내용이다. 이 진단은 정치적인 만큼이나 **임상적인** 진단인데, 그 이유는 비포가 사회적 신체와 물질적 신체 전체에서 미래가 끝장났다는 **징후들**을 추적하기 때문이다. 오늘날의 병증에 대한 이런 평가의 재료는 인지, 정동, 언어, 기호, 욕망, 경제, 조직화, 미디어 상의 변화 과정들이다. 징후는 한편으로 억압된 내용을 가리키고, 다른 한편으로 여전히 통합될 길을 찾고 있는 '미래 이후'를 향하고 있기도 하다. 이런 징후들은 썩 유쾌하지 않다.

그러나 이 진단은 보기보다 훨씬 더 근본적이다. 핵심은 새로운 전위 안에서 미래를 **되살리는 것**이 아니다. 미래는 그 자체가 매우 의심스러운 시간 형식이었다. 요컨대 비포에게 미래는 점점 더 팽창하며 잉여가치를 추구하는 자본주의적 생산양식의 '상상 효과'였다. 1977년에 사태가 달라지기 시작했다. 이때부터 '미래를 신봉한 세기'가 점차 해체되기 시작했던 것이다. 이 사실은 영국의 펑크 운동에서뿐만 아니라 비포도 밀접한 관련을 맺고 있는 이탈리아의 '77년 운동'에서도 확인된다.

프랑코 베라르디, 혹은 '비포'는 영미권 독자들에게 주로 그가 노동자주의('오페라이스모') 및 자율주의('아우토노미아') 운동과 맺고 있는 관계로 인해 알려져 있다. 이탈리아의 사상과 비의회 정치에서 형성된 이 조류는 노동자들의 욕구·욕망·조직적 자율을 정치적 실천의 중심에 두는 새로운 형태의 코뮤니즘 정치와 이 조류에 가해진 대규모 탄압으로 1970년대에 널리 알려졌고 상당한 영향을 끼쳤다.[1] 그때 이후 이 조류는 '포스트자율주의'와 '포스트노동자주의라는 이름으로'(비포는 '구성주의'라 부르는 것을 더 좋아한다) 활동가 집단, 포스트미디어 문화, 대학 등에 커다란 영향력을 끼쳤다. 물론 안토니오 네그리가 이 조류의 주요 인물이기는 하지만, 네그리의 작업만이 이런 사유와 정치 양태 전체의 역사적 형태들과 현대적 특성들을 대표하는 상징이라고 여긴다면 크나큰 실수일 것이다.

노동자주의의 핵심 조직인 노동자의힘에서 네그리의 동지였던 비포의 정치학은 끊임없이 노동자주의적 경향의 흔적들을 보여줬다.

특히 모든 계급구성체의 가장 현대적인 기술적·적대적 **구성**에 관여해 그것을 연구해야 하며, 정체성주의자들처럼 정치적 주체성을 미리 구성된 무엇으로 이해해서는 절대로 안 된다고 주장하는 데서 이 사실이 잘 드러난다. 칼 맑스의 '일반지성' 개념이라는 자율주의의 보도寶刀를 사용하는 것도, 이런 방식의 지적 활동이 비포의 작업에서 지속되고 있음을 보여주는 지표일 것이다. 그러나 노동자주의라는 주요 경향과 비포는 갈지자 모양으로 횡단적 연결관계를 맺고 있다. 즉 비포는 자율주의 정치학을 정교하게 구체화하는 만큼이나 자율주의 정치학의 외부에도 열려 있다.

이 사실은 1970년대 중반 비포가 설립을 도왔던 볼로냐 집단 아/트라베르소('횡단'), 그리고 이 집단과 연합한 독립방송국 '라디오 알리체'에서 가장 분명하게 드러난다. 출판, 연구, 조직화, 방송을 아우른 이런 기술문화적 실험들 속에서 자율주의의 테제들은 대중문화적 스타일, 미디어상에서의 활동능력, 프롤레타리아 청년들의 도시 반란, 성정치, 모더니즘 시학, 탈구조주의 사유의 개념적 혁신(특히 질 들뢰즈와 펠릭스 가타리의 혁신들)과 뒤얽혔다. 1977년 봄에 발생한 볼로냐 봉기를 도왔다는 이유로 무장경찰에 의해 폐쇄된 라디오 알리체는 하나의 신화가 됐다. 라디오 알리체를 곧장 연상케 하는 『느리게 일하라』2)라는 영화에서도 이 점을 확인할 수 있다. 비포는 이 영화에 맑스주의자 변호사로 우정 출연했다.

정치적 구성의 장에서 디지털 기술이 라디오 전파에 더해짐에 따라 비포의 횡단적 정치, 글쓰기, 미디어 실천 역시 더 다양한 조직·미디어 형태를 통해 전개됐다. 지역 텔레비전 운동인 텔레스트리트, 웹 포럼인 레콤비난트가 주목할 만한 사례이다. 이 책의 주제로 돌아와,

비포의 주장은 포스트노동자주의와 결합해온 여타의 입장들과 어떻게 다를까? 혹은 그것들을 어떻게 가로지르고 있을까?

비포의 진단은 네그리와 마이클 하트의 진단보다 훨씬 더 암울하다. '비물질 노동'이라는 주제와 관련해서 우리는 이 점을 잘 알 수 있다. 네그리와 하트가 노동과 노동 생산물의 지적·기호적·정동적 내용이 두드러지게 부상하는 상황 속에서 노동자들의 자율을 향한 경향을 찾는다는 것은 이제 잘 알려져 있다. 여기서 자본은 노동의 자기조직화에 **외부적인** 기생적 포획기관이 된다. 비포의 결론은 상당히 다르다. 오늘날 노동의 배치에서 주도적 역할을 하는 힘은 노동이 아니라 단연코 **자본**이라는 것이다.『정치경제학 비판 요강』에서 맑스는 몇 십 쪽을 할애해 (노동자주의는 이 부분을 「기계에 관한 단상」이라 부른다) 자본주의적 생산 메커니즘이 "수많은 기계적이고 이지적인 기관으로 이뤄진 거대한 자동장치"[3]라고 이야기했다. 계속해서 맑스는 이렇게 말한다.

> 오히려 노동은 기계 체계의 수많은 지점들에 존재하는 개개의 살아 있는 노동자들 사이에 흩어져 있는 의식적 기관으로 나타날 뿐이다. …… 이 체계는 살아 있는 노동자들 속에서가 아니라 노동자들의 개별적이고 보잘것없는 행위에 대립하는 강력한 유기체로서의 살아 있는 (활동적인) 기계류 속에서 통일된다.[4]

『미래 이후』에서 비포는 근본적으로 새로운 디지털 자본주의 시대에 맑스의 테제를 반복한다. 그리고 '자동장치'가 그 힘을 증식시켜 노동의 부분들 혹은 기관들을 해체해 지휘하게 됐다는 것을 발견한다. 인간의 정신적 영역 전체는 이제 디지털의 속도로 작동하는 자본의 운동에 종속된다. 정보 기술의 네트워크 형성력으로 인해 노동을 편성하는 자본주의적 작업 과정의 능력은 지구 전역을 가로질러 공간적으로 확장됐을 뿐만 아니라 시간적으로도 강화됐다. 오늘날 기업들은 노동자를 통째로 구매하지 않는다. 노동자의 활동, 감수성, 주의력, 소통능력의 파편을 구매한다. '기호자본주의'(기호, 정동, 태도, 아이디어를 곧장 생산적으로 만드는 자본주의) 이론에 대한 비포의 탁월한 기여 중 하나는 노동의 **세포화**이다. 생산이 기호화됨에 따라 인지노동자들은 불안정하게 (임시직, 계약직, 단기직 형태로) 고용되고, 필요한 때에만 착취적 디지털 네트워크를 통해 결합/재결합되는 고도의 추상물인 '기호 생산물'이나 그 단편을 다루는 노동을 하게 된다. 비포가 여기서 주장하듯이 사회적 장은 "자본의 주관에 의해 재조합되고, 마치 휴대폰 통신처럼 연결되는 가치화하는 세포들의 바다이다." 이 정보노동자들은 자신의 시간이 세포화되는 때에 대해서만 돈을 지불받을 수 있다. 그러나 이들은 "대기 중인 뇌 덩굴처럼 맥박이 뛰고 이용 가능한" 상태로 하루 종일 이런 생산에 종속되어 있다. 항시 대기 중인 휴대폰이나 스마트폰인 셈이다.

  인간의 정신과 신체는 이 상태를 감당할 수 없다. 우리의 인지·소통·감성 능력이 정보가 보여주는 새로운 기계적 속도 아래에서 일어나는 세포분열과 재조합에 종속될수록 우리는 병든다. 우울증, 공황, 불행, 근심, 두려움, 공포. 이것들은 우리 시대 노동의 정동적 조건이며, 당연히 각각에 맞는 정신약리학을 갖춘 인지자본주의의 '정신병 폭탄들'이다. 그런데도 우리는 우리 자신을 이런 체제에 적극적으로 내맡긴다. 이것이 현대 문화의 괴상함이다. 물론 대다수는 선택의 여지가 없다. 저것이 구조적인 노동조건이다. 그러나 문화가 점진적으로 상업화되고, 대도시의 삶 속에서 서서히 죽어가고, 연대감을 잃어가고, 부지불식간에 경쟁메커니즘이 심각하게 확산됨으로써 우리는 스스로 우리의 욕망을 노동에 고정시키게 되어버렸다. 오늘날 우리의 소통적·정동적 특성을 적합하게 표현하는 유일한 형태는, 점점 더 경쟁적이고 자아도취적으로 되고 있는 우리의 충동을 가장 잘 확증해줄 수 있는 형태는 기업가적 형태이다. 제아무리 그것이 인간의 정동과 인지능력을 한계점까지 압박하고 있을지언정 말이다.

이런 실존적 '불안정성'은 포드주의적 노동시간과 계약보장 모델로 돌아간다고 해결될 수 있는 것이 아니다. 이 모델은 불안정 노동의 오랜 역사에서 일시적으로 존재했고 지금은 철지난 형태(당시에도 노동 인구의 일부인 특정 인종·젠더에만 해당됐던 형태)일 뿐이다. 1970년대 노동자들의 저항, 즉 비포와 자율주의가 '노동거부'로 규정했던 저항의 구체적인 대상 역시 바로 이 모델이었다. 과거의 전투적 전략들은 더 이상 가능하지 않으며, 비포 역시 송장이나 다름없는 정통 코뮤니즘을 되살리는 데 별 관심이 없다. 정통 코뮤니즘 전통에 대한 비포의 견해는 『노동하는 영혼』에서 매우 분명히 드러난다.

> 소련과 그밖의 레닌주의 정당들이 강제한 국가공산주의와 노동자들의 자율적 코뮤니즘 간에 뭔가 관계가 있다면, 그것은 후자를 복종·훈육시키고 파괴하기 위해 전자가 체계적으로 자행한 폭력이다.[5]

따라서 레닌이나 마오쩌둥에게로 돌아갈 수 없다. 네그리·하트와 더불어 현재의 국면에 적합한 코뮤니즘을 재정립하려는 노력들 가운데 가장 탁월하고 영향력 있는 것은 알랭 바디우의 작업에서 찾아볼 수 있다. 최근의 저작에서 바디우는 전위당 모델에 등을 돌렸다. 왜냐하면 우리가 레닌주의적 당 형태와 마오쩌둥의 문화혁명으로 특징지어졌던 시퀀스를 넘어선 새로운 시퀀스에 들어섰다고 보기 때문이다.6) 비포의 다른 점은, 일련의 시퀀스로 정확하게 특징지어졌건 아니건, 제대로 된 코뮤니즘은 **결코** 레닌이나 마오쩌둥의 이름으로 통하지 않는다고 보는 데 있다(라디오 알리체의 '마오주의적 다다이즘'은 중국의 저 위대한 조타수와의 동일시와는 완전히 다른 것을 의미했다). 이런 비판을 간결하게 줄여서 나타내기 위해 우리는 소련과 중국 체제가 보여준 노동에 대한 (거부나 극복이 아닌) 긍정과 강화를 거론할 수 있다. 그러나 비포가 이 책에서 특히 고찰하고 있는 문제는 그런 정통 코뮤니즘에 내재된 **주체적 정치 모델**, 즉 '투사' 모델, 그리고 이것과 그리 멀지 않은 '활동가' 모델이다.

비포는 행동주의가 자본의 무한하고 침략적인 힘에 대한 주체의 나르시시즘적 반응이며, 활동가로 하여금 결국 좌절감, 우울함, 모욕감을 느끼게 할 따름인 반응이라고 주장한다. 여기서 비포는 근대의 이런 정치적 형상을 레닌에게서 발견하고, 매우 이단적으로 이렇게 말한다. "나는 레닌이 없었다면 20세기가 훨씬 더 나은 세기가 됐을 것이라고 확신한다." 비포는 레닌이 우울증에 빠진 시기들을 독해함으로써 이런 진단에 이르는데, 그렇게 되는 조건이 레닌에게만 해당되는 것은 아니다. 다른 곳에서 비포는 이와 동일한 문제를 펠릭스 가타리에게서도 발견하고 있다. 권위주의적인 정치적 주체화에 대해 가타리가 정교하게 수행한 정신분열분석 비판을 생각해보면 매우 놀라운 지적이다. 비포는 1980년대에 이탈리아를 떠나 망명생활을 하는 동안 가타리와 우정을 쌓았다. 이 시기는 개인적인 우울함과 신자유주의적 반동이 겹쳐 가타리 스스로 자신의 '겨울'이라 특징지었던 기간이다. 이런 조건에서 가타리에게는 모종의 정치적 행동주의가 중심적인 것으로 나타났다. 그러나 비포에게는 아니었다. "1980년대에 펠릭스는 내가 더 이상 정치 투쟁 같은 데 관여하지 않는다고 이따금씩 질책하곤 했다. …… 내가 보기에 투사적 의지와 이데올로기적 행동은 이미 무력해졌다."7) 비포가 보기에 반동의 시대, 사회적 장에서 정치적 창조성이 축출된 시대에 행동주의는 우울함을 떨치기 위한 필사적 시도가 되어버렸다. 그러나 그것은 실패할 것이 뻔했고, 설상가상으로 정치적 혁신과 사회성을 그 정반대의 것으로 뒤집어 놓을 것이었다. 즉 "욕망을 의무로 대체"하게 될 것이었다.

> 분명 펠릭스는 이 점을 알고 있었을 텐데, 이에 대해 결코 많은 이야기를 하지는 않았다. 심지어 자기 자신에게조차 말이다. 펠릭스가 자기 마음에 들지 않는 사람들과의 온갖 회의에 모두 참석해, 자신을 괴롭히는 것들에 관해 이야기를 나눈 이유가 바로 여기에 있다. …… 여기에, 우리가 감히 인정할 용기를 내지 못했던 이 정치적 의지의 무력함 속에 우울함의 뿌리가 있다.8)

우울함에 대한 비포의 분석에서 우리는 두 가지 측면을 분간해 낼 수 있다. 우울함은 디지털 자본주의에 의한 감각의 과부하가 야기한 '공황'의 산물이고, 물러남의 상태이며, 기업의 경쟁적·나르시시즘적 구조로부터 에너지를 거둬들이는 것이다. 또한 우울함은 정치적 구성과 적대를 상실한 결과이기도 하다. "공동체[와]의 직접성이

지리멸렬되는 데서 우울함이 태어난다. 자율적이고 욕망하는 정치는 번성하는 공동체였다. 번성의 힘이 사라질 때 사회는 우울의 거처가 된다."9) 앞서 언급한 두 가지 표현형태들 속에서, 우울함은 실제 역사의 경험이자 능동적으로 대면하고 싸워야 할 어떤 것이다. 전투적 주의주의에 호소하는 것으로 우울함을 피할 수는 없다. 우리는 우울의 모습, 조건, 산물을 가늠해 우울함에 대한 분석학과 이에 적합한 정치학을 찾아내야 한다. 이것이 이 책의 목표이다. 이는 미래 이후의 정치학, 미래를 구성했던 이제는 쓸모없어진 분석 형식들과 주체 형태들 이후의 정치학을 향한 첫 번째 발걸음이다.

비포는 이 모험에서 미래주의의 속도 미학, 실비오 베를루스코니의 미디어 제국에 의한 정신의 부패, 초이성적 언어, 노령화, 닷컴 버블, 코펜하겐 기후정상회의, 기호자본주의의 역학, 바로크적 근대성의 가능성 등 다양한 원천을 가로질러 활용하며 진단과 탈주를 감행한다. 이 책은 선언으로 시작해 선언으로 끝난다. 마리네티의 「미래주의 선언」은 미래를 신봉한 세기를 열었다. 한 세기가 지나 작성된 비포의 「포스트미래주의 선언」은 조금 다른 것으로서 '현재의 무한성'에 바치는 연가戀歌이다. 코그니타리아트가 자신의 몸과 집단성에 다시 연결되고 스스로 기업가가 되는 풍조의 속박에서 벗어날수록 노래, 시, 치유는 자유롭게 한데 어울려 **미래**에 대한 더 이상의 환영을 머리에서 말끔히 씻어주는 칵테일이 된다.

1장
미래를 신봉한 세기

미래주의 선언(『르피가로』, 1909년 2월 20일) 가장 널리 알려진 이 프랑스어판에는 원래 이탈리아어판(1909년 2월 5일)에 없던 도입부가 삽입됐다. 마리네티는 프랑스어판의 표현이 검열에 의해 부분적으로 수정된 것을 못마땅하게 여겨 '결정판'을 이탈리아어로 다시 작성해 자신들의 기관지인 『포에지아』(5권/1–2 합본호, 1909년)에 수록했다.

아방가르드를 사회와 소통에서의 혁명, 사회와 소통의 관계에서의 혁명에 몰두한 의식적 운동이라고 한다면, 미래주의(즉 이탈리아의 미래주의)는 아방가르드의 첫 번째 의식적 선언으로 볼 수 있을 것이다. 1909년 발표된 「미래주의 선언」은 미래에 대한 믿음을 보여준 행동이었다. 나는 이 선언이 20세기, **미래를 신봉한 바로 그 세기**의 문화적·이데올로기적 개시이기도 했다고 주장하고자 한다.

20세기 동안 미래주의는 그것의 이탈리아적 형태와 러시아적 형태 모두에서 상업광고의 언어(특히 이탈리아 미래주의)와 정치적 선동선전의 언어(러시아 미래주의)를 낳으며 **상상력**과 **프로젝트**의 주된 힘이 됐다. 미래라는 관념은 20세기의 이데올로기와 활력에서 핵심이었으며, 여러 측면에서 **유토피아**라는 관념과 섞여 있었다. 당대의 참상에도 불구하고 유토피아적 상상력은 진보적인 미래에 대한 희망에 끊임없이 새로운 숨을 불어넣었다. **근대의 약속**이 이제 곧 성취될 것 같았던 1968년에서 절정에 이를 때까지 말이다.

20세기의 마지막 30년 동안 **유토피아적 상상력**은 서서히 전복됐고, 그 자리를 **디스토피아적 상상력**이 채웠다. 여러 가지 이유에서 1977년은 전환점으로 간주될 수 있다. 이 해는 펑크 운동이 폭발적으로 일어났던 해로서, "더 이상 미래는 없다"는 이들의 외침은 일종의 스스로 실현되는 예언이 되어 서서히 전 세계를 뒤덮었다.

미래를 신봉한 20세기의 마지막 10년 동안에는 **새로운 유토피아**가 등장했다. 고도로 연결되어 있고 무한한 힘을 지닌 전지구적 지성이라는 상상력에 길을 터준 **사이버문화**가 등장한 것이다. 이 마지막 유토피아는 9·11 사건에 뒤이은 전망의 갑작스런 변화 이후 침체를 맞았고, 결국 가상세계에서의 삶과 현실세계에서의 죽음, 가상세계에서의 앎과 현실세계에서의 전쟁을 확대 재생산하는 체계를 만들어냈다. 2001년 9월 11일 이후로 이제 예술적 상상력은 두려움과 절망의 땅을 벗어날 수 없게 된 것처럼 보인다. 과연 우리는 이 **디스토피아 왕국**의 한계를 넘어서는 길을 찾을 수 있을까?

이 책에서 나는 미래에 관한 신화라는 관점에서 20세기의 문화사를 재고해보고자 한다. 미래는 명백한 개념이 아니라 문화적 구성물이자 투사물이다. 신학적 문화의 영역에서 살았던 중세인들에게 완전함이란 신이 우주와 인류를 창조한 과거에 속한 것이었다. 따라서 역사적 존재는 낙원에서의 추방, 버려짐, 본래의 완전함과 단일함의 망각이라는 모습으로 나타나는 것이다.

미래에 관한 신화는 근대 자본주의에 그 뿌리를 두고 등장했다. 근대 자본주의 경제의 팽창과 그에 따른 지식의 팽창이라는 경험 속에서 말이다. 현재보다 미래가 더 나을 것이라는 생각은 자연스러운 것이 아니라 부르주아 생산 모델의 독특성이 낳은 가상효과이다. 신대륙을 발견하고 세계지도를 다시 그리기 시작한 이래로, 즉 근대가 시작된 이래로 근대성이란 세계의 한계를 확장하는 것이라 규정됐으며, 현재 자본주의 경제의 독특성은 바로 물질적 재화와 지식 영역의 끊임없는 확대로 이어지는 잉여가치의 축적에 있다.

1850년부터 1950년 사이에 미래에 관한 신화는 최고조에 달했고 맹신 이상의 것이 되어버렸다. 미래에 관한 신화는 경제 성장이라는 현실에 대한 이데올로기적 해석인 '진보' 개념에 기반한 진정한 신념이 된 것이다. 정치행위도 진보하는 미래라는 이런 믿음의 견지에서 재구성됐다. 자유주의와 사회민주주의, 민족주의와 공산주의, 아나키즘에 이르기까지, 근대 정치이론의 서로 다른 일파들이 다음과 같은 공통의 확신을 공유한다. 즉 현재는 암울하지만 미래는 밝을 것이라는 확신을 말이다.

이 책에서 나는 미래가 끝났다는 생각을 전개할 것이다. 이는 새로운 생각이 아니다. 펑크와 더불어 나타난 이 생각, 즉 미래의 말소는 이미 1970~80년대에 서서히 진행되어왔다. 이제 그 괴상한 예언이 실현됐다. 물론 미래가 사라졌다는 생각은 다소 엉뚱하다. 내가 지금 글을 쓰고 있는 동안에도 미래는 계속 펼쳐지고 있으니까.

그러나 '미래'라고 말할 때 나는 시간의 방향을 의미하는 것이 아니다. 오히려 내가 염두에 두고 있는 것은 진보적 근대의 문화적 상황에서 출현한 심리적 인식, 즉 근대 문명의 오랜 기간 동안 만들어졌고 제2차 세계대전 이후 몇 년 동안 정점에 달한 문화적 기대이다. 그런 기대는 끊임없이 진보하는 발전이라는 개념틀 속에서 형성됐다. 지양Aufhebung과 공산주의라는 새로운 총체성의 확립에 관한 헤겔-맑스주의적 신화, 복지와 민주주의의 직선형 발전에 관한 부르주아적 신화, 모든 것을 망라하는 과학지식의 힘에 관한 테크노크라트적 신화 등 각기 다른 방법론을 통해서이긴 하지만 말이다.

우리 세대는 이런 신화적 시간 관념이 절정에 달한 시기에 자라났기 때문에, 이런 시간 관념을 버리고서, 이런 종류의 문화적 색안경을 벗은 채 현실을 바라보는 것이 매우 어렵거나 거의 불가능하다. 내가 새로운 현실에 맞춰 사는 것은 결코 가능하지 않을 것이다. 새로운 현실의 사회적 경향이 전 세계적으로 제 아무리 명백하고 틀림없고 심지어 눈부실지언정 말이다. 보편적 권리라는 철학에 기반해서 보면, 이런 새로운 흐름은 문명의 유산을 탕진하는 쪽으로 향하고 있는 것처럼 보인다.

모든 인간이 삶에 대해 가지는 권리, 동등한 기회를 가질 권리는 지구 전역에서 매일 같이 부인되고 짓밟힌다. 유럽도 예외가 아니다. 새천년의 처음 10년은 점점 더 많은 사람들의 삶에 대한 권리를 말소하는 현상을 특징으로 한다. 경제 성장으로 인해 이용 가능한 부의 양이 증가하고 재화의 소비가 확대됐는데도 불구하고 말이다. 오늘날 점점 더 많은 사람들이 전쟁, 환경파괴, 기근으로 인해 자신이 살던 마을을 떠날 수밖에 없다. 이들은 거부당하고 주변화되는 동시에 새로운 형태의 노예 착취에 종속되고 있다. 유럽 전역의 유치장에 이주 노동자들이 대규모로 억류되어 있다는 사실은 '수용소'가 이 세상에서 완전히 사라졌다는 환상을 깨뜨리고 있다. 권위주의적 인종차별 또한 도처에 널려 있다. 유럽 각국의 의회에서 표결을 통과한 안보법 속에도, 유럽의 백인 다수가 드러내는 공격성 속에도, 사회적 갈등을 민족성의 문제로 환원하는 행태 속에도, 이슬람 근본주의 속에도 이런 인종차별이 존재하고 있다.

우리 세대가 기대한 미래는, 유대인들이 나치의 독일 치하에서 겪었던 악몽 같은 일을 인류가 다시 겪지 않을 것이라는 암묵적 확신에 기반한 것이었다. 그런데 이 가정이 틀렸음이 드러나고 있다.

언제, 왜 우리의 미래가 짓밟히고 침몰했는지를 이해하기 위해 이제부터 미래가 거쳐온 진화의 과정을 되돌아보자.

| 미래주의와 미래의 전도 |

1909년 2월 5일, 필리포 토마소 마리네티는 자신의 첫 번째 「미래주의 선언」을 발표했다. 같은 해에 헨리 포드는 미국 미시간 주의 디트로이트에 있는 자신의 자동차 공장에서 최초의 조립라인을 가동시켰다. 이 두 사건이 미래를 신봉한 세기의 시작을 알렸다. 조립라인은 산업의 대량화 시대를 가장 잘 규정하는 기술 체계이다. 조립라인 덕분에 자동차의 대량생산이 가능해졌고 모든 사회적 에너지가 노동생산성을 가속화하는 데 동원됐다.

가속화, 속도, 기계 숭배 —— 이것들이 「미래주의 선언」이 강조한 가치들이다. 마리네티가 쓴 이 글은 당대에, 특히 산업화된 나라들에서 세계의 표면을 바꿔놓고 있었던 혁신적인 근대성에 바치는 찬가이다. 이탈리아는 산업화된 나라가 아니었다. 이탈리아는 당시 막 통일을 이뤘고, 농업에 기반한 경제구조를 가지고 있었으며, 이탈리아인들의 생활방식과 소비방식은 전통적이고 시대에 뒤처져 있었다. 미래주의 운동이 이탈리아와 러시아에서 부상한 것은 우연이 아니다. 이 두 나라의 사회적 상황은 공통적이었다. 산업생산의 미발전, 부르주아계급의 수적 열세, 과거의 문화적·종교적 모델에 대한 의존, 도시 지식인들의 외국 문화(특히 프랑스 문화) 추종 등. 이것이 이탈리아와 러시아에서 미래주의 운동이 폭발적으로 일어난 배경이지만, 이 운동을 국가의 후진성에 대한 반작용으로만 봐서는 안 된다. 반대로 이 운동은 이후 수십 년 동안 유럽 전역에 퍼지게 될 미적 에너지를 활성화했고, 미래에는 정치·과학·기술 분야에서 엄청난 기대들이 실현되고 새로운 삶의 방식 역시 성취될 것이라는 열광적 믿음의 예술적 핵심을 이뤘다.

우리는 새로운 아름다움, 속도의 아름다움이 세계의 찬란함을 풍요롭게 해줬다고 선언한다. 거친 숨을 내뱉는 뱀 같이 거대한 배기관들로 차체 앞이 장식된 경주용 차 …… 기관총처럼 굉음을 내뱉으며 달리는 자동차는 사모트라케의 니케보다 더 아름답다.[1]

「미래주의 선언」은 속도의 미적 가치를 표명했다. 속도의 신화는 근대성의 상상계 전체를 지탱했고, 속도의 현실은 노동시간의 가속화에 기반해 발전하는 자본의 역사에서 결정적인 역할을 했다. 실상 생산성이란 생산행위의 속도와 그 리듬의 강화에 의해 결정되는, 축적되는 상대적 잉여가치의 증가율이다.

우리는 노동, 쾌락, 반란으로 격앙된 거대한 군중에 대해 노래할 것이다. 현대의 대도시들에서 일어나고 있는 혁명의 다성악, 혁명의 다채로운 물결에 대해 노래할 것이다. 강렬한 전기 달빛 아래 야밤의 조선소와 정비소에서 이리저리 흔들리듯 뿜어져 나오는 백열, 연기를 내뿜는 뱀들을 게걸스럽게 집어삼키는 철도역, 공장 굴뚝에서 구불구불 피어오르는 연기구름 속에 떠 있는 듯한 공장, 햇빛을 받아

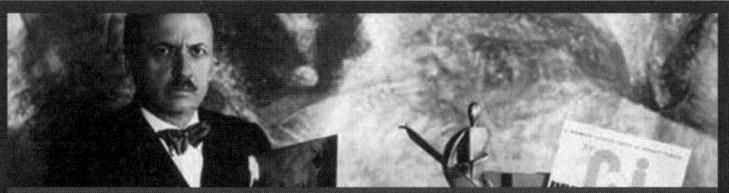

「미래주의 선언」 최종본(『포에지아』(5권/1-2 합본호, 1909년)

1. 우리는 위험에 대한 사랑, 힘과 대담무쌍함의 실행을 노래하고자 한다.
2. 용기, 대담함, 반란이 우리 시의 본질적 요소가 될 것이다.
3. 지금까지 문학은 생각에 깊이 매몰된 부동성, 황홀경, 졸음을 칭송해왔다. 우리는 공격적인 움직임, 열에 들뜬 불면, 빠른 걸음의 행진, 위험한 도약, 뺨 때리기와 주먹질을 찬양하고자 한다.
4. 우리는 새로운 아름다움, 속도의 아름다움이 세계의 찬란함을 풍요롭게 해줬다고 선언한다. 거친 숨을 내뱉는 뱀 같이 거대한 배기관들로 차체 앞이 장식된 경주용 차 …… 기관총처럼 굉음을 내뱉으며 달리는 자동차는 사모트라케의 니케보다 더 아름답다.
5. 우리는 운전대를 잡고 있는 사람을 찬미하고자 한다. 그의 이상의 축은, 스스로도 궤도를 따라 질주하는 지구를 가로지른다.
6. 시인은 본원적인 요소들에 대한 열광적 열정을 높이기 위해 열렬하게, 찬란하게, 아낌없이 자신을 소진시켜야 한다.
7. 아름다움은 오직 투쟁 속에만 존재한다. 공격성이 없는 걸작은 없다. 시는 미지의 힘들을 인간 앞에 굴복시키기 위해 가해지는 맹렬한 공격이어야 한다.
8. 우리는 세기의 가파른 곳 위에 있다. 우리가 원하는 것이 불가능이라는 신비한 문을 돌파하는 것이라면 왜 뒤를 돌아봐야만 하는가? 시간과 공간은 어제 죽었다. 우리는 이미 절대적인 것 안에 살고 있다. 우리가 이미 편재하는 영원한 속도를 창조해냈기 때문이다.
9. 우리는 전쟁(이 세상을 청결하게 만들어주는 유일한 위생학), 군국주의, 애국심, 아나키스트들의 파괴행위, 목숨을 바칠 가치가 있는 아름다운 이념, 여성에 대한 경멸을 찬미하고자 한다.
10. 우리는 박물관, 도서관, 일체의 아카데미를 절멸시키길 원한다. 그리고 도덕성, 페미니즘, 일체의 기회주의적이고 실리를 따지는 비겁함에 맞서 싸우길 원한다.
11. 우리는 노동, 쾌락, 반란으로 격앙된 거대한 군중에 대해 노래할 것이다. 현대의 대도시들에서 일어나고 있는 혁명의 다성악, 혁명의 다채로운 물결에 대해 노래할 것이다. 강렬한 전기 달빛 아래 야밤의 조선소와 정비소에서 이리저리 흔들리듯 뿜어져 나오는 백열, 연기를 내뿜는 뱀들을 게걸스럽게 집어삼키는 철도역, 공장 굴뚝에서 구불구불 피어오르는 연기구름 속에 떠 있는 듯한 공장, 햇빛을 받아 마성을 내뿜는 칼처럼 반짝이는 강들을 운동선수인 양 껑충 건너뛰고 있는 다리, 수평선을 향해 코를 킁킁거리는 모험심 가득한 증기선, 파이프로 고삐를 채운 거대한 강철의 말처럼 가슴을 활짝 편 채 철로 위를 박차고 나아가는 기관차, 깃발처럼 바람을 맞아 펄럭이며 열광하는 군중처럼 박수갈채 소리를 내는 프로펠러를 단 비행기들의 활공 등 이 모든 것을 우리는 노래할 것이다.

마성을 내뿜는 칼처럼 반짝이는 강들을 운동선수인 양 껑충 건너뛰고 있는 다리, 수평선을 향해 코를 쿵쿵거리는 모험심 가득한 증기선, 파이프로 고삐를 채운 거대한 강철의 말처럼 가슴을 활짝 편 채 철로 위를 박차고 나아가는 기관차, 깃발처럼 바람을 맞아 펄럭이며 열광하는 군중처럼 박수갈채 소리를 내는 프로펠러를 단 비행기들의 활공 등 이 모든 것을 우리는 노래할 것이다.2)

「미래주의 선언」은 기계의 미적 가치를 천명했다. 최상의 기계란 빠른 기계, 즉 자동차, 비행기 등 사회적 신체를 이동할 수 있게 해주는 도구들이다. 마리네티는 경주용 차에게 시를 바치기까지 했다.

경주용 차에게3)

강철족의 맹려어어어어얼한 신,
공간에 취이이한 차여!
고통으로 땅을 긁고 부르르 몸을 떨며
쉿소리 나는 이빨로 재갈을 물어뜯는……
위협적인 일본 괴물,
화염과
기름을 먹고 자라,
날카롭게 벼려진 눈으로
지평선과 먹잇감이 될 별을 갈망하는……
나는 극악스럽게 펄떡거리는 너의 심장을 풀어준다,
나는 너의 거대한 바퀴를 풀어준다,

이 세상의 하얀 도로를
춤을 추며 내달려가도록!

탈근대의 광역도시권에서 살아가고 차로 출퇴근하며 러시아워의 교통체증에 갇혀 옴짝달싹 못하는 우리에게 마리네티의 자동차 숭배는 조금 우스꽝스럽게 보인다. 게다가 기계의 실재와 개념은 「미래주의 선언」이 발표된 이후 백 년 동안 크게 달라졌다. 미래주의는 기계를 도시의 풍경 속에서 볼 수 있는 외부 대상으로 칭송했지만 이제 기계는 우리 안에 있다. 우리는 더 이상 우리 바깥의 기계에 사로잡히지 않는다. 그 대신 이제 '정보기계'는 사회의 신경 체계와 교차하고, '생체기계'는 인체기관의 유전적 생성과 상호작용한다. 디지털 기술과 생명공학 기술은 강철로 된 외부의 기계를 생명정보 시대의 내부화된 재조합 기계로 바꿔놓았다. 생명정보 기계는 더 이상 우리의 몸과 마음으로부터 분리되어 있지 않다. 기계가 더 이상 외부의 도구가 아니라 우리의 몸과 마음을 변형시키는 내부의 변형장치, 우리의 언어·인지 능력을 증진시키는 증강장치가 됐기 때문이다. 오늘날 나노머신은 생산하고 소통하는 인간의 뇌와 언어 능력을 변이시키고 있다. 기계는 바로 우리이다.

기계제 생산의 시기에 기계는 우리 신체와 대면해 인간의 행동을 바꿔놓았다. 우리의 신체구조를 바꾸지 않으면서도 우리의 잠재력을 강화시키는 식으로 말이다. 예컨대 조립라인은 노동자들의 신체기관을 변형하거나 인지 능력에 변이를 일으키지 않으면서도, 노동자들의 생산력을 향상시키고 증대시켰다. 이제 기계는 인간의 몸 앞에 있지 않고 그 안에 있다. 그에 따라 몸과 마음은 생체기계의 기술적 도움 없이는 더 이상 그 어떤 것도 표현하거나 말할 수 없게 되어버렸다. 이런 변화 때문에 정치권력의 본성도 바뀌었다. 기계가 외부적일 때, 국가는 몸을 규제해야 했고 이를 위해 법을 활용했다. 의식 있는 유기체들이 반란을 일으키지 않고 국가의 리듬에 복종하도록 강제하기 위해 억압 기구들도 활용했다. 이제 정치적 지배는 내면화됐고, 기계 자체와 구분할 수 없다. 이 이행기 동안 기계뿐만 아니라 기계에 대한 상상력 역시 변이를 겪었다. 마리네티는 기계를 근대적인 관점에서 마치 외부에 존재하는 증강장치처럼 생각했다. 그러나 오늘날의 생명사회 시대에 기계는 정보적이 됐다. 즉 언어적 모델링, 논리적·인지적 자동 체계에 내부화된 과정이 되어버렸다.

「미래주의 선언」이 출간된 이래 백여 년 동안, 속도 역시 외부적 기계의 영역에서 정보의 영역으로 옮겨졌다. 속도 자체가 내면화된 것이다. 20세기에 고속의 기계는 세계의 공간 전체를 식민화했다. 곧 시간·정신·지각의 영역도 식민화됐고 결국 미래가 붕괴됐다. 미래의 붕괴는 정신적·인지적 리듬의 가속화에 그 뿌리를 두고 있다.

외부적 기계 덕분에 지구의 공간적 식민화가 완수됐다. 운송수단들은 우리를 지구촌 구석구석에 데려다줬을 뿐만 아니라 모든 장소를 빠짐없이 알고, 표시하고, 통제하고, 착취할 수 있게 해줬다. 기계는 엄청난 속도로 지구의 내장을 헤집어 지하의 자원을 착취하고, 눈에 띄는 모든 장소를 기술복제의 생산물들로 점령할 수 있게 해줬다. 공간의 식민화가 여전히 진행 중인 한, 외부적 기계가 새로운 영토를 향해 전진할 수 있는 한, 미래를 사유하는 것은 가능했다. 미래는 시간의 차원일 뿐만 아니라 공간의 차원이기도 하기 때문이다. 미래는 우리가 아직 알지 못하는 공간이다. 앞으로 발견하고 개발해야 할 공간인 것이다. 그런데 이제 지구 구석구석이 식민화되어감에 따라 시간적 차원의 식민화, 즉 정신·지각·삶의 식민화가 시작됐다. 이렇게 해서 아무런 미래도 없는 세기가 시작된 것이다.

여기서 사이버공간의 무한한 팽창과 사이버시간의 한계 사이의 관계라는 문제가 발생한다. 수많은 이용자들이 만들어낸 투사물들의 가상적 교차점인 사이버공간은 지속적인 팽창 과정에 있으며 무한하다. 시간의 흐름 속에서 정보를 처리할 수 있는 사회적 집중 능력인 사이버시간은 유기적·문화적·정서적이며, 따라서 결코 무한하지 않다. 정보자극의 무한한 가속화에 종속된 정신은 공황에 빠지거나 둔감해진다. 여기서 감수성sensibility이라는 개념, 그리고 이와 다르면서도 관련된 감성sensitivity이라는 개념이 중요해진다. 감성은 정보를 처리하는 인간의 감각 능력이고, 감수성은 공감하며 이해하기를 가능케 해주는 능력이다. 감수성은 말로 할 수 없는 것을 파악하는 능력이자 연속적인 요소들, 비언어적 기호들, 공감의 흐름들을 해석하는 힘이다. 인간으로 하여금 모호한 메시지를 관계의 맥락에서 이해할 수 있게 해주는 이 능력은 이제 사라지고 있는지도 모른다. 우리는 지금 감수성의 능력, 즉 다른 사람을 공감하며 이해하고 이진법으로 코드화되지 않은 기호를 해독할 수 있는 능력이 결핍된 세대의 성장을 목격하고 있다.

1977년이라는 전환점에서 펑크족들이 "미래는 없다"라고 외쳤을 때, 그 외침은 그렇게 진지하게 받아들이지 않아도 될 역설처럼 보였다. 그러나 실제로 그 외침은 아주 중요한 무엇, 즉 미래에 대한 인식이 변해가고 있음을 알리는 고지였다. 미래는 정신의 자연적 차원이 아니다. 미래는 투사와 상상력의 양태이자 기대와 관심의 특징으로서, 그 양태와 특징은 문화의 변화와 함께 달라진다. 미래주의는 미래라는 성취된 근대성을 구현하고 긍정하는 예술 운동이다. 미래주의라 불린 운동은 20세기의 가장 본질적인 것을 드러내 보여준다. 20세기가 미래에 대한 종교적 믿음으로 충만했기 때문이다. 이제 우리는 그런 방식으로 미래를 믿지 않는다. 물론 우리는 현재 이후의 시간이 다가오고 있음을 잘 알지만, 그 시간이 현재의 약속들을 실현시켜주리라고 기대하지는 않는다.

미래주의자들(그리고 근대인들 일반)은 미래가 의지할 만하고 신뢰할 만한 것이라고 생각했다. 20세기 초반에 파시스트들, 공산주의자들, 민주주의자들은 서로 매우 다른 생각을 갖고 있었고 각기 다른 방법을 따랐지만, 모두 현재가 아무리 힘들더라도 미래는 밝을 것이라는 믿음을 공유하고 있었다. 그러나 미래주의 이후의 분위기는 미래가 밝지 않을 것임을 자각하거나, 적어도 미래가 곧 진보라는 것을 의심하는 쪽으로 바뀌었다.

시간을 일종의 타락4)이자 신의 나라로부터의 멀어짐으로 보는 신정주의적神政主義的 관점이 역전되면서 근대성이 시작됐다. 근대인들은 완전함, 아니 적어도 향상, 풍요로움, 공정함을 향해가는 진보의 영역으로서의 시간을 살아간 사람들이다. 미래를 신봉한 세기가 전환점을 지난 이래로(나는 이 전환점을 1977년으로 본다) 인류는 이런 환상을 버렸다. 1968년의 반란자들은 자신들이 사유의 진실되기라는 현대의 헤겔적 유토피아를, 이성과 현실의 마르쿠제적 융합을 실현하고 있다고 생각했다. 그러나 (사회적 지식, 정보, 기술에 뿌리박고 있는) 이성과 현실의 이런 통합은 역사를 코드에 의해 생성되는 세계로 바꿔버렸다. 테러와 코드가 사회적 관계를 접수했고 **유토피아**

는 **디스토피아**가 되어버렸다. 미래를 신봉한 세기는 **유토피아**가 **디스토피아**로 체계적으로 뒤집힌 세기로 묘사될 수 있다. 미래주의는 기술, 속도, 에너지의 유토피아를 노래했다. 그러나 그 귀결은 이탈리아에서의 파시즘, 러시아에서의 전체주의적 공산주의였다.

| 아방가르드의 미디어 유토피아 |

아방가르드는 군사용어에서 유래한 말이다. 러시아와 이탈리아 미래주의 둘 다 군사적 성격을 띠었고, 문화적 행위를 군사적으로 사유했다. 그러나 아방가르드라는 말은 실현 가능한 역사적 미래의 개시와 예시라는 뜻도 함축하기에 유토피아 개념과도 연결되어 있다.

파블로 네루다는 유토피아를 지평선에 빗대어 이야기한다.[5] 우리는 걷다가 지평선을 보고 그 방향으로 향한다. 지평선과의 거리는 가까워지지 않으므로 우리가 거기에 결코 다다를 수 없더라도 지평선을 바라보는 것은 우리의 한 걸음, 한 걸음에 의미를 부여한다. 유토피아는 지평선과 같다. 어원학적으로 보면, '존재하지 않는 장소'(οὐ[not/no]+τόπος[place]=utopia[no place])이니 유토피아는 결코 실현될 수 없다. 그러나 20세기 아방가르드의 역사는 이와는 다른 이야기를 한다. 유토피아는 뒤집힌 의미에서일지 몰라도 일반적으로 실현되어왔다는 것이다. 20세기의 자유지상주의적 유토피아는 일반적으로 전체주의 체제를 탄생시켰다. 이탈리아 미래주의가 키워낸 기계의 유토피아는 자동차의 과잉생산과 조립라인이라는 소외된 생산 형태를 탄생시켰다. 다른 한편 공동체주의적 유토피아는 민족주의와 파시즘을 낳았다. 러시아 미래주의의 유토피아는 스탈린주의라는 전체주의적 폭력과 조우했다.

무선의 상상력, 전지구적 정신을 등장시키다

"언젠가 예술작품은 어디에나 존재하게 될 것이다. …… 예술작품은 그 자체로 존재할 뿐 아니라 어떤 특정한 장치를 지닌 사람이 있는 곳이라면 어디에든 존재하게 될 것이다. [수도꼭지를 돌리거나 가스 밸브를 열거나 스위치를 켜는 등의] 최소한의 노력만 하면 저 멀리에서부터 물·가스·전기가 집에 흘러들어와 우리의 필요를 충족시켜주듯이, 우리는 움찔하는 것과 진배 없이 간단히 손을 놀리는 것만으로도 곧 나타났다 사라지는 시각적·청각적 이미지를 제공받을 수 있게 될 것이다. 우리의 집으로 쏟아져 들어오는 다양한 형태의 에너지에 (예속된 것이 아니라면) 익숙해지듯이, 우리는 우리가 알고 있는 모든 것을 형성해내기 위해 우리의 감각기관이 거둬들이고 통합시키는 초고속의 변화와 진동을 완전히 자연스럽게 받아들이게 될 것이다. 나는 감각적 실재를 집으로 배달해주는 이런 회사를 꿈꿔본 적 있는 철학자가 있는지 잘 모르겠다"(폴 발레리, 「편재성의 정복」, 1928년).

마리네티의 상상력을 자신만의 방식으로 표현한 발레리는 무선의 속도에 의해 우리가 마치 어디에나 있는 것 같은 느낌을 얻게 되리라고 예상했다. 그러나 속도는 편재성을 정복하는 데 만족하지 않았다. 20세기에 들어와 속도는 동시성과 즉각성까지 정복했다. 편재성, 동시성, 즉각성은 신의 속성으로 알려져 있다. 속도는 새로운 신이 된 것이다.

그러고 나서 미래를 신봉한 세기의 끝자락에 유토피아는 디스토피아 왕국을 낳았다. 20세기 초반의 수십 년 동안, 목소리를 증폭시키고 유포하는 기계들은 권위주의적 권력을 만들어내는 데 없어서는 안 될 도구였다. 민주주의 체제와 전체주의 체제는 둘 다 새로운 전기통신 기술(확성기, 라디오, 영화)에 기반해 대중들의 동의를 이끌어냈다. 이런 기술이 거대한 도시 공간을 추종자 무리들로 채우고 넓은 영토와 멀리 있는 주민들을 하나로 모을 가능성을 지도자들에게 제공해줬던 것이다. 미래주의는 미디어의 이런 활용을 실험했고 앞서 실행했다. 마리네티, 루이지 루솔로, 프란체스코 캉기울로, 포르투나토 데페로 등 수많은 이탈리아 미래주의 예술가들의 이력이 이 사실을 여실히 증명해준다. 전기를 보편적 미디어로 강조했다는 점에서, 미래주의는 20세기의 마지막 20년 동안에 출현한 궁극의 유토피아인 **사이버문화**의 징후로 볼 수 있다.

폴 발레리는 어디에선가, 미래에는 전 세계 시민들이 마치 수도꼭지에서 물을 받듯이 자신의 집에서 곧바로 정보를 받을 수 있게 될 것이라고 썼다.[6] 소통의 보편화된 흐름은 인간의 보편성이라는 이상의 실현으로 여겨졌다. 마리네티가 말한 '무선의 상상력'은 지난 20세기 동안 지구 전체를 연결시킨 기술·지식·감수성의 네트워크의 기원으로서, 이 네트워크는 케빈 켈리가 『통제불능』에서 명명한 것처럼 도처에 퍼진 **전지구적 정신**Global Mind으로까지 발전했다.[7]

미래주의가 미디어 감수성의 발전에 기여한 바는 실로 지대하다. 19세기 말 프랑스의 점묘화법과 분할묘법의 시각적 실험은 영화 기술과 영화적 방식의 인식을 향한 길을 열어줬다. 영화가 이제 막 발전하기 시작하던 그때, 자코모 발라와 움베르토 보치오니의 작품들은 회화의 움직임 없는 틀 안에 운동의 느낌을 창출하는 시각적 기술을 실험하고자 했다.

앙리 베르그송은 영화가 시간의 흐름 속에서 이뤄지는 운동의 기술적 외향성과 의식 사이의 밀접한 관계를 보여준다고 말한다. 인류 역사상 처음으로 영화는 과거에 일어난 행위를 재현할 수 있게 해줬고, 미래가 이미 지나가 과거가 된 이후에 우리로 하여금 그 미래로 다시 돌아갈 수 있도록 해줬다. 1912년에 베르그송의 제자였던 로베르 들로네는 이탈리아 미래주의자들에게 보낸 편지에서 이렇게 말했다. "당신들의 예술은 속도를 그 표현으로 삼고, 영화를 그 도구로 삼습니다."[8] 1910년에 작성됐고 보치오니, 루솔로, 발라, 카를로 카라, 지노 세베리니 등이 서명한 「미래주의 회화의 기술 선언」은 역동성 관념을 다음과 같이 주장했다. "우리가 캔버스 위에 표현하고 싶은 움직임은 일반적 운동 과정 속의 고정된 **순간**이 아니다. 우리는 **역동적 감각** 그 자체를 표현할 것이다."[9]

발라의 「끈에 묶인 개의 역동성」(1912)과 보치오니의 「정신의 상태」(1911) 연작에서 볼 수 있듯이 미래주의가 추구하는 역동성은 시간의 진행에 대한 지각을 회화에 불어넣음으로써 구현된다. 미래주의의 혁신은 사진, 영화, 라디오 등 테크노미디어에서 이뤄진 혁신의 리듬을 활용했다. 입체주의와 미래주의 화가들은 영화와 텔레비전의 감수성을 예비라도 하는 듯이 대상의 상이한 측면들을 동시에 표현함으로써 운동의 역동성을 포착하려고 했다. 벨리미르 흘레브니코프와 알렉세이 크루초니흐는 라디오를 인류의 보편적 사랑과 공감의 매체라 노래했다. 미디어의 진화를 꿈꾼 이래로, 보편적 소통과 무선의 상상력의 출현을 공표한 이래로, 20세기의 후반부 동안 아방가르드는 미디어가 집단의 정신을 지배하는 도구로 변질되는 것을 목격하게 될 것이었다. 그러나 양면성은 처음부터 존재했다.

1921년에 흘레브니코프는 「미래의 라디오」[10]라는 놀라운 글을 썼다. 이 글에서 우리는 모든 것을 발견함과 동시에 아무것도 발견하지 못할 것이다. 이 글은 멀리 떨어져 있는 마을과 지역을 하나로 합치고 연결하며 말과 이미지를 가져다주고, 세계의 구석구석을 일깨우며 지구 전체에 퍼져나가는 소통의 신나는 모험을 환기한다. 그러나 똑같은 말과 똑같은 어조 속에서 우리는 자유를 말살시킬 전체주의적 통제, 중앙집권화된 국가 지배에 대한 예언도 감지할 수 있다. **라디오**에 대한 흘레브니코프의 상상에서는 **유토피아**와 **디스토피아**가 동시에 나타난다. 그것은 사랑과 지식이라는 빛의 발산인 동시에 전능한 **권력**의 목소리이기도 하다.

굴리엘모 마르코니의 나라에서 미래주의는 이 새로운 미디어의 활기를 무선의 상상력이라는 개념으로 해석했고, 이제 막 탄생한 소비에트 공화국에서 흘레브니코프는 이 발산하는 미디어의 찬송가를 불렀다. 당시 러시아는 내전, 대규모 기근과 내핍의 시기를 보내고 있었지만 이 미래주의 시인의 계몽되고 순진한 영혼은 안개와 구름 너머를 거닐며 미디어의 밝은 미래를 내다봤다. 흘레브니코프의 글에 따르면 라디오는 모든 도시와 마을의 중앙 광장에 놓인 거대한 스크린이 된다. 주민들은 여기에서 각종 소식, 제안, 교훈, 의학적 지침 등을 받을 수 있다. 이 예언적인 글 속에서 흘레브니코프는 우리가 오늘날 인터넷이라고 부르는 것, 즉 장소를 갖지 않는 장소들의 무한한 연결체를 분명히 예견하고 있다. 또한 흘레브니코프의 상상은 매우 자유지상주의적이면서도 동시에 절망적이게도 전체주의적이다. 흘레브니코프의 라디오는 먼 곳에서 일어나는 일을 비춰주는 거울 시스템 덕분에 색깔과 이미지까지 전송해준다. 그러나 이 라디오-스크린 망이 수신해 전국 곳곳에 흩뿌리는 이미지와 말의 흐름은 매일 전국의 모든 학교와 마을에 방송을 송출하는 '최고과학소비에트'라는 중심적 장소에서 나온다. 흘레브니코프는 우리가 오늘날 텔레비전이라 부르는 매체를 예견한 것이다. 20세기의 역사는 방송과 웹 사이의 투쟁, 텔레비전 같은 중앙집권적 매체와 인터넷 같은 확산적 매체 사이의 투쟁으로 서술될 수 있을 것이다. 이 두 모델은 분명 서로 뒤섞이고 상호작용하지만, 전자의 철학과 후자의 철학은 미디어 환경에 대한 **디스토피아**와 **유토피아**로서 명확하게 구별된다. 그러나 **이 세상의 미래주의적 왕**(흘레브니코프는 스스로를 이렇게 불렀다)의 상상 속에서 이 두 얼굴은 똑같은 하나의 악몽으로 합쳐져 있었다.

| 짜움과 테크노마야 |

흘레브니코프의 시론은 미디어 기술 시대의 새로운 언어 현실에 대한 유토피아적·선구적 이해로 볼 수 있다. 20세기 후반의 사이버문화를 예견한 예언자이자 기술·초이성·사이키델릭의 혼합물을 상상한 유토피아적 사상가였던 흘레브니코프는 그 어떤 관습적인 언어적 상징의 도움 없이도 의미를 전달할 수 있는 능력을 염두에 두고, 초이성적·정서적 언어인 '짜움'[11])을 만들어내기도 했다.

이 문제는 상징주의 시인들에 의해 뚜렷이 인식됐다. 19세기 말 이후 상징주의 시학은 언어가 사람들 사이의 이해라는 틀에 갇히는 것을 극복하려 애썼고, 의미론적 관습에서 자유로운 소통 형식을 찾고 있었다. 상징주의 시인들은 초이성적 언어라는 관념에서 출발했다. 스테판 말라르메는 의미보다 정서를 전달할 수 있는 시학을 추구했다. 말라르메의 정서 개념을 낭만적이거나 퇴폐적인 의미로 이해해서는 안 된다. 말라르메는 앙리 카잘리스에게 보낸 편지에서, 상징주의는 "사물이 아니라 그 사물이 생산한 효과를 그릴 수 있는 완전히 새로운 시학"12)이라고 썼다. 사물이 아니라 메시지를 받는 사람의 정신에 생긴 효과를 그린다는 것이다. 말라르메의 의도는 (후기) 낭만주의적 아우라와는 하등 상관이 없는 것이었다. 말라르메가 말하는 정서적 효과란 정신적 상태의 전달이다. 즉 말라르메의 의도는 색깔, 음소, 이미지, 단어가 정신의 변화처럼, 신경 차원의 정서처럼, 공감각적 텔레파시처럼 작동하게 만드는 것이다.

혁명이 들끓던 시기에 미래주의 운동으로 투신하기 전, 흘레브니코프는 상징주의 시학의 영향을 받았다. 상징주의와 미래주의의 친연성은 양자의 차이보다 훨씬 더 흥미롭다. 기차로 러시아 전역을 돌아다니는 것과 오래된 러시아 오지의 샤머니즘적 풍습 같은 원시적 삶의 방식을 좋아했던 흘레브니코프는 언어의 경계를 넘어서 이해될 수 있는 사실상의 지구어를 만들고 싶어 했다. 흘레브니코프는 이런 언어를 **짜움**이라 불렀다. 안젤로 마리아 리펠리노는 "미래주의는 두 얼굴을 가지고 있다. 한쪽으로는 기술, 마천루, 기계를 강조한다. 다른 한쪽으로는 원시인, 야생, 동굴, 석기 시대에 감명받는다. 그래서 미래주의는 논리 이전의 상태에 있는 아시아의 깊은 잠과 근대 유럽 대도시의 광란을 대비시킨다."13) 우리는 서로 다른 두 방향으로 열려 있는 양가적 장소에 와 있다. **짜움**은 상징 이전의 소통 형태, 태곳적 원시언어의 발성, 시원적 정서의 언어에 이끌린다. 그러나 동시에 미래주의는 상징을 벗어난 소통의 가능성, 즉 텔레파시 같은 기술의 가능성을 상상하는 경향 역시 지니고 있다. 이런 의미에서 우리는 상징주의와 미래주의가 과거지향성과 미래지향성을 하나로 합치면서, 언어적 유토피아에 대한 상상으로 수렴하는 것을 볼 수 있다.

흘레브니코프는 소리의 매혹적인 힘, 음성의 마법에 매료됐다.

> 음소의 마법에 대한 믿음, 샤먼문화에 대한 관심, 의례儀禮 언어에 대한 연구, 이것들은 상징주의의 영향이다. 시는 마술행위이며 신탁의 메시지이다. 콘스탄틴 발몬트, 알드레이 벨르이, 알렉산드르 블록의 많은 시들은 마녀의 향유, 동물의 뇌, 뱀의 피부, 사비나 잎, 벨라도나, 흰독말풀 등과 유사한 마술행위의 도구들을 떠올리게 만든다.[14]

잠시 미래주의에 눈을 돌리기도 했지만, 흘레브니코프는 유럽의 근대 세계에 등을 돌린 채 영원한 아시아를 더 좋아했다. 흘레브니코프는 "어원의 밤"에, 가상의 기원으로 향하는 과거의 심연에 빠져들었다. 이런 마술적 배경 속에서 흘레브니코프는 관습적 기표의 매개 없이, 의미에 상응하는 신경 차원의 감정들을 직접적으로 자극해 의미를 전달하는 텔레파시 효과의 가능성을 보았다.

흘레브니코프의 방식은 상징 이전의 소통을 낳지만, 상징을 벗어난 소통에 대한 연구와 만나야 한다. 이것이 오늘날 우리의 과제이다. 흘레브니코프는 이 두 방향의 연결점인 것으로 보인다. 흘레브니코프의 초지성적 언어의 목표는 어원들과 기원들의 어두운 영토로 거슬러 여행함으로써 소통의 비관습적 차원을 찾는 것이었다. 오늘날 사람들은 텔레파시 기법을 위험하게 실험함으로써 동일한 목표를 향해가고 있다.

상징주의적 연구는 시간을 초월한 신비주의적 탐색과 명백히 연결되어 있다. 신비주의가 소통의 비관습적 차원으로 향하는 길을 알고 있기 때문이다. 『티벳 신비주의의 토대』에서 라마 아나가리카 고빈다는 이렇게 말한다. "단어의 본질은 그 단어의 현재적 의미에 의해 완전히 규명되지 않으며, 단어의 중요성 또한 사유와 관념의 전달자로서 그것이 가지는 유용성에 국한되지 않는다."15) 이런 근거에서 불교의 상징주의가 시학의 상징주의와 상당히 유사하다는 사실을 잘 알고 있었던 고빈다는 다음과 같이 덧붙였다. "시가 우리에게 마법을 걸 수 있는 것은 이런 특질, 이와 결합된 리듬 때문이다. …… 언어의 탄생은 인간성의 탄생이다. 각각의 단어는 내적 혹은 외적 자극과 연결된 경험의 음성적 상관물이다."16) 시적 기호의 물질적 견고함(즉 소리, 리듬, 진동)은 정신에 영향을 끼칠 수 있는 능력과 힘을 생산한다. 티벳의 전통을 언급하며 고빈다는 샤브다^{Shabda}로서의 말과 만트라^{Mantra}로서의 말을 구별한다. 샤브다는 보통의 언술을 구성하는 평범한 말, 관습적 이해를 통해 의미를 실어 나를 수 있는 말이다. 반면 만트라는 정신 속에 이미지를 만들어내는 자극이자 정신의 상태를 바꿔놓는 힘이다. "만트라는 사유를 위한 도구, 정신의 심상을 만들어내는 무엇이다."17) 만트라는 소리를 냄으로써 그 내용을 직접적인 실재 상태로 불러낸다. 만트라는 정신이 반박하거나 피할 수 있는 언술에 불과한 것이 아니라, 하나의 힘이다. 만트라가 소리로 표현하는 것은 실제로 발생하고 존재한다. 자신의 말로 현실성을 만들어내며, 실제적인 어떤 것을 불러내고 드러내는 것은 참된 시인의 독특성이다. 만트라는 이미지들을 불러일으키고 정신의 상태를 창조하고 전달할 수 있는 힘이다.

고트프리트 라이프니츠가 언급한 적이 있는 보편 문자$^{characteristica}_{universalis}$, 혹은 초언어적 상징화는 서로 다른 문화 사이에 전지구적인 소통이 일어나고 있는 오늘날 대단히 중요한 문제를 제기한다.[18] 시의 상징주의와 마법적 상징주의는 모두 단어와 기호가 만들어낼 수 있는 환기 과정과 관련되어 있다. 그러나 우리는 전자 기술에서 온 새로운 데이터에서 출발해 문제를 다시 생각해봐야 한다. 시적·마법적 상징주의가 제기한 것과 동일한 문제를 수반하는 가상현실 기계, 즉 텔레파시적 소통의 문제로 말이다.

언어적 소통은 관습적·자의적으로 의미와 연결된 기호들에 의해 가능하다. 여기서 우리는 발신자가 전달하려는 이미지, 감정, 개념에 상응하는 정신의 상태를 자극하는 소통에 대해 이야기하고 있는 것이다. 시뮬라시옹을 위한 기술적 도구들의 생산, 특히 가상현실을 위한 기계들의 생산은 문제를 새로운 견지에서 보게 한다. 우리는 수신자의 뇌 속에 특정한 재현에 상응하는, 즉 특정한 복합체·이미지·개념·감정에 상응하는 시냅스의 연결을 활성화하기 위해 하나의 뇌에서 다른 뇌로 직접 자극을 전달할 수 있는 모든 기술을 **가상현실**이라고 부를 수 있을 것이다. 순전히 추상적으로 말하면 가상현실은 특정 경험에 상응하는 정신의 상태를 지향하고 그것과 동형적인 모델을 따라 조직된, 뉴런 파동의 자극이라 할 수 있다. 이 기술은 일종의 텔레파시 같은 소통에 가장 적합한 것이라고 볼 수 있다. 1980년대에 처음 가상현실 기계를 만든 재론 래니어는 당시에 상징을 벗어난 소통에 대해 이야기했다. 만약 우리가 가상현실 도구를 통해 어떤 현실을 만들어낼 수 있고 그 현실을 다른 사람들과 공유할 수 있다면, 우리는 더 이상 세계를 서술할 필요가 없을 것이다. 이런 접촉, 이런 일

시뮬라크라와 시뮬라시옹

프랑스의 철학자 장 보드리야르(Jean Baudrillard, 1929~2007)에 따르면 '이미지'는 다음의 연속적인 네 단계를 밟는다. 첫째, 실재를 반영하는 단계. 둘째, 실재를 은폐·변질시키는 단계. 셋째, 실재의 부재를 감추는 단계. 넷째, 실재와 전혀 관계가 없어지는 단계. 보드리야르는 이 마지막 단계의 이미지를 '(순수한) 시뮬라크라'라 부른다. 즉 시뮬라크라는 실재(즉 원본)와 아무런 관계도 맺지 않게 된 이미지를 지칭한다.

이런 시뮬라크라를 산출하는 과정이 바로 '시뮬라시옹'이다. 영어 '시뮬레이션'은 시뮬라시옹과 철자가 똑같지만, 어떤 의미로든 실재와의 관계를 여전히 함축한다는 점에서 시뮬라시옹과는 구분되는 용어이다. 즉 시뮬라시옹은 "자연적 대상보다 더 실재적이고 우월하며, 실재에 대한 지시관계로부터 전적으로 해방된" 인공물(시뮬라크라)을 산출하는 과정이다. 이런 보드리야르의 용어법을 살린다는 점에서 본문의 simulation은 가급적 '시뮬라시옹'으로 표기한다(단, 맥락에 따라서 '시뮬레이션'으로 옮기기도 했다).

치를 만들어내기만 하면 되기 때문이다. 우리는 어떤 행위를 서술할 필요가 없다. 그냥 그것을 만들어낼 수 있으니 말이다.

이런 전제에서 출발해 우리는 라이프니츠가 제기한 보편 문자의 문제, 즉 오늘날의 용어로 말하면 서로 다른 문화적·언어적 전통에 속한 사람들을 연결해줄 수 있는 세계어의 문제로 돌아갈 수 있다. 피에르 레비는 『역동적 표의문자』[19]에서 자신이 역동적 표의법이라고 부르는 소통 기술에 관한 아이디어를 제안했다. 한마디로 역동적 표의법이란 무엇을 의미하는가? 역동적 표의법이란 사람들로 하여금 정신의 상태, 이미지, 감정, 개념, 감각 복합체 등을 일체의 관습적 수단들 없이 전송할 수 있도록 해주는 소통 기술이다. 이런 전송은 감각 복합체에 부합하는 신경물리적 연결을 직접적으로 자극함으로써 가능해진다. 역동적 표의법은 특정한 이미지를 보고, 특정한 상황을 겪고, 특정한 개념을 생각하는 것과 관련되어 있는 정신의 모델들을 소통의 한 당사자로부터 다른 당사자에게 전달해줄 수 있는 소통 기술이다. 가상현실과 역동적 표의법 사이의 관계를 보는 것은 쉽다. 역동적 표의법은 내가 보내거나 소통하고 싶은 내용에 따라 일련의 가상현실을 활성화시키는 기술, 상상력에 직접적으로 작용하는 일종의 포괄적이고 공감각적인 종류의 유비적 도구이다.

상상은 여러 가지로 조합 가능한 유비적 항목들의 무한한 변이, 처리할 수 있는 기억심상에서 출발해 정신이 가공할 수 있는 가능성의 무한한 변이이다. 기억의 저장에는 한계가 있지만, 기억에 저장된 항목들을 재배열할 수 있는 가능성은 무한하다. 유비적이고 조형 가능한 이 항목들의 조합 과정이 바로 **상상**이다. 상상의 생성에 관한 이론적·실천적 연구는 사이키델릭이라고 이름붙일 수 있다.

'사이키델릭'은 화학적·전기적 자극 등을 통해 정신활동을 조작하고 변형시킬 수 있는 가능성을 의미한다. 정신의 모델들을 전송해 소통하고자 하는 정신의 상태에 상응하는 시냅스의 파동을 자극하는 것이 가능하다면, 정신의 공진화co-evolution 속에서 가상의 말을 공유하는 것도 가능해진다. 이에 근거해 우리는 언어가 바로 수신자의 정신 안에 발신자의 의도에 상응하는 정신의 모델을 만들어내기 위한 기호의 전송이라고 말할 수 있다.

윌리엄 깁슨은 이 세상을 '사이버스페이스'로, "모든 나라에서 수억의 정규직 오퍼레이터와 수학 개념을 배우는 어린이들이 매일 경험하는 공감각적 환각 …… 인류의 조직 안에 존재하는 모든 컴퓨터의 데이터 뱅크에서 추출된 데이터의 생생한 재현"[20]로 본다.

사이버스페이스는 세계에 대한 하나의 가설이다. 여기서 존재론과 지식론은 동일한 수준의 일관성을 가진다. 존재 자체가 본질적으로 투사이기 때문이다. 필립 K. 딕은 다음과 같이 말했다. "우리는 플라톤이 말한 것처럼 일종의 동굴 안에 있다. 그리고 그들은 우리에게 끝없는 기상천외한 영화를 보여주고 있다."[21] 실재란 우리의 뇌라는 스크린 위에 끝나지 않는 영화를 무한히 투사하는 것이라고 생각할 수 있다. 그러나 만약 우리가 환각 세계에서 현실세계의 차원으로 이동하고자 한다면 우리는 소통, 가령 환각의 공유 같은 관념을 도입해야만 한다. 딕은 계속해서 말한다.

두 사람이 똑같은 꿈을 꿀 때 그 꿈은 환영이길 멈춘다. 실재와 환각을 구별하는 기초적인 검사법은 만인의 합의consensus gentium, 즉 나외의 다른 사람, 혹은 몇몇 사람이 내가 보는 것과 똑같은 것을 본다는 사실이다. 이것이 바로 이디오스 코스모스$^{idios\ kosmos}$, 즉 사적인 꿈이 우리 모두가 공유하는 꿈인 코이노스 코스모스$^{koinos\ kosmos}$와 다른 점이다. 우리 시대의 새로운 점은 우리가 공통 세계의 가변적이고 요동하는 특징을 보기 시작했고(그 비실체성이 우리를 불안하게 만들고 있다), 환각이 그저 허황된 공상에 불과한 것이 아니라는 사실을 깨닫기 시작한다는 데 있다. 과학소설처럼 제3의 실재가 저 양자 사이에서 출현하고 있다.[22]

힌두교도들은 이를 **마야**라 불렀다. 이 개념의 심오한 의미를 이해하기란 쉽지 않다. 마야는 현실의 살아있는 연관관계와 분리되어 있고 시공간 상으로 한정되어 있다는 의미에서 환영이다. 이런 부정적 의미에서 보면 허구의 자아를 유지·보존하려 하는 무지몽매한 인간의 개체성과 육체성이 마야이다.

계몽된 자의 몸 역시 마야이다. 이는 부정적인 의미에서 그런 것이 아니다. 환영에서 자유로운 정신의 의식적 창조 역시 마야이기 때문이다. 마야는 환영이 아닌 그 이상의 어떤 것을 의미한다. 나는 그것이 세계의 투사를 의미한다고 말하고 싶다. 상상된 세계가 상상과는 별개의 것이라고 생각한다면, 상상하는 자아가 소통뿐만 아니라 세계의 생성과 별개의 것이라고 생각한다면, 세계의 투사는 굳어버려 한낱 환영이자 자기기만이 될 수 있을 것이다. 그러나 마야는 그 자체로 투사행위, 세계의 창조를 의미한다. 따라서 마야는 환영의 원인이 되는 것이지, 환영 그 자체가 아니다.

우리는 시뮬라시옹을 위한 기술 도구들의 증식을 목격하고 있다. 소통의 사회적 기술은 개인과 집단의 상상과 투사를 연결하려 하고 있다. 이 투사들의 연결망을 테크노마야라고, 서로 연결된 모든 의식적 유기체들이 공유하는 영화를 끝없이 투사하는 신경-텔레마틱[23] 네트워크라고 부를 수 있을 것이다. 이 기술적 상상력, 코이노스 코스모스 안에서 이뤄지는 상호영향이 바로 사회화이다. 전기적·홀로그램적이고 프로그램화된 신경자극 기계들의 증식을 통해 우리는 테크노마야의 영역에 들어갈 수 있다. 다른 사람들의 상상을 유발하며 의미의 세계를 생산하고 이 세계를 전송할 수 있기 때문이다.

| 행동주의 |

미래주의와 아방가르드는 스스로 규칙 위반이라는 과제를 떠맡았다. **탈규제**(규제완화)는 아르튀르 랭보가 1900년대의 실험적 작업에 남긴 유산이었다.[24] 또한 탈규제는 근대 후기의 초자본주의[25]가 내건 구호로서, 기호자본의 발전에 길을 열어줬다. 외부에 존재하는 기계와 기계적 속도를 특징으로 하는 전체주의 시기에 사회를 지배하기 위해서 국가 형태를 이용했던 자본주의는, 재조합 기법과 전자공학의 절대적 속도가 통제를 내부화할 수 있게 되자 국가라는 매개 없이 살아가기로 결정했다. 고전적 형태의 제조업 자본주의에서는 가격, 임금, 이윤의 변동이 필요노동시간과 가치 결정 사이의 관계에 기반을 두고 있었다. 마이크로 전자공학 기술이 도입되고 이에 따라 생산적 노동이 지성화되자 가치의 크기와 생산력 사이의 관계를 확정지을 수 없는 시기가 찾아왔다. 마가렛 대처와 로널드 레이건이 주창한 탈규제는 가치 법칙의 종언을 나타냈고, 정치경제학을 가치 법칙의 소멸에 기반을 둔 학문으로 둔갑시켜버렸다. 장 보드리야르는 자신의 주저 『상징적 교환과 죽음』에서 1990년대 말의 전반적 발전

방향을 직관적으로 추론했다. "현실 원칙은 가치 법칙의 특정 단계에 상응했다. 오늘날 체계 전체는 불확정성의 늪에 잠겼고, 모든 실재는 코드와 시뮬라시옹의 초과실재에 흡수됐다."26)

상징과 지시대상, 시뮬라시옹과 사건, 가치와 노동시간이 더 이상 부합하지 않게 되자마자 체계 전체는 불확정성에 빠진다. 그런데 이는 아방가르드 또한 열망했던 바가 아닌가? 실험적 예술은 상징과 지시대상의 연결을 끊어내고 싶어 하지 않았는가? 이렇게 말한다고 해서 아방가르드가 신자유주의적 경제의 탈규제를 낳은 원인이라고 비난하는 것은 아니다. 내 주장은, 사회가 규칙을 내면화하고 자본이 사법적 법률과 정치적 합리성 양자를 포기한 채 내면화된 자동 체계(이는 사실상 가장 견고한 형태의 전체주의이다)의 외견상의 무질서에 자신을 내맡길 수 있게 된 순간 아방가르드의 아나키적 유토피아가 그 정반대로 현실화됐다는 것이다.

산업적 훈육이 점점 사라지면서, 개인들은 자신이 표면적으로 자유로운 상태에 놓여 있다는 것을 깨닫게 됐다. 그 어떤 법률도 사람들에게 의무와 종속을 견디라고 강요하지 않았다. 복종은 내면화됐고, 사회적 통제는 일련의 자동작용에의 불가피하지만 자발적인 종속을 통해 행해졌다.

우연적이고 요동치는 가치들의 체제에서 불안정성은 사회적 관계의 일반적 형태가 됐고, 노동시장에 진입하는 새로운 세대의 사회적 구성과 심적·관계적·언어적 특징에 심대한 영향을 미쳤다. 불안정성은 생산관계의 특정한 형태라기보다 생산 과정의 어두운 영혼이다. 프랙탈 모양으로 구성되어 있고 재조합을 특징으로 하는 정보노동의 중단 없는 흐름은 보편적 가치화의 대행인이 되어 전지구적

망 속을 순환하지만, 그 가치는 결정 불가능하다. 접속 가능성과 불안정성은 동전의 양면이다. 기호자본주의적 생산의 흐름은 탈인격화된 시간의 세포화된 파편들을 포획하고 연결한다. 그러면 자본은 인간 시간의 프랙탈들을 구매해 망 속에서 재조합한다. 자본주의적 가치화의 관점에서 보면, 이 흐름은 중단되지 않고 그 통일성을 생산된 대상 속에서 발견할 수 있다. 그러나 인지노동자의 관점에서 보면, 노동의 공급은 파편화된다. 시간의 프랙탈들과 맥박이 뛰는 노동 세포들의 전원은 전지구적 생산의 거대한 통제실에서 켜졌다 꺼졌다 한다. 따라서 노동시간의 공급이 노동자의 신체적·사법적 인격과 분리될 수 있는 것이다. 그리고 사회적 노동시간은 자본의 필요에 따라 소환되고 재조합될 수 있는, 가치화하는 세포들의 바다가 된다.

「미래주의 선언」으로 돌아가보자. 여성에 대한 경멸과 전쟁은 동원의 본질적 특징들이며, 이는 역사적 전위들의 우화 전체에 나타난다. 사실상 미래주의의 야망은 사회적 에너지를 사회적 기계의 생산성을 가속화하는 데 동원하는 것이었다. 광고 담론이 이런 동원에 도움이 된다고 판단되자, 예술은 광고 담론을 거들었다. 산업자본주의가 기호자본주의라는 새로운 형태로 탈바꿈했을 때, 그것은 무엇보다 먼저 사회의 심적 에너지를 동원해 경쟁과 인지적 생산성에 대한 충동으로 향하게 했다. 1990년대의 **신경제**는 뉴런을 동원하고 창조성을 강제한다는 점에서 본질적으로 **프로작**[27] **경제**였다.

폴 비릴리오는 전쟁과 속도 사이의 관련성을 보여줬다. 근대적 형태의 지배에서는 사회적 삶 전체에 전쟁을 부과하는 것이 내재적이라는 것이다. 정확히 말해서 경제에서의 경쟁이 곧 전쟁이고, 전쟁과 경제가 속도라는 공통분모를 가지고 있기 때문이다. 발터 벤야민이 말하듯이 "정치의 심미화를 위한 모든 노력은 한 점에서 그 정점을 이루는데, 전쟁이 바로 그것이다."[28] 삶의 심미화는 이런 사회적 에너지 동원의 한 측면이다. 전쟁의 심미화는 일상생활을 역사의 지배에 종속시키는 기능을 한다. 전쟁은 전 세계의 대중이 헤겔적 정신의 자기실현 과정에 참여하도록, 혹은 더 현실적으로 말하면 자본주의의 전지구적 축적의 일부가 되도록 강제한다. 전쟁의 동학에 포획된 일상생활은 상품의 무제한적 지배에 손쉽게 종속된다.

이렇게 보면 파시즘, 공산주의, 민주주의 사이에는 별 차이가 없다. 이들 모두 예술이 일상생활을 심미화하고 동원하는 요소로 기능한다는 점에서 그렇다. 총동원은 테러이고, 테러는 심적 에너지를 동원하려는 자본주의적 계획의 완전한 실현을 위한 이상적 조건이다. 미래주의와 **광고**의 밀접한 관계는 이 과정의 필수 부분이다.

『예술과 혁명: 장기 20세기의 예술적 행동주의』[29]에서 게랄트 라우니히는 예술에서의 아방가르드와 행동주의 사이의 관계에 대해 서술했다. 라우니히의 작업은 20세기 동안 예술과 정치적 동원이 맺은 관계에 대해 유용한 현상학적 설명을 제공하지만 작금의 절대적인 특수성, 즉 모든 행동주의의 위기와 소진을 파악하지는 못했다.

'행동주의'는 반세계화 운동으로 인해 널리 영향력을 가지게 된 용어로, 반세계화 운동의 정치적 소통, 예술과 소통행위 사이의 연결성을 서술하기 위해 사용됐다. 그러나 이런 정의는 반세계화 운동이 과거와 단절하지 못했고, 20세기로부터 물려받은 개념적 참조틀에서 자유로울 수 없었음을 나타내는 표시이다. 이제 우리는 20세기를 파국과 전쟁의 지점으로 몰아간 행동주의에 대한 갈증으로부터 자유로워져야 하지 않을까? 자본의 지배로부터 인간의 에너지를 해방시키려 했던, 반복됐지만 결국 실패한 시도에서 우리 스스로를 해방시켜야 하지 않을까? 경제적·군사적 동원으로부터 사회적인 것의 자율을 향해가는 길은 활동 중지, 침묵, 수동적 사보타주로의 철수를 통해서만 가능한 것이 아닐까?

나는 후기 근대성의 남성적 우울과 행동주의적 충동 사이에 깊은 관계가 있다고 생각한다. 이 관계는 레닌주의의 주의주의적 조직화에서 가장 명확히 드러난다. 1900년대의 노동자 운동이 걸어온 역사의 관점에서 보든, 자본으로부터의 사회의 자율이라는 전략적 관점에서 보든, 나는 레닌이 없었다면 20세기가 훨씬 더 나은 세기가 됐을 것이라고 확신한다. 레닌의 전망은 근대 남성성의 정신구조에 깊이 뿌리박힌 경향을 설명해준다. 남성적 나르시시즘은 자본의 무한한 힘에 직면했고, 그로부터 좌절하고 모욕당하고 우울해졌다. 레닌의 우울증은 후기 근대 정치의 발전에서 그의 사유가 담당한 역할을 이해하는 데 결정적 요소일 것이다.

나는 엘렌 카레르 당코스가 쓴 레닌 전기를 읽은 적이 있다. 당코스는 그루지야 혈통의 연구자로서 『분열된 제국: 소비에트연방공화국에서의 민족 반란』(1978)이라는 책을 통해 소비에트 제국이 이슬람 근본주의자들의 봉기로 무너질 것이라 예견했다. 당코스가 쓴 레닌 전기에서 레닌의 정치활동사보다 흥미로웠던 것은 레닌의 개인적인 삶, 연약한 심리상태, 그와 가까웠던 여성들(어머니, 여동생, 그리고 동지이자 아내로서 레닌이 극심한 심리적 위기를 겪고 있을 때 돌봐줬던 나데즈다 크루프스카야, 레닌을 당황시킨 무시무시한 존재이자 애인으로서 레닌이 자신의 성품을 온화하게 하기 위해 교향곡과 함께 끊어냈던 이네사 아르망)과의 정서적·지적 관계이다.

이 전기에 묘사된 레닌의 심리는 우울함이 주를 이루고 있으며, 레닌의 가장 극심한 위기들은 혁명 운동에서의 주된 정치적 전환과 궤를 같이 했다. 당코스는 다음과 같이 말한다.

> 레닌은 참을성 있고 집요하게 비상한 집중력으로 만사를 처리했다. 레닌은 그런 일관성이 자신이 노력을 쏟는 모든 일에 필요하다고 생각했는데, 그 덕분에 레닌은 그 주변의 다른 사람들보다 훨씬 더 우월한 위치를 차지할 수 있었다. …… 레닌의 이런 성격은 종종 부정적인 효과를 낳았다. 과도할 정도로 강도 높게 전력을 다하는 것은 스스로를 지치게 만들었고 이미 연약한 상태인 레닌의 신경 체계를 피로하게 만들었다. 첫 번째 위기는 1902년으로 거슬러 올라간다.[30]

이때는 볼셰비키화가 일어난 시기, 『무엇을 할 것인가?』의 시기였다. 크루프스카야는 자신의 동지인 레닌의 위기에서 주된 역할을 했다. 크루프스카야는 레닌이 맺는 외부 세계와의 관계를 걸러내기 위해 개입했고, 레닌이 스위스와 핀란드의 진료소에서 치료받고 홀로 있을 수 있도록 비용을 댔다. 레닌은 『무엇을 할 것인가?』를 저술하고 (제국주의) 사슬의 가장 약한 고리를 깨부술 수 있는 의지의 집합체인 '강철의 핵'[즉 전위당]을 구축하는 데 관여함으로써 1902년의 위기에서 벗어났다. 두 번째 위기는 제2인터내셔널이 무너지고 공산주의자들의 분열이 정점에 달했던 1914년에 찾아왔다. 세 번째 위기는 쉽게 추측할 수 있듯이 1917년 봄에 닥쳐왔다. 크루프스카야는 핀란드에서 안전한 요양지를 찾아냈고, 레닌은 그곳에서 『4월 테제』를 구상하며 지성에 의지를 부과하기로 결심했다. 계급투쟁의 난

해한 동학을 무시한 채 외부에서 세운 기획을 강제로 부과하기로 말이다. 지성은 우울함에 빠져 있으므로, 의지만이 심연에 대한 유일한 해결책이다. 심연을 무시하라, 그러나 제거하지는 말라. 이렇게 심연은 그대로 남게 됐고 그 이후 몇 년 동안 그 심연이 드러나지 않았을 뿐, 20세기가 미끄러져 들어간 곳은 바로 이 심연 속이었다.

나는 레닌의 근본적 선택들이 지닌 정치적 함의를 논의하려는 것이 아니다. 우울증을 받아들여 내부로부터 바꾸지 못한 남성적 무능함과 볼셰비키의 주의주의 사이의 관계를 지적하는 데 흥미가 있을 뿐이다. 1900년대에 사회적 자율을 무력하게 만든 주의주의의 뿌리가 여기에 놓여 있다. 레닌주의의 지적 결단은 매우 강력했다. 그것이 우울함을 집요한 남성적 주의주의로 감추고 있었기 때문이다.

| **접속과 감수성** |

21세기가 시작됐을 때 기나긴 역사를 자랑하던 예술적 아방가르드는 끝났다. 리하르트 바그너의 총체예술로 시작해 "예술을 폐기하라, 일상생활을 폐기하라, 예술과 일상의 분리를 폐기하라"라는 다다이즘의 부르짖음으로 귀결된 아방가르드의 역사는 9·11 사건의 몸짓에서 그 막을 내리기에 이르렀다. 많은 사람들이 그 사건을 미래가 없는 세기의 완벽한 예술작품이라 생각했다. 그렇지만 이 말을 입 밖으로 용감하게 내뱉은 사람은 칼하인츠 슈톡하우젠밖에 없었다.[31] 예술과 삶(혹은 죽음. 이 둘 사이에 대체 무슨 차이가 있겠는가?)의 융합은 '사람들을 공포에 떨게 만드는 자살'이라 불리는 형태의 행위에서 명백하게 볼 수 있다. 페카-에릭 오비넨 사건을 예로 들어보자. 이 핀란드 청년은 기관총을 들고 학교에 나타나 자신을 포함한 8명

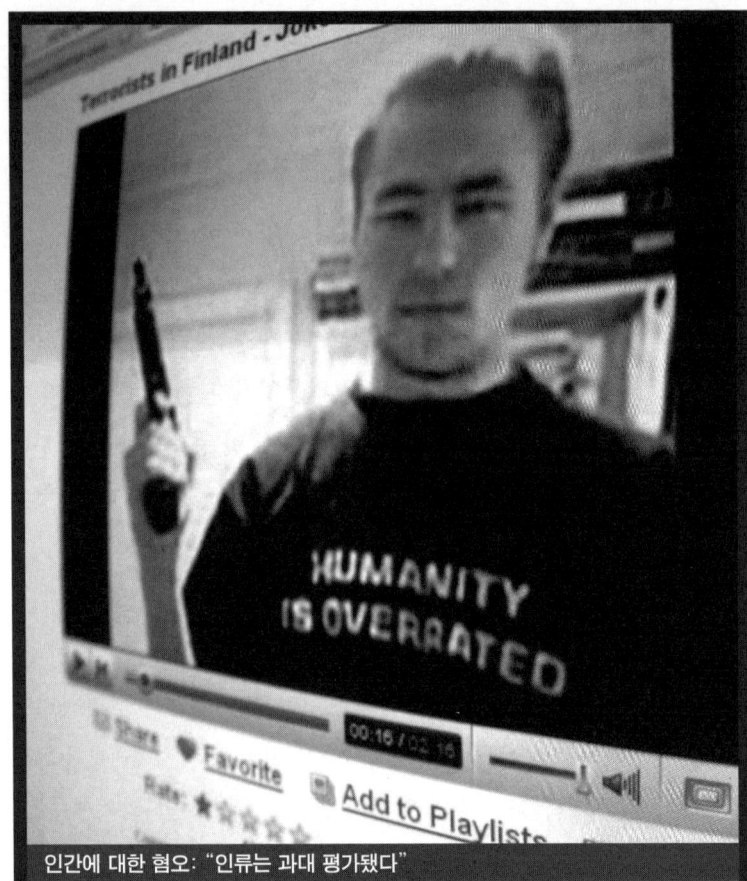

인간에 대한 혐오: "인류는 과대 평가됐다"

오비넨(Pekka-Eric Auvinen, 1988~2007)은 핀란드의 소도시 투술라의 요켈라고등학교에 다니던 학생이었다. 2007년 11월 7일 오비넨은 아침 9시 40분경 모교에서 총기를 난사해 교사와 학생 8명을 죽이고 경찰과의 대치 중에 자살을 시도했다. 오비넨은 곧바로 병원에 실려갔으나 끝내 사망했고, 결국 범행 동기는 밝혀지지 못하는 듯 보였다.

그러나 연이은 경찰의 조사에 의해 오비넨이 범행 몇 시간 전 유투브에 범행을 예고하는 동영상뿐만 아니라 여러 개의 아이디를 활용해 자신의 행동과 동기를 설명하는 각종 파일을 온라인상에 올려둔 것으로 확인되어 많은 이들을 다시 한 번 놀라게 했다.

이 파일에 포함된 성명서에서 오비넨은 전 세계 인구 중 94%가 어리석고 심약하며, 나머지 6%만이 창조적이고 강한 정신력을 갖고 있다고 말했다. 그런데 이중 3%는 남을 속이고 조종하는 악인들이다. 따라서 (그 자신이 포함된) 나머지 3%의 선한 자들이 절대 다수의 우매한 대중을 일깨우기 위해 구체적인 행동에 나서야 한다는 것이었다.

의 사람을 죽였다. 오비넨의 티셔츠에는 다음과 같은 문구가 새겨져 있었다. "인류는 과대 평가됐다." 이런 몸짓은 예술의 소통행위에 전형적인 표지를 품고 있지 않나?

나는 이 책의 젊은 독자들에게 폭발물이 장착된 벨트를 차고 사람들이 붐비는 장소에 가라고 촉구하는 것이 아니다. 오히려 내가 하고 싶은 말은, 절망의 거대한 물결이 이 첫 번째 접속 세대들을 파괴적인 심리적 폭탄으로 바꿔놓을 자살의 만연으로 금세 전환될 수 있다는 점에 주목하자는 것이다.

자본주의가 양산한 윤리적 경향을 설명하기 위해 보수주의 사상가들이 이용하는 도덕성, 가족의 가치, 또는 여타의 허약한 담론으로 자살의 이런 급증이 설명될 수 있을 것 같지는 않다. 우리 시대의 윤리적 좌초를 이해하려면 활동과 노동의 변형, 정신적 시간이 생산성의 경쟁 영역으로 포섭된 상황에 관해 숙고해야 한다. 즉 인지적·심리사회적 체계의 변화를 이해해야 한다.

나는 현재의 역사·문화의 동학을 결속의 왕국에서 접속의 왕국으로의 이행이라는 맥락에서 이해한다. 특히 최초로 등장한 접속 세대에 주목하는데, 이들은 어머니보다 기계로부터 더 많은 말을 배운다. 이런 이행 속에서 의식을 가진 유기체의 변이가 일어나고 있다. 이 유기체가 접속적 환경에 잘 적응할 수 있으려면 우리의 인지 체계가 재설정되어야 할 필요가 있다. 이는 지금까지 인간 조건의 특징이었던 결속 능력을 둔화시키는 것처럼 보인다.

감수성의 영역은 현재 진행 중인 이런 인지의 재설정에 관여하고 있다. 미적·윤리적·정치적 사유의 관점과 분석틀이, 인간의 결합 형태가 결속에서 접속으로 이행되는 데 발맞춰 재형성되고 있다.

결속은 타자-되기이다. 반대로 접속에서는 각 요소들이 구별된 채로 남으며 기능적으로만 상호작용한다. 특이성들은 서로 결속될 때 변한다. 즉 결속되기 전과는 다른 어떤 것이 된다. 사랑이 사랑하는 사람을 바꾸고 기호작용의 외부에 있는 기호들의 조합이 앞서 존재한 적 없는 의미를 탄생시키는 것과 같다. 접속은 단편들을 융합시킨다기보다는 기계적 기능성의 단순한 효과를 불러일으킨다. 접속하기 위해서는 단편들이 공존할 수 있어야 하고 인터페이스와 상호운용에 열려 있어야 한다. 접속은 이 단편들이 언어적으로 공존 가능할 것을 요구한다. 실제로 디지털망은 서로 다른 단편들이 공존할 수 있도록 하기 위해 점점 더 많은 요소들을 하나의 포맷, 하나의 기준, 하나의 코드로 점차 환원함으로써 확장·팽창되고 있다.

전자공학적, 기호적, 기계적, 생물학적, 심리적 영역 등 서로 다른 성격의 영역들에 속하는 단편들이 이런 뿌리줄기 안으로 들어온다. 광섬유 회로, 수학적 추상, 전자기파, 인간의 눈, 뉴런과 시냅스 등이 그런 단편들이다. 이 단편들이 공존 가능하게 되는 과정은 존재의 이질적 장들을 가로지르며, 각 단편들을 접속성의 원리 위에 포개놓는다. 이처럼 결속으로부터 의식적 유기체들 사이의 교환 패러다임인 접속으로의 이행 속에서 현재의 변이가 일어나고 있는 것이다.

전자공학적인 것이 유기체에 삽입되고, 인공장치들이 유기체들의 세계·몸·소통·사회 안에서 증식하고 있다는 것, 이것이 바로 이 변이의 중심 사태이다. 이에 따라 의식과 감수성 사이의 관계가 변형되고, 기호의 교환이 점점 탈감각화되는 과정을 겪게 된다.

결속은 온전하고 불규칙한 형태들의 만남과 융합으로서, 그 융합은 부정확하고 일회적이며 불완전하고 연속적인 방식으로 이뤄진다.

접속은 알고리즘 함수, 직선, 점들의 반복 가능한 순간적 상호작용인데, 여기서 이 함수, 직선, 점들은 완벽하게 병치될 뿐만 아니라 불연속적으로 삽입되고 제거된다. 이런 불연속적 방식은 서로 다른 부분들이 미리 결정된 기준에 따라 공존할 수 있도록 해준다. 소통 과정의 디지털화는 한편으로 에두르고 느릿느릿한 생성의 지속적 흐름에 대한 감각을 감소시키고, 다른 한편으로는 코드, 상황의 급작스런 변화, 불연속적인 기호들의 연쇄에 민감해지게 만든다.

결속의 영역에서 해석은 의미론적 기준을 따른다. 누군가가 당신과 결속의 관계에 들어서며 보낸 기호의 의미는 의도, 맥락, 뉘앙스, 필요하다면 말하지 않은 것까지도 밝혀냄으로써 이해되어야 한다. 반면 접속의 영역에서 해석의 기준은 순전히 통사론적이다. 해석자는 연쇄의 순서를 알아야 하고, 일반적 통사론이나 운영 체계가 요구하는 작업을 수행할 수 있어야 한다. 메시지의 교환에서도 모호함을 남겨둘 여지는 없고, 뉘앙스를 통해 의도가 드러날 수도 없다.

이런 변이는 의식을 가진 유기체에게 고통스러운 영향을 끼친다. 우리는 정신병리학의 범주들을 통해 이 효과를 읽어낼 수 있다. 난독증, 불안, 무감각, 공황, 우울, 그리고 일종의 자살 전염병이 확산되고 있는 것이다. 그러나 순전히 정신병리학적인 설명은 문제의 본질을 파악할 수 없다. 사실 우리가 직면하고 있는 것은 변화된 환경에 적응하려는 의식적 유기체의 노력이며, 테크노소통적 환경에 맞춘 인지 체계의 재조정이기 때문이다. 이것이 바로 심리적 영역과 사회적 관계에 병리현상을 발생시키는 것이다.

심미적 지각(정확히 말하면 감수성과 감각함의 영역)은 이 변형에 직접적으로 관련된다. 접속적 환경과 효과적으로 상호작용하려고 시도하는 가운데 의식적 유기체는 우리가 감수성이라고 부르는 것을 점점 더 억제하는 것처럼 보인다. 감수성이라 함은 말로 표현되지 않았거나 표현될 수 없는 기호들을 해석할 수 있게 해주는 능력, 한정된 통사론적 형태로는 표현될 수 없는 것을 이해할 수 있는 능력을 의미한다. 이 능력은 통합된 접속 시스템에서는 쓸모없거나 심지어 해로운 것이 된다. 감수성이 해석의 과정을 느리게 만들고 이 과정을 우발적이고 모호하게 만듦으로써, 결국 기호적 행위자의 경쟁력을 감소시키기 때문이다.

자발적 행위를 할 수 있는 윤리적 영역도 인지 체계의 재설정에서 본질적인 역할을 한다. 종교적 사회학자들과 저널리스트들은 새로운 세대의 행위에 윤리적 감성이 결여되어 있고 일반적 무관심이 존재한다는 점을 통탄한다. 대개 그들은 이데올로기적 가치와 공동체적 유대감의 쇠퇴를 애도하는 것이다. 그러나 윤리적·정치적 영역에 팽배한 불편함을 이해하려면 미감에 주목해야 한다. 윤리의 마비, 개인과 집단의 삶을 윤리적으로 통치할 수 없는 무능함은 감각함(즉 자기와 타인에 대한 지각)에서의 불편함으로부터 생겨나는 듯하다.

1900년대의 예술은 두 개의 유토피아를 지지했다. 블라디미르 마야코프스키의 급진적 유토피아와 바우하우스의 기능적 유토피아가 그것이다. 디스토피아의 흐름은 프리츠 랑의 표현주의, 살바도르 달리에서 필립 K. 딕에 이르는 극심한 편집증적 초현실주의 같은 예술적·문학적 상상력의 주름 속에 숨겨져 있었다. 20세기 중후반에는 조지 오웰, 윌리엄 버로스, 돈 드릴로의 문학적 디스토피아가 번성했다. 21세기 초인 오늘날, 디스토피아는 중심 무대를 차지하고 예술적 상상력의 장 전체를 점령하게 됐으며, 이로써 미래 없는 세기라는 내

러티브의 지평을 열어가고 있다. 현대의 시, 영화, 비디오 아트, 소설 속 표현에는 정신병리학적 전염병의 흔적이 만연해 있다.

에이야-리사 아틸라는 『바람』(2002), 『앤, 아키, 그리고 신』(1998), 『6이 9라면』(1995)이라는 비디오 작품에서 관계의 정신병리학, 요컨대 누군가를 만질 수도 없고 누군가가 자신을 만지는 것도 견디지 못하는 것에 대해 이야기한다. 미란다 줄라이는 『나와 너와 우리가 알고 있는 모든 이』(2005)라는 영화에서 한 남자와 사랑에 빠졌지만 그 감정을 말로, 그 말을 접촉으로 옮기는 데 어려움을 겪는 어느 비디오 아티스트의 이야기를 들려준다. 오늘날 언어는 정동과 단절되어 있다. 언어와 섹스는 일상생활에서 서로 갈라져버렸다. 도처에서 섹스를 이야기하지만, 섹스는 결코 스스로 말하지 않는다. 애무를 위한 시간은 한정되어 있고, 그 때문에 약물로 발기를 서두른다.

2006년 홍콩에서 제작된 지아장커의 『스틸 라이프』는 파괴가 이뤄지는 풍경을 보여준다. 놀랍도록 아름다운 이 영화는 그 풍경과 영혼에 있어서 슬프고 쓸쓸하고 황량한 중국을 배경으로 단순한 이야기를 들려준다. 이 영화를 지배하는 색깔은 지저분하고 잿빛이 도는 보랏빛의 녹색이다. 후오산밍은 몇 년 전 일자리를 찾아 북쪽의 광산으로 떠날 때 헤어진 아내와 딸을 찾을지 모른다는 희망을 안고 고향으로 돌아온다. 양쯔강을 따라 자리잡은 산밍의 고향은 더 이상 존재하지 않는다. 산샤댐 건설로 수많은 마을들이 사라졌기 때문이다. 집, 사람들, 거리가 모두 수몰됐다. 댐 건설이 진행될수록 마을은 점점 더 파괴되고 수면은 계속 높아진다. 산밍은 파괴가 진행되고 점점 더 물이 차오르는 와중에 마을에 당도하고, 아내와 딸도 찾지 못한다. 그리하여 산밍은 이들을 찾아 나선다. 곡괭이를 든 노동자들이 담장을 부수고, 마을 중심지에서 폭발물이 건물을 파괴하는 동안 샨밍은 아내와 딸을 찾아다닌다. 마침내 샨밍은 아내를 찾아내지만 그녀는 나이가 들었고 그녀의 오빠에 의해 다른 남자에게 팔아넘겨진 뒤였다. 부부는 파괴되고 있는 건물의 방안에서 만나, 흐린 하늘 아래 벽돌과 쇠로 만들어진 낯선 구조물에 기대 고개를 숙인 채, 딸에 대한 이야기를 나지막이 나눈다. 영화의 마지막 장면에서는 한 줄타기 곡예사가, 살바도르 달리가 캔버스에 담은 매섭고도 어두운 초현실주의를 떠올리게 만드는 배경을 뒤로 한 채 건물 지붕에서 허공에 매달린 줄위를 걸어간다.『스틸 라이프』는 물속에 잠긴 삶이라는 관점에서 행한, 중국 자본주의에 대한 내부로부터의 서정적 서술이다.

조너선 프랜즌은『인생 수정』(2001)이라는 소설을 통해 인생을 수정하는 수단으로 사용되는 정신약리학적 교정에 대해 이야기한다. 우울과 불안으로 황폐화된 인류가 마치 의무라도 되는 양 가장하는 행복이라는 존재에 순응하고자 활용하는 그 수단에 대해서 말이다. 개인의 연금 펀드 투자금를 날리는 것을 피하기 위해 변덕스러운 주식시장에 순응하는 것도 인생 수정이다. 그래도 그 투자금이 어느 날 갑자기 사라질 수 있지만 말이다. 프랜즌은 수십 년의 고된 노동과 순응의 결과로 미쳐버린 미국 중서부 출신의 늙은 부모 이야기를 상세히 들려준다. 수정은 인생 휴업으로 가는, 경쟁사회에서 나이 들어간다는 두려움으로 가는, 청교도적 효율성의 세계에서 느끼는 섹슈얼리티에 대한 공포로 가는 좁고 멈출 수 없는 미끄럼틀이다.

프랜즌은 미국인들의 정신을 그 주름 안까지 깊게 파고들어 가서, 미국인들의 뇌가 흐물흐물해지는 과정을 상세히 묘사한다. 업무 스트레스의 폭격에 장기간 노출된 탓에 생긴 우울증과 치매, 무감각, 편집증, 청교도적 위선, 이들의 주위에 항존하는 제약산업, 극단적 경제우선주의라는 폐쇄공포증적 껍질 속에 갇힌 인간 정신의 파괴, 동정심 많은 자유주의적 잔인함이 만들어낸 가식적인 크리스마스 동화를 믿는 척하거나 진짜로 믿는 사람들의 소아병. 정신병에 걸린 가족들이 행복하게 함께 모여, 오랫동안 기다려온 크리스마스 저녁식사를 끝마칠 무렵, 아버지는 입 속에 총을 넣고 자살을 시도하지만 성공하지 못한다.

사카모토 유스케의 애니메이션 『생선구이의 노래』는 슈퍼마켓 선반 위에 랩으로 싸인 물고기가 나오는 장면으로 시작한다. 한 소년이 이 물고기를 집어 들어 계산대로 가져간다. 소년은 돈을 낸 뒤 슈퍼를 나와 물고기를 자전거 바구니 안에 넣고 집을 향해 페달을 밟는다. 소년이 활기차게 페달을 밟아 집으로 가는 동안 물고기가 말을 건넨다. "좋은 아침이에요, 학생. 당신과 함께 있게 되어 아주 기쁘군요. 걱정 마요, 나는 불평하고 그러는 물고기가 아니니까." "인간과 알게 되다니 참 멋진 일이에요. 당신네 인간들은 특별한 존재에요. 인간은 우주의 주인이나 다름없죠. 안타깝게도 당신네들이 항상 평화롭진 않더군요. 나는 모든 존재가 서로 사랑하고, 심지어 물고기와 인간도 악수를 나누는 평화로운 세계에서 살고 싶어요. 오, 노을 지는 것을 보게 되다니 참으로 좋군요. 난 항상 석양 보는 것을 좋아했어요." 물고기는 감성적이 되어서 자전거 바구니 속 비닐봉투 안에서 펄쩍 뛰어오른다. "계곡물 흘러가는 소리가 들려요. …… 난 계곡물 소리를 좋아해요. 그건 내 어린 시절의 어떤 것을 떠오르게 하거든요."

집에 도착하자 소년은 물고기를 꺼내어 접시 위에 올려놓고 소금을 약간 뿌린다. 그러자 물고기는 흥분해서 말한다. "아! 난 소금도 아주 좋아해요. 소금도 내게 뭔가 떠오르게 하거든요." 소년은 물고기를 오븐 속 그릴 위에 올려놓고 스위치를 돌린다. 물고기는 계속 재잘거린다. "오, 학생, 여기 아주 좋아요. 저 아래에 불빛도 보이는군요. …… 좀 더운 것 같은데 …… 뜨거워요 ……." 말소리가 점점 잦아들 때까지. 물고기는 노래를 부르기 시작한다.『2001: 스페이스 오디세이』에서 컴퓨터 할의 플러그가 뽑혔을 때처럼, 점점 더 희미하고 점점 더 띄엄띄엄 말이다.

『생선구이의 노래』는 2006년 6월 바르셀로나의 카이사 포럼에서 열린 애니메이션 역사전에서 내가 본 애니메이션 중 나를 가장 괴롭힌 작품이었다. 그런데 나는 이 축제에 출품된 모든 작품들에 공통된 색조가 있음을 깨달았다. 이렇게 말해도 된다면, 그것은 일종의 아이러니한 냉소주의였다. 미구엘 수아레스 감독의『시간 속의 장소』는 있을 법하지 않은 벌레, 마치 저절로 생긴 듯한 곤충의 시선으로 세계가 변해온 수백 만 년의 세월을 그리고 있다. 루스 고메즈 감독의『반려동물』이라는 작품은 흉포한 이미지들을 사용해 잘 차려입은 식인종, 넥타이를 맨 젊은 야수 세대에 관한 이야기를 한다. 이들은 겁에 질린 미소를 띠고 휘둥그레진 눈을 한 채 그들의 손아귀에 떨어지자마자 자신들을 해치고 죽이고 먹어치울 친지, 동료, 친구, 애인들에게 잡히지 않기 위해 뛰고 또 뛴다.

이런 예술은 고발이 아니다. 당신이 이제 막 요리되려고 하는 물고기일 때, '고발'이라는 말과 '참여'라는 말은 더 이상 의미가 없다. 21세기의 예술은 더 이상 그런 힘을 가지고 있지 않다. 아마도 겸양에서, 아마도 자기 자신의 진실을 두려워하기 때문에 1900년대에 쓰던 표현들을 계속 사용하고 있을지언정 말이다. 예술가들은 더 이상

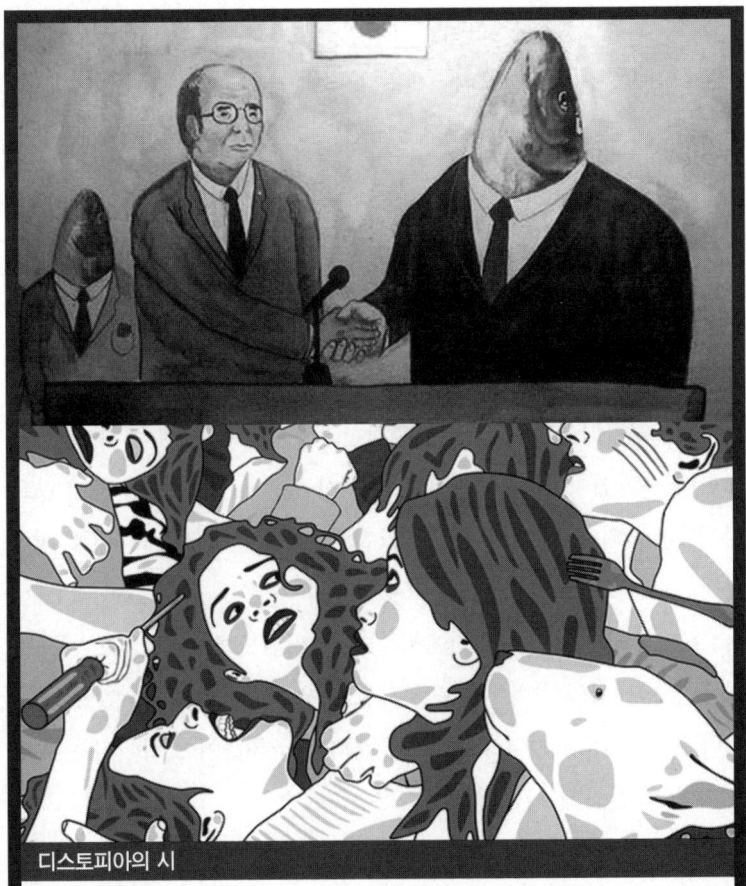

디스토피아의 시

제2차 세계대전이 끝난 뒤 테오도르 아도르노는 "아우슈비츠 이후 시를 쓰는 것은 야만스럽다"라고 말함으로써 많은 예술가들의 비판을 받았다. 이제 예술은 침묵해야 한다는 말이냐고 말이다. 이와 마찬가지로 "21세기의 예술은 더 이상 고발이나 참여할 힘을 가지고 있지 않다"라는 비포의 말은 자칫하면 예술의 무능력을 선언하는 것처럼 들리지 모른다.

그러나 아도르노의 진의가 인종학살을 불러온 야만의 시대 이후에도 지속될 삶을 위해 예술은 무엇을 해야 하느냐를 묻는 데 있었듯이, 비포 역시 신자유주의가 또 다른 야만(공황과 소외)을 낳은 오늘날 예술이 할 수 있는 일을 역설적으로 되묻고 있는 것이다.

비포가 『생선구이의 노래』(맨위 도판)나 『반려동물』(위 도판) 같은 애니메이션, 『테이크 쉘터』(2011)나 『리얼리티』(2012) 같은 영화 등 다양한 예술 작품을 즐겨 인용하는 것은 해당 작품 자체를 비평하기 위해서가 아니다. 오히려 오늘날 인류가 처한 상황을 단적으로 보여주는 이런 작품들을 통해서 자신의 문제의식을 구체화하기 위한 것이다.

단절을 모색하지 않는다. 어떻게 이들이 그럴 수 있겠는가? 예술가들은, 적어도 잠시 동안 처형을 지연시켜줄, 아이러니와 냉소주의의 균형에 이르는 길을 찾고 있다. 모든 에너지는 전선戰線으로 이동해갔다. 예술적 감수성은 이런 전환을 기록할 뿐, 이것에 맞설 수는 없다. 예술은 이제 단지 홀로코스트의 유예에 불과한 것일까?

| 미래의 종말 |

1972년 도넬라 메도즈, 데니스 메도즈, 요르겐 랜더스, 윌리엄 베런스 등이 집필하고 로마클럽이 출간한『성장의 한계』32)는 미래가 진보한다는 관점이 뒤집히는 데 중요한 한 걸음을 나타냈다. 당시 많은 경제학자들의 혹독한 비난을 받았지만, 이 책은 소진 가능성에 대한 자각이 표면화되고 있음을 공표했다.

  소진은 근대성의 상상력에서 아무런 역할도 하지 않았고, 미래를 신봉한 20세기의 전반부에도 생각할 수 없는 것으로 남아 있었다. 그러나 1970년대에 언더그라운드의 문화적 조류들이 소진이라는 새로운 지평을 알리기 시작했다.

  1971년 당시 부쿠레슈티와 파리에서 통계학과 경제학을 가르치던 니콜라스 조제스쿠-뢰겐 교수는『엔트로피 법칙과 경제 과정』33) 이라는 책을 발표했다. 생산적 에너지의 낭비에 관한 조제스쿠-뢰겐의 생각은 맑스주의적 자본주의 비판에 덧붙이기에 유용한 설명이었다. 맑스주의 철학자들이 엔트로피를 자본주의 붕괴의 원인으로 말한 적은 없지만 말이다.

  1975년에 발표한「에너지와 경제적 신화」라는 짧은 글에서 조제스쿠-뢰겐은 이렇게 말했다.

주류 경제학자와 맑스주의 경제학자들이 똑같이 좋아하는 테제가 있다. 기술의 힘에 한계가 없다는 테제이다. 우리는 희소해진 자원의 대체물을 언제나 찾을 수 있을 뿐 아니라 모든 에너지와 물질의 **생산성**을 증가시킬 수 있고, 몇몇 자원이 고갈되더라도 페리클레스 시대 이후 언제나 그래왔듯이 인간은 뭔가 다른 것을 생각해내리라는 것이다. 따라서 인류가 점점 더 행복해지는 길을 가로막을 수 있는 것은 아무것도 없다. 이보다 더 무딘 선형적 사고방식을 생각해낼 수 있는 사람은 거의 없을 것이다. 이와 동일한 논리에 따르면 건강한 젊은이는 절대 류머티즘이나 노인 질환에 시달리지 않을 것이고 죽지도 않을 것이다. 바로 이 지구상에서 사라지기 직전까지 공룡은 1500만 년 이상을 진정으로 풍요롭게 살아왔다(심지어 공룡들은 산업폐기물로 환경을 오염시키지도 않았다!).[34]

조제스쿠-뢰겐의 접근법은 경제적 차원과 생물학적 차원의 관계를 지적하고 있다는 점에서 특히 흥미롭다.

오로지 인간만이 ……… 자기 몸에 달린 두 팔을 연장시켜주고 자신의 힘을 강화해주는 곤봉을 사용하게 됐다. ……… 신체 외부의 도구들에 대한 인간의 중독은 ……… 생물학적인 것만도 아니고 경제학적인 것만도 아니다. 그것은 생물경제학적이다. 그것은 저低엔트로피의 세 가지 원천들(인류의 지참금을 이루는 것으로서, 한편으로 태양으로부터 공급받는 공짜 에너지, 다른 한편으로 지구의 뱃속에 저장되어 있는 공짜 에너지와 질서정연한 물질의 구조) 사이에 존재하는 다층적 비대칭에 따라 그 개괄적인 윤곽을 달리한다.[35]

경제 과정이 생명의 영역에서 일어나고 또 그 영역에 간섭한다는 것을 이해했던 조제스쿠-뢰겐은 자본주의의 미래에는 사회적 모순이 아니라 경제의 팽창이 생물권에 끼칠 영향이 주요 문제가 될 것이라는 사실을 이해했다.

자본주의에 대한 맑스의 설명에는 성장의 한계라는 개념이 들어설 여지가 없다. 맑스는 규모가 아닌 관계만을 다룬다. 맑스는 소진의 가능성에 대해 신경 쓰지 않는다. 미래에 대한 맑스의 전망은 노동이 지닌 내적 잠재력의 전개에 초점이 맞춰져 있다. 이 잠재력은 무한할 것이었는데, 인간 노동의 물리적 힘이 '일반지성'의 잠재력과 만날 것이기 때문이었다.

그러나 우리는 이윤을 추구하는 자본의 동학과 연결되는 식으로 배치된 노동의 잠재력이 인간 두뇌의 정신적 자원뿐만 아니라 지구의 물질적 자원(단적으로 공기, 땅, 물, 에너지 자원)까지 고갈시키는 상황을 겪게 됐다.

1970년대는 분수령이었다. 이 시기 동안 미래를 지각하는 방식이 바뀌었는데, 내 기억으로는 1977년이 전환점이라 할 수 있다.

그 이유를 살펴보자.

1973년, 시리아와 이집트는 이스라엘에 맞서 군사행위를 감행했고 뒤이어 전쟁이 일어났다. 이 전쟁의 효과는 전 세계에 미쳤다. 석유 가격이 미처 날뛰자마자 서구 경제는 극심한 타격을 입었고, 결국 도처에서 실업률이 높아지며 공황과 위기가 찾아왔다. 서구의 정부들은 긴축의 시기를 선언할 수밖에 없었고 사람들은 경제를 위해 희생할 것을 요구받았다. 그에 따라 인플레이션, 스태그플레이션, 사회적 소요 등이 전 세계로 퍼져나갔다.

자본주의 역사상 처음으로 특정 자원(그것이 천연 자원인지 인공 자원인지는 중요하지 않다)의 희소성이 경제 위기와 사회적 불안의 주된 요인이 됐다. 1977년 이탈리아와 영국 등지에서는 이런 사회적 불안정성이 새로운 문화적 감수성을 낳았다. 정치적 행동주의, 사회 운동, 예술적 실험들이 자율주의, 펑크, 뉴웨이브의 문화 운동에 함께 녹아들었다.

1977년은 흔히 폭력의 해로 기록된다.

독일에서 1977년은 매우 우울한 해였다. 저명한 기업가 한스-마르틴 슐라이어가 적군파에게 납치되어 살해됐고, 며칠 뒤에는 적군파의 일원들인 안드레아스 바아더, 얀-칼 라스페, 구드룬 엔슬린이 슈탐하임 감옥에서 사망했다. 이들은 교도관들에 의해 살해당한 것으로 추정된다.

알프 브루슈텔린, 라이너 베르너 파스빈더, 알렉산더 클루게, 폴커 슐뢴도르프가 공동 감독한 영화 『그 해 가을의 독일』은 사회적 연대가 종말을 고하리라는 당시 널리 퍼진 생각에 대해 이야기한다. 이 영화에서 우리는 사람들의 삶을 뒤덮은 갑작스런 슬픔, 안개, 구름을 볼 수 있다. 슈탐하임 감옥은 일상의 감옥의 상징이 됐다. 1968년 이후의 역동기를 거쳐 신자유주의적 반혁명의 시기로 접어들던 당시에 사회적 삶이 점점 더 일상의 감옥이 되어가고 있었던 것이다.

이탈리아에서는 붉은여단이 유혈의 광기어린 운동을 시작했다. 당시 로마와 볼로냐를 비롯한 여러 도시의 거리에서 일어난 폭동은 평화로운 집회나 화기애애한 행진이 아니었다. 볼로냐와 로마 등지에서 경찰이 시위에 폭력적으로 대응하고 정부의 진압 명령으로 경찰이 학생들에게 총격을 가하자 폭력이 중심 쟁점이 됐다.

분노의 기운이 감돌았다. 인구의 15%, 특히 젊은이들이 실업상태였기 때문만은 아니었다. 일종의 실존적 분노, 불복종의 물결이 있었다. 복지국가가 해체되고 근대의 지평이 사라질 것이라는 불길한 예감이 전 세계의 베이비붐 세대들에게 엄습해왔기 때문이다.

그러나 1977년이 불안과 봉기의 시절인 것만은 아니었다. 이 해는 문화, 기술, 철학적 사유의 역사에서 주된 전환점이기도 했다.

1977년은 스티브 워즈니악과 스티브 잡스가 애플이라는 트레이드마크뿐만 아니라 정보 기술을 확산시킬 도구들을 만들어낸 해였다. 또한 알랭 맹크와 시몽 노라가 『사회의 정보화: 공화국 대통령에게 보내는 보고서』36)에서, 곧 도래할 정보통신 기술의 정치적 효과로 국민국가가 해체될 것이라는 주장을 이론화한 해이기도 하다.

같은 해, KGB 의장 유리 안드로포프는 레오니드 브레즈네프에게 편지를 보내 정보과학 부문에서 미국과의 격차를 좁히지 못하면 소련은 사라질 위기에 처해 있다고 주장했다. 장-프랑수와 리오타르가 지식의 새로운 조직화와 진보하는 근대성이라는 거대서사의 소멸을 분석한 『포스트모던의 조건: 지식에 관한 보고서』37)를 쓰기 시작한 것도 바로 이 해였다.

1977년은 자본주의적 지배와 부르주아 국가에 맞선 20세기 공산주의 프롤레타리아트들의 마지막 반란이 목격된 해이다. 그러나 이와 함께 코그니타리아트, 즉 지식 노동자, 기술과학 지성Technische Wissen-schaft Intelligenz의 담지자들이 일으킨 최초의 반란도 목격됐다.

이 해에 우리는 새로운 문화적 과정과 사회 풍경의 전조를 볼 수 있었다. 이탈리아는 당시의 문화적 지형에서 특별한 위치를 차지하고 있었다. 이탈리아 전역에서 분명하게 드러난 긴장이 기묘한 운동의 형태를 띠고 나타났는데, 그 속에서 정치적 급진주의의 개념들은 욕망, 뿌리줄기, 분열증 정치 같은 아이디어와 만나 상상력의 정치에 초점을 둔 새로운 이미지, 새로운 양식의 행동주의를 창조했다.

특히 이탈리아의 '77년 운동'은 당시 급변하던 시대의 두 측면을 그 자체의 역사 속에서 모두 보여준다. 창조성의 행복한 유토피아적 측면이 그 하나이고, 낙담·절망·테러가 다른 하나이다.

1977년 초 '대도시 인디언들'[38]과 '마오-다다이스트들'로 이뤄진 전복적 군중들이 공공 공간을 다양한 색깔로 물들이며 유토피아적으로 점거한 사건은 집단적 행복, 일에 덜 중독된 사회, 미디어에 대한 자유로운 접근의 가능성을 선언하는 듯했다. 그러나 폭동이 폭발하고 살해와 수백 명의 체포가 이어진 뒤 분위기는 어두워졌고 절망이 밀려왔다. 이제 분위기는, 같은 해 런던 거리에서 생겨난 펑크적 감수성과 유사해졌다.

새로운 세대의 노동자들은 노동자 정당의 오랜 전통과 별 상관이 없었다. 국가소유 체계에 관한 사회주의 이데올로기와도 별 관련이 없었다. 이 젊은 노동자들은 히피 운동, 예술적 아방가르드의 역사에 훨씬 더 많이 연관되어 있었다. 노동의 슬픔에 대한 대규모 거부가 이들의 저항 아래에 놓인 주된 요인이었다.

77년 운동이 남긴 것은 무엇인가?

그 유산과 기억은 모호하다. 우리는 문화적 기민함, 공통된 행복감, 노동과 화폐의 지배로부터 해방된 일상을 기억한다. 하지만 우리는 이 사건들의 어두운 이면, 공포와 억압, 상상의 디스토피아적 내용 역시 기억하고 있다. 21세기의 첫 10년이 흐른 오늘날, 어떤 점에서 우리는 이 운동이 키워냈고 20세기 말의 시대정신에 주입된 1977년

이탈리아의 '납의 세월'과 '77년 운동'

1960년대 말(대략 1968년경)부터 1980년대 초(대략 1984년경)까지 약 20여 년간 이탈리아는 '납의 세월'(Anni di piombo)을 보내야만 했다. 좌우 무장세력들의 격렬한 충돌로 수많은 총탄들(납)이 거리에 나뒹굴어서 붙여진 이름이다. 77년 운동은 이 '납의 세월'에서 문화와 정치의 결합이 정점에 달했음을 보여준 운동이자, 자율주의의 역사에서 전환점이 된 운동이며, 새로운 좌파 정치가 겪게 될 비극을 예견케 해준 운동이었다.

자율주의 운동과 이탈리아공산당의 갈등으로 시작된 1977년, 모든 학생운동 활동가들은 3월 12일의 전국 시위를 결의하며 전의를 다듬고 있었다. 그러나 하루 전, 비의회 좌파 단체인 지속적인투쟁(Lotta Continua)의 회원이자 볼로냐대학교의 의과대 학생이던 로루소(Francesco Lorusso, 1952~1977)[두 여성 사이에 있는 사람]가 학내에서의 시위 도중 경찰의 발포로 사망하는 사건이 발생해 사태는 곧장 걷잡을 수 없는 지경에 빠졌다.

학생들의 볼로냐대학교 점거로 불붙은 항의 시위는 곧 전국으로 확산됐고, 당국은 군대를 동원하는 것으로 응수했다. 이에 따라 활동가들은 당국에 맞설 수 있는 무장투쟁 노선을 더욱 더 지지하게 됐고, 결국 이런 분위기는 이듬해 붉은여단이 알도 모로 전 수상을 암살하는 것으로 현실화됐다. 정부는 붉은여단의 배후로 곧 자율주의 운동을 지목했다. 이에 따라 (비포를 비롯해) 이 운동의 활동가들은 기나긴 망명과 투옥을 감내해야 했다.

의 악몽이 실현되고 있는 것을, 디스토피아적 상상이 현실화되고 있는 것을 목격하고 있다.

1977년 잉그마르 베리히만 감독은 『뱀의 알』이라는 영화를 만들었다. 이 영화는 베리히만이 만든 것들 중 최고는 아니지만 전체주의적 정신의 구성에 관해 (우리를 매우 불안하게 만드는) 통찰을 보여준다. 1977년 말 이 영화를 처음 봤을 때 나는 뭔가가 내게, 우리에게 직접적으로 이야기하고 있다는 것을 느꼈다. 『뱀의 알』은 1923년부터 1933년 사이에 배양되고 있던 나치즘에 관한 영화이다. 당시 이 뱀의 알은 천천히 부화해 괴물을 낳고 있었던 것이다. 1977년 3월에 일어난 학생들의 봉기 이후 수년 동안 우리는 비슷한 어떤 것을 느꼈다. 우리는 새로운 전체주의가 형성되고 있는 기미를 감지했다. 정치권력에 입각한 전체주의가 아니라 당시 사회의 정신에 느리게 퍼져가고 있던 어떤 것에 근거한 전체주의가 말이다.

1977년 12월 25일에는 산업화 과정의 비인간화를 이야기했고, 가난하지만 인간적일 수 있었던 사람들의 따뜻함을 보여줬던 찰리 채플린이 사망했다. 비물질적 생산이 이뤄지는 탈산업사회에서는 더 이상 따뜻함을 위한 자리가 존재하지 않는다. 그리고는 1977년이 저물 무렵에 존 트라볼타는 『토요일 밤의 열기』라는 영화에서 평일 동안 기꺼이 행복하게 착취당하고 그 대가로 토요일 밤 디스코장에서 약간의 재미를 보는 노동계급의 새로운 영웅을 연기했다.

일본에서 1977년은 청년들의 자살이 광범위하게 일어난 해였다. 공식적인 수치만 784명에 달했다. 끔찍한 것은 여름 방학이 끝날 무렵 무더기로 일어난 어린이들의 연쇄 자살이었다. 정확하게 말하면 13명의 어린이들이 자살했으며 모두 초등학교에 재학 중이었다. 여기서 우리를 당황스럽게 하는 것은 숫자라기보다 자살행위의 근거 없음과 불가해함이다. 모든 사례에서 그런 행동에 이른 어떤 동기나 이유를 찾을 수 없었다. 그 아이들과 함께 산 어른들로서는 무슨 일이 일어난 것인지를 설명하거나 이해하거나 예견할 수 있는 뭔가가 아무것도 없었고 충격적일 만큼 아무런 말도 남아 있지 않았다.

유럽과 미국에서처럼 일본에서도 1977년은 근대성 너머로의 이행이 이뤄지고 있던 해였다. 유럽에서는 보드리야르와 비릴리오를 비롯해 펠릭스 가타리, 질 들뢰즈 같은 사상가들의 철학, 이탈리아의 자율 운동이나 런던의 펑크 같은 창의적 대중 운동의 정치적 의식이 이런 이행의 조짐을 알려줬다. 북아메리카의 경우 이런 이행의 조짐은 문화적 폭발, 도시변혁 운동 등의 형태를 취했는데, 이는 예술과 음악에서의 '노 웨이브'[39]로 표현됐다. 이와 달리 일본에서는 이미 이런 이행이 아무런 매개 없이 진행 중이었다. 이는 설명할 수 없는 어떤 괴물성이 급작스럽게 일상의 정상성, 집단적 존재의 일반적 형태가 되어버린 것과 같았다.

1977년 이후 서구의 정신은 일련의 삽화적 사건들이 그려낸 궤적을 따라 살그머니 지하에서 붕괴되어갔다. 그러나 21세기가 막 시작되는 시점에 이 붕괴는 억제할 수 없을 만큼 파국적으로 가파른 리듬을 띠었다. 이제 의식은 이런 궤적 속에서 생산·기술·일상생활의 가속화, 들뢰즈와 가타리가 탈영토화라고 부른 것의 위험을 지각한다. 오늘날 이런 가속화와 탈영토화의 효과는 전지구화된 사회 영역에 확산되어가는 두려움, 불안, 공황의 물결 속에서 분명해졌다.

그동안 특정 사건들은 자가복제하는 정보를 담은 일종의 바이러스처럼 사회 조직 내부에서 증식되고 그 전체를 감염시키며 이런 이행의 신호를 알려왔다. 19명의 젊은 이슬람인들이 감행한 치명적 자살폭탄 테러로 세계 무역센터 건물이 먼지 구름을 일으키며 붕괴된 예외적 사건이 극적으로 새로운 시대를 연 가장 인상적인 이미지-사건인 것은 분명하다. 그러나 더욱 두렵고도 낯선 메시지를 남긴 것은 몇 년 앞서 일어난 컬럼바인고등학교 총기 난사 사건[40]일지도 모른다. 이 사건이 일상의 삶, 미국적 정상성에 대해 이야기했기 때문이다. 인간적이었던 것과의 모든 관계를 잃어버린 인간성, 더 이상 알지 못하는 감정들의 대체물을 찾으며 불가능한 안정성을 되찾으려 비틀거리는 인간성의 정상상태에 대해 말이다.

저주받은 예언자

나는 1970년대의 운동, 특히 1977년의 볼로냐와 로마 봉기에 참여했다. 사실 이 봉기들은 정치권력 형태를 바꾸려 의도한 정치적 격변이라기보다 일종의 예언, 즉 세상이 이렇게 계속될 수는 없으며 이윤경제가 폐허를 낳고 있다는 사회적 자각을 일깨우려는 집단적 계시였다. 나는 볼로냐와 로마의 반란자들을, 대규모 인파의 행진을 멈추려고 주먹을 흔들며 수수께끼 같은 말을 외친 소수의 미친 예언자로 기억한다. 우리는 당시의 현실을 과학소설에 나올 법한 적들에 맞선 싸움으로 그리지 않았다. 그러나 우리가 악몽에서 봤던 그 적들은 이후 우리가 지금 살고 있는 미래 없는 미래에 실제로 등장했다.

많은 전통 문화에서 미래를 보는 것은 저주받은 일이다. 고대에 미래를 보는 자들은 비극적인 삶을 살았다. 이보다 더 비극적인 것은 미래를 볼 수 있을 뿐 아니라 미래를 알고 싶어 하지 않는 동시대인들에게 미래를 폭로했던 예언자들의 운명이었다. 카산드라와 테이레시아스의 운명도 비극적이었는데, 미래를 보는 능력이 오로지 신들의 특권이어야 했기 때문이다. 그리스도교 세계에서 신앙심이 깊은 사람은 신이 모든 것을 창조했던 태초를 바라봐야 한다. 그 먼 시점으로부터 멀어질수록 우리는 태초에 있었던 빛을 보지 못하게 된다. 미래는 타락/추방의 시간, 점점 더 깊어지는 어둠의 시간이다.

근대적 사고방식은 다가올 묵시록에 대한 두려움을 진보의 확실성으로 바꿔놓음으로써 이 인식을 뒤집었다. 프랜시스 베이컨이 "아는 것이 힘"이라고 선언한 이래로, 부르주아지가 투자에서 나오는 이윤에 승부를 건 이래로, 역사가 경제 성장과 문명화의 과정으로 서술될 수 있게 된 이래로, 미래는 완전히 새로운 의미를 얻게 됐다.

근대인들의 미래에는 사람들을 안심시키는 두 가지 특징이 있었다. 첫째, 인간 역사의 흐름이 일직선형으로 추적될 수 있고, 과학이 행성 운동을 닮은 인간 진화의 법칙을 발견할 수 있듯이, 미래도 알 수 있는 무엇이었다. 둘째, 이 미래는 인간의 의지, 산업, 경제 기법, 정치적 행동에 의해 변형될 수 있는 무엇이었다. 경제학이 인간의 행동·갈등·선택을 예견할 수 있는 척할 때, 미래에 대한 강조는 정점에 달한다. 20세기는 미래를 예언한 과학자들과 합리적 결정을 내릴 수 있는 정책 입안자들을 신뢰했기 때문에 미래를 신봉했다.

그러나 20세기는 미래를 꿈꾼 몽상가들에게 쓰라린 교훈을 주었다. 20세기가 끝날 무렵 유토피아적 상상은 디스토피아적으로 뒤바뀌어갔다. 의식의 악몽과 과학소설은 이런 뒤집힘의 주요 실험실이었다. 한때 (쥘 베른과 아이작 아시모프의 시절에) 과학소설은 시공간 속에서 무한히 팽창하는 인간의 지배를 묘사했다. 20세기 후반에 과학소설에서는 미래에 대한 예전과 같은 형태의 상상이 사라졌다. 미래는 단조롭고 협소하고 어두운 것이 됐으며 마침내는 무한히 확장하는 현재로 뒤바뀌었다.

1979년 로버트 프립은 자신의 「프리퍼트로닉스 선언」을 통해 우리는 재앙의 동학을 따라 달려야 한다고 말했다.41) 1980년대에 사이버펑크 작가들은 미래를 끝이 없는 디스토피아로 그렸다. 예언자는 고대에 그랬던 것처럼 다시 한 번 저주받게 됐다.

멀리 있는 공간은 볼 수 있지만 멀리 있는 시간은 더 이상 볼 수 없다. 인간이 가상공간에 들어선 이래로 공간은 한없이 확장됐다. 가상공간은 일종의 소실점, 즉 언표행위의 무한한 집합체가 만나는 지점이다. 반면 가상시간은 존재하지 않는다. 가상성의 시간 같은 것이 존재하지 않는 것은 시간이 오직 삶, 분해, 그리고 살아 있는 것의 죽음-되기에만 있는 것이기 때문이다. 가상성은 살아 있는 것의 와해이자, 시간에 대한 지각에서 권력을 차지한 공황이다.

이것이 바로, 미래가 더 이상 편안한 주제가 아닌 이유이다. 이제 우리는 미래를 알기 어렵다는 것을 안다. 정보-집합체들 사이의 교차선이 너무나 복잡하고 빨라서 이것이 그 어떤 과학적 법칙으로도 환원될 수 없다는 것을 우리가 이해하는 것과 똑같이 말이다. 그리고 우리는 과연 정치적 전략이나 군사력으로 미래를 통치할 수 있는 것인지 의심하기 시작했다.

세계의 정치지도자들이 G8이나 G20 같은 웃기는 행사에서 만날 때마다 정치권력의 실패, 즉 그들이 미래를 장악할 수 없다는 것이 더욱 명백해진다. 각국을 이끄는 전 세계 정치지도자들이 2008년 7월 홋카이도 삿포로에서, 그리고 2009년 7월 이탈리아의 라퀼라에서 만났을 때, 이들은 기후 변화와 그것이 지구 생태계에 미치는 효과라는 중요한 주제에 대해 중대한 결정을 내릴 예정이었다. 그러나 그들은 어떤 의미 있는 말이나 행동도 결코 할 수 없었고, 2050년까지 독성 가스 배출량을 절반으로 줄일 것이라는 결정만을 내렸다. 하지만 어떻게? 도대체 왜? 여기에 대해서는 아무런 답변도 없었다. 그 어떤 정치적·기술적 조치도 취하지 않았고, 최종 기한을 당기는 데 대한 그 어떤 결정도 이뤄지지 않았다. 그들의 결정은 샤먼의 의식, 기우제의 춤과 같다. 문제의 복잡함은 전 세계 정치인들의 지식과 영향력의 힘을 넘어선다. 미래는 정치 기법의 손아귀를 빠져나갔고 모든 것이 뒤집어졌다. 이는 필경 속도 때문일 것이다.

절대적인 속도는 정신의 편재성을 의미한다. 몸이나 감수성이 아닌 정신의 편재성. 절대적 속도는 기호들의 네트워크에 의해 가능해진다. 셀 수 없을 만큼 많은 상호연결된 두뇌들이 도처에 기호 현상을 만들어낸다. 이는 사회적 심리영역에 어떤 영향을 미칠까? 가속화가 성애적 감성의 영역에, 그리고 타인을 몸을 가진 살아 있는 유기체로서 지각하는 데 가져올 효과는 무엇일까?

미래학자들이 열렬히 공언했던 미래는 결국 도래했다. 그들이 외부의 금속기계에 대해 상상했던 모양을 취하고 있지는 않지만 말이다. 미래는 언어와 접속의 잠재력 덕분에 도래했다. 이탈리아 미래주의가 이런 가능성을 파악했던 것으로 판명됐다. 이런 주장을 처음 외친 것은 마리네티였다. **무선의 상상력**.

| 마지막 유토피아 |

미래를 신봉한 지난 세기의 마지막 10년 동안 새로운 유토피아가 사이버문화, 혹은 인터넷문화나 가상문화라고 이름붙일 수 있는 형태

로 구현됐다. 이 유토피아는 이전의 유토피아들보다 훨씬 더 효과적으로 자신만의 세계를 생산한다. 인터넷은 수십억의 지능적 주체들이 그려낸 셀 수 없이 많은 궤적들이 서로 만나 경제적·문화적·심리적 실재를 만들어내는 무한하고 가상적인 유토피아 공간이다.

'유토피아'란 존재하지 않는 곳이듯이, 가상성 역시 제아무리 의미·지각·경제적 교환의 효과를 만들어낼 수 있을지언정 물리적 의미에서 존재하지 않는 공간이다. 20세기 말의 문화적 상상력 전체에 퍼져 있던 이 가상의 유토피아는 이중으로 비물질적이다. 즉 물질적 삶의 물리적 공간으로부터 두 마디 떨어져 있다. 20세기의 모든 유토피아들 중 기술·경제·일상생활의 영역에 가장 일관된 효과를 만들어낸 것은 이 가상의 유토피아였다. 그러나 대체로 예견됐지만 갑작스런 뒤집힘으로 이것은 마지막 디스토피아에 자리를 내줬다. 즉 인간적인 것이 사라졌거나 기술언어의 연쇄적 자동작용에 종속됐다.

인터넷은 생산자이자 사용자인 사람들이 공유하는 정신적 공간에만 존재한다. 들뢰즈와 가타리의 용어를 빌면 이 비非영토는 보편적 탈영토화의 공간이다. 모든 탈영토화 운동은 그 반대작용의 효과로서 재영토화를 야기한다. 바로 이런 이유로 1990년부터 10년 동안 인터넷의 사회적 구축과 전지구화 과정이 민족주의와 근본주의의 인위적 부활과 함께 진행된 것이다.

인터넷을 구축하는 데는 기술적 창조와 엔지니어링 등의 막대한 노동, 예술적 창조성과 철학적 혁신 등의 광범위한 과정이 필요하다. 1980년대 이래 사이버문화의 영역에서는 인터넷에 관한 다양한 전망이 제기되어왔고, 서로 대립되는 철학적 상상력이 인터넷의 실제 등장을 구체화했다.

인터넷의 진화는 단순하게 규정될 수 없다. 인터넷은 무한한 공간이어서 이에 관해 최종적 언명을 하는 것이 별 소용이 없기 때문이다. 그 대신 인터넷에 대한 상이한 전망들이 하나로 합쳐져 인터넷의 진화라는 동일한 과정의 다양한 측면을 드러냈다. 이 상이한 전망들은 함께 기능한다. 인터넷 자체가 상이한 상상력이 함께 진화하는 장소이기 때문이다. 인터넷문화의 포괄적 현상학을 연구하는 것은 내 의도와 능력을 벗어난다. 몇몇 학자들이 이 주제에 대해 쓴 글들이 있는데, 특히 이탈리아의 미디어 이론가인 카를로 포르멘티의 인터넷 3부작(『네트의 마법에 빠지다』, 『미래를 파는 상인』, 『사이버소비에트』)[42]을 추천한다. 아무튼 나는 사이버문화가 탄생한 이래 그것에 생명을 불어넣어온, 미래에 관한 다양한 인식을 지적해보려 한다.

내가 보기에 1990년대에 가장 영향력 있던 문화적 흐름은 『와이어드』의 상상력이었다. 1993년 샌프란시스코에서 창간된 이 잡지는 루이스 로제토 편집장의 지휘 아래 인터넷이 미디어 세계 전체를 바꾸고 기술과 지식 생산의 일반적 패러다임이 될 것이라는 생각을 처음 주창했다. 이들에게 인터넷은 개념이고 방법이며 경향이었다.

월드와이드웹 및 최초의 인터넷 브라우저들과 함께 진화한 『와이어드』는 테크놀로지에만 몰두하는 괴짜들과 사이버펑크 작가들로 이뤄진 이너 써클에 말을 걸었다. 『와이어드』의 미래주의를 공유한 이 기술애호가들과 친시장적 디지털 지식층은 새로운 경제적 흐름이 커뮤니케이션, 금융, 개인 서비스 부문의 가상기업들을 기반으로 창출될 것임을 이해했다는 크나큰 업적을 남겼다.

이 잡지에서 자유지상주의자들의 정신은 신자유주의 경제학자들의 시장신학과 합쳐졌다. 가상의 생산 분야에서 경제가 무한히 성장하리라는 이들의 환상은 장기 호황과 신경제 이데올로기의 유토피아를 키워나갔다. 이 환상은 강력했다. 20세기의 마지막 몇 년 동안 닷컴 매니아들은 일자리·돈·서비스·재화를 창조했고, 전지구적 미디어 시스템의 기술적 하부구조를 바꾸는 데 일조했다.

그러나 이와 동시에 인터넷문화의 일부 보이지 않는 공간 속에서 어떤 사람들은 어두운 색조의 미래를 감지했다. 예컨대 캐나다 출신의 이론가 아서 크로커는 인터넷에 관한 디스토피아적 전망의 전령이라 할 수 있다. 1994년에 크로커는 마이클 A. 와인슈타인과 공저한 『정보 쓰레기』라는 책을 출간했다. 기술 변화의 심리사회적 효과에 대해 주목할 만한 통찰을 보여준 이 책에서 크로커는 웹의 대중화와 단순화에 근거한 사이버권위주의가 생겨날 것이라고 예견했다. 크로커는 이렇게 쓰고 있다.

> 정보고속도로는 인터넷의 반명제이다. 가상계급이 자신의 생존을 위해 인터넷의 **공적 측면**을 파괴해야만 하는 것과 똑같은 방식으로 말이다. …… 가상계급에게 콘텐츠는 가상세계의 교환 속도를 느리게 만들고, 의미는 데이터에 적대적인 모순이 된다. …… 데이터는 의미의 항바이러스이다. 정보통신 기술상의 정보는 콘텐츠의 항력抗力-무게 때문에 느려지기를 거부한다. 그리고 가상계급은 인터넷의 **사회적** 가능성을 뿌리 뽑고자 한다.43)

크로커와 와인슈타인은 가상공간에서 몸이 제거되는 것을 염려했고, 이 제거된 몸이 복고적 파시즘 같은 공격적 형태를 띤 채 폭력적으로 되돌아오리라 예견했다. 크로커의 생각은 보드리야르의 생각

중 일부를 가상계급 이론의 방향으로 전개한다. 가상계급은 실제로는 존재하지 않는 계급으로서, 인지노동자들의 생산적 미세-행위들로 이뤄진 프랙탈의 바다에 대한 추상일 뿐이다. 가상계급은 유용한 개념이지만, 가상세계에서의 임무를 수행하는 사람들의 사회적·신체적 실존을 포괄하지 못한다. 가상노동자의 사회적 실존과 감각적 몸은 가상적이지 않다. 이것이 바로 인터넷 경제에 관여하는 노동자들의 욕망과 질병의 물리적 (성애적·사회적·신경학적) 측면을 강조하기 위해, 가상계급 이론으로부터 우리가 인지노동자, 즉 인지적 프롤레타리아트의 이론을 추론해내야 하는 이유이다.

기호자본은 신경심리적 에너지를 노동하게 만들고, 이 에너지를 전자기계의 속도에 따르게 강제하며, 우리의 인지와 감정적 하드웨어가 인터넷 생산성의 리듬에 따르도록 강요한다. 사이버스페이스는 사이버시간이 과부하에 걸리게 한다. 사이버스페이스는 그 속도를 무한히 올릴 수 있는 무한정한 영역이기 때문이다. 그러나 사이버시간(주의를 기울이고 기억하고 상상하는 시간)은 일정한 한계 이상으로 속도를 낼 수 없다. 만약 그렇게 하면 사이버시간은 무너진다. 실제로 사이버시간은 과잉생산성의 압박으로 금이 가고 붕괴하고 있다. 유행성 공황이 사회적 두뇌의 회로 전체에 퍼지고 있다. 이런 공황의 발발을 유행성 우울증이 뒤잇고 있다. 2000년대 초에 발생한 신경제의 위기는 이런 신경 체계의 붕괴가 가져온 귀결로 봐야 한다.

오래 전 맑스는 과잉생산에 대해 이야기한 바 있다. 과잉생산이란 사회적 시장이 흡수할 수 없을 만큼 재화가 넘쳐나는 것을 의미한다. 인터넷 생산의 영역에서 주의집중을 요구하는 재화의 압도적 공급에 의해 괴롭힘을 당하는 것은 사회적 두뇌이다. 이것이 바로 사회적 공장이 불행의 공장이 된 이유이다. 인터넷 생산의 조립라인은 가상계급의 감정 에너지를 직접적으로 착취하고 있다. 이 사실을 깨달아야 한다. 우리 스스로가 인지노동자라는 것을, 끝없이 전기자극을 받는 살이자 몸이며 욕망이라는 것을.

생물학자·철학자·저널리스트였던 케빈 켈리는 1980년대에 『계간 공진화』의 애니메이터였고, 이후 몇 년 동안 『와이어드』의 편집자로 일했다. 켈리는 『통제불능』에서 무수한 인간 정신이 공동 작용한 결과물이자 인간의 통제·이해·통치가 닿을 수 없는 곳에 존재하는 생명정보공학적 초개체superorganism에 대해 이야기한다.

> 매우 거대한 망들이 전 세계를 관통함에 따라 우리는 인터넷에서 출현하는 것, 즉 살아 있고 영리하며 진화하는 기계, 새로운 생물학적 문명을 처음으로 일별하고 있다. 전지구적 정신 역시 네트워크문화에서 출현한다는 견해가 있다. 전지구적 정신은 컴퓨터와 자연, 전화와 인간의 두뇌 등이 결합된 것이다. 이 전지구적 정신은 자기 자신의 보이지 않는 손에 의해 다스려지는, 불확정적 형태의 매우 거대한 복합체이다. 우리 인간은 전지구적 정신이 생각하는 것을 의식하지 못하게 될 것이다. 우리가 충분히 영리하지 않아서가 아니라 전지구적 정신 자체가 부분이 전체를 이해할 수 없도록 설계되어 있기 때문이다. 이런 전지구적 정신의 특정한 생각과 그에 뒤따른 행동은 우리의 통제를 벗어날 것이며, 우리의 이해를 초월하게 될 것이다.[44]

켈리의 통찰에는 유토피아와 디스토피아가 혼재한다. 전지구적 수준보다 낮은 정신으로는 전지구적 정신의 우월한 설계를 전혀 이해할 수 없을 것이다. 개인의 두뇌가 전지구적 정신의 복잡함에 도달할 수 없기 때문이다. 그 대신에 켈리는 떼 정신을 이야기한다.

전지구적 수준보다 하위의 개체(정당, 정부, 일군의 정책 입안자)는 사건의 경로를 바꿀 수 없을 것이다. 그 누구에 의해서도 정복될 수 없는 전지구적 정신의 내적 작업이 사건의 경로를 결정하기 때문이다. 인간의 행동은 점점 더 [곤충] 떼의 행위를 닮게 될 것이다. 떼는 늦기 전에 막차를 잡으려고 기차역으로 달려가는 한 무리의 사람들과 유사할지도 모른다. 그러나 군중은 떼보다 더 우발적이고 예측 불가능하다.

그러나 이와 달리 네트워크에 참여하는 사람들의 행동은 우발적일 수 없다. 네트워크에 참여하려면 규칙의 준수가 요구되고 명령되기 때문이다. 떼를 통치하는 원리는 내면화이다. 살아 있는 유기체들은 심리적·행동적 자동작용을 따른다. 바로 이것이야말로 그들이 환경과 연관을 맺는 방식이기 때문이다. 떼의 구성요소들은 자신들의 행동이 내재된 자동작용에 의해 추동된다는 사실을 아예 알지 못하거나 적어도 충분히 알고 있지 못하다.

애덤 스미스가 남긴 자유주의적 사유에 합류하고 1990년대 당시에 승승장구하던 신자유주의의 흐름을 정당화하면서, 켈리는 이 지구상의 실제 삶의 고통과 갈등을 행복하게 종식시켜줄 천상의 보이지 않는 손에 대해 이야기한다.[45] 켈리는 이렇게 말한다. "인터넷에는 보이지 않는 손의 신비가 숨겨져 있다. 권위 없는 통제가 그것이다." 떼와 마찬가지로 네트워크에서는 참여자들이 게임에 계속 참가하고 싶다면 프로그램에 내장된 규칙을 따라야 한다. 접속은 의미나 애정 수준에서의 상호이해가 아니라 운영상의 복종을 요구한다.

접속은 상호운영의 가능성이고 추상적 정보의 유통을 가능하게 만든다. 여기에는 의식적이고 감각하는 몸들이 포함되지만, 이 몸은 단지 접속의 수동적 담지자일 뿐이다. 의식은 그저 반작용할 수 있는 운영 능력일 따름이며, 감성은 가속과 경쟁을 방해하는 느낌이다.

켈리는 보이지 않는 손이라는 스미스와 자유주의의 신화를 따르면서 전지구적 정신의 본래적 합리성을 주장한다. 디지털 시대에 이 보이지 않는 손은 기술적·인지적·경제적 자동작용 시스템이다. 재조합형 기술영역에서 자본의 투자와 위치이동, 국가들 간의 경제적 균형은 더 이상 정책 입안자의 선택이나 정치적 전략에 의존하지 않는다. 그것은 점점 더 사회적 기계에 내장된 프로그램의 자동화 단계들이 만들어낸 네트워크에 의존하게 된다. 이 프로그램들의 프로그램은 자연적 필연성 같은 힘과 불가피함을 획득하고 있다.

여러 미래들 중 하나의 미래가 선택될 수 있는 의사결정 과정과 그런 미래의 기획 과정이 인간의 의지에 의존하는 정도는 점점 낮아지고 있다. 이것은 결정자의 역설이라고 할 만하다. 정보의 유통이 빠르고 복잡해질수록 관련 정보를 면밀하게 구체화하는 데 쓸 수 있는 시간은 훨씬 짧아진다. 이용 가능한 정보가 더 많은 공간을 차지할수록 그것을 이해하고 선택할 시간은 점점 적어진다. 이것이 데이터와 결정 사이의 상호의존성이 갈수록 정보기계와 기술언어적 인터페이스에 내장되는 이유이며, 프로그램의 실행이 인간인 운영자가 바꿀 수도 무시할 수도 없는 자동화된 절차에 맡겨지는 이유이다.

기계는 중립적이고 순전히 수학적인 체한다. 하지만 우리는 기계의 처리 과정이 사회적 이해관계, 즉 이윤·축적·경쟁의 기술적 물화일 뿐이라는 것을 알고 있다. 이윤·축적·경쟁, 바로 이것이 기계에 내장된 자동화 절차 아래에 놓여 있는 기준들이다. 인간의 의지는 절차라는 허울로 환원됐다.

가상의 유토피아는 미래를 상상력과 의지력의 영역으로 옮겨 놓은 뒤 먹어치웠다. 결국 가상의 유토피아는 필연성의 논리를 가진 디스토피아적 전체주의가 되어버렸다.

2000년에 『와이어드』는 빌 조이의 「왜 미래에게는 우리가 필요하지 않는가?」[46]라는 글을 실었다. 이 잡지의 기조와 심각하게 충돌한 이 글은, 급진적 철학자는 아니지만 과학 기술의 애호자인 한 사람의 디스토피아적 지각을 대표하는 인상적이고 기념비적인 글이다. 조이가 사유하는 출발점은 켈리의 사유와 그 핵심이 유사하다. 그러나 조이는 켈리의 미래주의적 열정을 전복한다. 조이는 향후의 나노기술 발전에 초점을 맞추며 켈리처럼 논리적·언어적·조작적 기술영역에 내재된 전지구적 정신의 창조로 가는 경향을 묘사한다. 켈리가 전지구적 정신의 무한한 복잡함에 대한 통제를 요구하지 않고 우리로 하여금 이런 흐름을 무조건 환영하도록 권했다면, 조이의 어조는 프랑켄슈타인 박사처럼 우리가 그로부터 절대 빠져나올 수 없는 디스토피아적 괴물을 만들어낼지도 모른다는 두려움과 불안감에 압도되어 있다. 조이는 지능을 갖춘 나노기계들의 증식, 정보 기술·생명공학·시뮬라시옹 과정의 직조를 참조하면서, 의사결정이 점점 더 지능기계들의 손(두뇌) 안에 놓이게 되기 때문에 인류가 시대에 뒤떨어지고 부적절한 존재가 되는 시나리오를 그려냈다.

이것은 오웰을 비롯해 레이 브래드버리, J. G. 발라드 등이 남긴 우울한 상상의 낡은 휴머니즘일지도 모른다. 여하튼 새 천년의 처음 10년 동안에는 이런 상상들이 사회적 삶의 구조를 엮어 짰다.

| 미래의 전도 |

미겔 베나재야그와 제라르 슈미트는 2007년 출간한 『슬픈 정념』에서 미래의 양 극이 뒤집어졌다고 경고한다. 베나재야그와 슈미트는 파리의 방리유에 사는 청년들을 오랫동안 치료해온 자신들의 실천에 대해 고찰한다. 근대에 미래는 진보의 은유 덕분에 상상됐다. 근대적 발전이 이뤄진 수세기 동안 과학적 탐구와 경제적 기업가 정신을 고취한 것은 지식이 인간 세계를 유례없이 완벽하게 통달할 수 있게 해주리라는 생각이었다. 계몽이 이런 생각을 용인했고, 실증주의가 절대적 믿음으로 만들었다. 역사주의적·변증법적 통찰이 이끈 맑스주의적 혁명 이데올로기 역시 진보적·목적론적 모델에 근거해 미래를 상상한다. 현재는, 역사가 필연적으로 해결할 수밖에 없는 잠재력을 모순의 형태로 포함한다. 이런 현재의 모순들이 변증법적으로 해소됨으로써 가난과 전쟁으로부터 자유로운 사회 형태가 태어난다는 것이다. 맑스주의 운동이 코뮤니즘이라 부르는 것은 바로 이런 사회 형태이다. 20세기가 저물 무렵, 이런 철학적 전제들이 붕괴됐다. 다른 무엇보다도 미래에 대한 진보적 모델의 신빙성이 사라졌다.

> 미래는, 미래라는 생각 바로 그것은 이제 정반대의 기호가 된다. 순수 긍정은 부정이 되고 약속은 위협이 된다. 물론 지식은 발전되어 왔다. 그러나 지식은 인간의 고통을 억제할 수 없고, 만연한 슬픔과 비관주의를 살찌운다.[47)]

파괴, 점증하는 가난, 폭력화의 경향에 대한 대안을 집단적 상상력이 찾을 수 없게 될 때 미래는 위협이 된다. 이것이 바로 우리의 현재 상황이다. 자본주의는 정치가 외면할 수 없는 기술경제적 자동작용의 체계가 됐기 때문이다. 의지의 마비(정치의 불가능성)는 오늘날 우울증이 전염병처럼 번져가는 현상의 역사적 맥락이다.

2007년 4월 20일 아침, 나는 이탈리아 일간지 『일코리에레델라세라』를 읽고 있었다. 20쪽 상단 구석에 조승희라는 한국 소년이 저지른 일에 대한 보도가 실려 있었다. 조승희는 버지니아공과주립대학교에 여자 친구를 찾으러 갔다가 그녀를 찾지 못하자 학교에 있던 학생과 교수 30여 명을 총으로 난사했다.

무기, 정신착란, 죽음
살인자가 찍은 비디오 영상이 방송되다[48]

이것이 기사 제목이었다. 그 옆에는 총 두 자루를 든 채 라라 크로프트 게임 광고처럼 양 팔을 벌리고 선 그 소년의 사진이 있었다.

여기까지 특별한 것은 아무것도 없다. 전 세계의 모든 신문이 그날 조승희에 대해 떠들었다. 8시 30분에 두 사람을 죽이고 나서 훨씬 더 많은 사람들을 죽이기 위해 버지니아공과주립대학교로 가기 전, 범인은 집에 들러 유언을 영상으로 녹화했고 이것을 NBC에 보냈다. 물론 NBC는 이 영상을 방영하기로 결정했다.

정말로 나의 이목을 끌었던 것은 신문의 20쪽 하단에 실린 이미지였다. 처음에 이 사진을 흘끗 보고나서 나는 그것이 같은 사건을 다룬 기사의 일부라고 생각했다. 아시아인으로 추정되는, 실제로 한국인인 여성의 모습이 나와 있는 검정색 바탕의 이미지였다. 이 여자는 강하고 공격적이고 자신감 넘치는 느낌을 주는 검정색 선글라스를

파국의 시대에 파국으로 맞선 이들

2007년 4월 16일, 현지 시각으로 오전 7시 15분에 조승희(1984~2007)[위 사진]는 자신이 다니던 버지니아공과주립대학교의 기숙사에서 두 명을 사살한다. 이후 강의실을 돌며 30명을 더 사살하고 29명에게 부상을 입힌 조승희는 스스로 목숨을 끊는다. 이렇게 조승희는 미국 역사상 최악의 총기 난사 사건을 저지른 범인으로 남게 된다.

몇 달 뒤 요켈라고등학교 총기 난사 사건을 일으킬 오비넨처럼, 조승희 역시 1999년에 발생한 컬럼바인고등학교 총기 난사 사건의 두 범인 에릭 해리슨(맨위 사진 오른쪽)과 딜런 클리볼드(맨위 사진 왼쪽)를 '순교자'라고 불렀음이 경찰의 조사에 의해 밝혀졌다(오비넨은 해리스가 범행 당시 입고 있던 티셔츠에 적힌 '자연선택'을 자신의 아이디로 쓰기도 했다).

버지니아공과주립대학교 총기 난사 사건 이후에도 미국에서만 총 42건의 크고 작은 총기 난사 사건이 캠퍼스 내에서 발생했다. 신경쇠약, 정신병리적 증상, 공황, 우울 등에 시달리는 학생들과 젊은이들의 극단적인 행동이 끊이지 않고 있는 것이다.

낀 채 세 가지 다른 포즈를 취하고 있었다. 가운데 포즈는 정면 모습이었는데, 몸통을 살짝 돌려 머리를 앞으로 내밀고 왼팔은 뒤로 하여 마치 뭔가를 이쪽으로 곧장 쏠 것만 같았다. 오른쪽에는 같은 여성이 한쪽 다리를 든 채 입고 있는 옷과 똑같은 흰색 합성섬유로 된 서류가방을 들고 있었다. 왼쪽의 포즈는 확실히 폭력적이었다. 그녀는 보이지 않는 목표물을 향해 왼쪽 다리로 강력한 킥을 날리고 있었는데, 구부린 오른팔은 있는 힘을 다 끌어 모으고 있는 것처럼 보였다. 그것은 인텔 코어 2 듀오 프로세서를 선전하는 인텔사의 광고였다. 실제로 바로 그 이미지에는 이런 광고문구가 적혀 있었다.

당신의 자유를 증대시키세요
인텔 코어 2 프로세서로 당신의 실행력을 증가시키세요

왜 인텔사는 그런 포즈를 한 여성을 광고에 실었을까? 극동 지역은 공격적인 진동振動, 지칠 줄 모르는 노동윤리, 활동성, 그치지 않는 개인의 동원, 국제 경쟁에서의 성공 같은 의미를 전달한다.

조승희와 인텔사의 광고팀은 동일한 이미지를 참조한다. 조승희가 녹화한 이미지들에서 읽을 수 있는 메시지는 광고 제작자들이 전달하려 한 메시지와 동일하다.

치명적인 자살 폭파 사건은 종종 병리학적 우울증이 그 원인으로 진단되곤 한다. 많은 사람들이 항우울제는 그 처방을 받은 환자들로 하여금 폭력적 자살이나 살인 등을 저지르게 만든다고 비난해왔다. 즉 항우울제는 우울증이 심리에 끼치는 깊은 영향을 치료하기보다는 행동 억제를 제거할 뿐이라는 것이다.

그러나 우울증은 조승희가 분출한 폭력을 설명할 수 없다. 조승희의 행동은 복잡하고 창조적으로 고안·조직된 것이다. 그것은 현대의 테러팝[테러를 조장하는 대중문화]에서 취한 상징적 지시물로 가득 찬 예술작업이다. 조승희가 쓴 글에서 확인할 수 있는 우울증을 배경으로, 쉽게 손에 넣을 수 있는 물품들(향정신성 약물, 테러팝의 이미지, 정확하고 강력한 무기 등)의 도움을 받아 강력한 반작용적 행위가 출현하는 것을 우리는 보게 된다. 조승희가 이 물품들 중 어떤 것을 선택했는지는 알 수 없지만 말이다.

그 지면에 수록된 광고들의 성격을 무심코 드러냄으로써, 『일코리에레델라세라』는 우울증이라는 진단으로 환원될 수 없는 해석의 열쇠를 제시한다. 즉 조승희의 폭력행위가 감정회로의 포화상태, 과부하에 의해 야기된 누전과 결부되어 있다는 것을 말이다. 이런 폭발적인 폭력행위는 정보자극과 감정적 구현 사이의 관계를 통제할 수 없을 때 일어난다.

이런 살인의 **실행**은 병의 원인에는 전혀 영향을 못 미치는 항역제제 처방을 받은 우울증의 결과일 수 있다.

이 약물을 통한 탈억제에 하나의 기호 세계 전체가 접목되어, 그 결과 폭포수처럼 쏟아지는 기호자극이 유기체를 통제불능의 극단적 흥분상태에 이르게 했던 것이다.

우리가 연구해야 할 대상은 공황-우울증의 순환이다. 인텔사의 메시지는 광고자극의 흐름 전체가 그렇듯이 경쟁적인 공격성, 폭력적인 위법행위, 자신의 충동적인 표출에 대한 긍정을 활성화한다. 인텔사가 발판을 마련한 **멀티태스킹**은 인지노동에 특유한 생산성 증대의 가장 강력한 요소이다. 그러나 멀티태스킹은 합리적으로 정보를 처리하는 능력을 파괴한다. 또한 우리의 감정 체계를 병적으로 지나치게 흥분시킨다. 기호자본주의의 초신자유주의적 신어[49]에 따르면, "당신의 자유를 증대시키세요"라는 표현은 사실 "당신의 생산성을 증대시키세요"라는 의미이다. 정보-광고-생산성의 자극들에 노출되는 것이 공황에 가까운 신경쇠약 효과를 만들어내고 병적 흥분을 불러일으키는 것은 놀라운 일이 아니다. 하지만 신경 에너지의 자극을 활성화한다고 해서 곧장 폭력행위가 일어나는 것은 아니다. 만약 그렇다면 강도 높은 신경 착취를 당하는 노동자들 전부 살인자가 되어야 할 텐데 그런 일은 일어나고 있지 않기 때문이다. 회로는 그보다 더 복잡하다. 신경 에너지의 지속적인 동원은 우울증적 반응을 낳을 수 있다. 행동하고 경쟁하려는 시도가 좌절되면 주체는 자신의 리비도 에너지를 사회적 무대에서 회수해온다. 우리의 좌절된 나르시시즘은 움츠러들고 에너지는 스스로를 차단해버린다.

이 지점에서 치료행위는 우울증의 근본 원인을 제대로 다룰 수 없다. 곧 보겠지만, 약물 요법으로는 근본 원인에 타격을 가할 수 없기 때문이다. 우울증의 정신적 원인이 아니라 억제적 폐쇄성에만 효력이 있는 약물 치료와 달리, 우울증 치료에는 길고도 깊이 공들인 언어적 작업이 수반되어야 한다. 폐쇄성을 풀어주는 조치는 우울증을 배경으로 한 특유의 폭력 행동을 자극할 수 있다.

신경자극의 심화, 투여된 리비도의 회수, 나르시시즘에 대한 고통스러운 이해, 이것들이 오늘날의 사회에 만연해 있는 병리학의 윤곽을 보여주는 주요 측면들이다. 우리는 과부하가 야기한 병리(공황, 주의력 결핍 장애, 난독증)와 투여 회수가 야기한 병리(우울증, 심지어 자폐증까지)를 분명하게 구분할 수 있다. 그러나 이런 개념적 구별에는 각기 다른 기원을 가진 이 병리들이 서로 동시에, 보충적으로 작용해 극도의 폭력적 표출을 야기한다는 인식이 뒤따라야 한다.

우울증의 핵심을 건드리지 않은 채 행동 억제만 제거하는 약물이 무모한 행동, 그야말로 자기파괴적이거나 폭력적인 힘의 폭발을 일으킬 수 있다는 것은 당연하다.

1980년 이후 불안 신경증은 두 개의 범주로 나뉘었다. 공황 발작과 일반적인 불안 증후군이 그것이다. 이 두 가지 병리들은 금세 우울증의 영역으로 옮겨갔다. 이 질환들이 불안을 감소시키는 약물 치료보다 항우울제에 의해 더 잘 치료될 수 있기 때문이다. 오늘날 불안은 우울증 분야의 일부이다.[50]

첫 번째 접속 세대의 시대에 출현한 기본 병리들의 특징은 신경 에너지의 과도한 활성화, 정보 과부하, 주의집중 능력의 지속적인 압박 등으로 묘사될 수 있다. 이런 신경의 과잉 활성화에 특별한 측면이자 중요한 결과는 신체 접촉의 희귀성, 정보영역에 속한 개인들의 물리적·심리적 고독이다. 이런 조건 속에서 우리는 첫 번째 접속 세대의 정신병적 공황구조에 완전히 통합된 이차적 유행 현상으로 우울증을 연구해야 한다.

개념적으로 불안과 우울증을 구별하는 것은 흥미롭다. 불안 장애에서는 자극 과부하의 효과가 나타나고, 우울증에서는 투여된 에너지의 회수가 가져오는 결과를 볼 수 있기 때문이다. 그러나 새천년의 여명에 마치 유행병처럼 일어난 폭력의 폭발을 설명하고자 한다면, 이 양자 간의 연관을 깨달아야 한다. 좌절된 과잉 흥분은 리비도 에너지의 회수를 야기하며, 이런 상태를 우울증이라 부른다. 그런데 향정신성 약물을 복용하거나 잠재적으로 치명적인 충격이 행동에 가해지면 주체는 우울증의 차단벽을 깨뜨릴 수 있다.

우울증은 심리학 분야로 환원될 수 없다. 그것은 존재의 토대 자체를 문제 삼는다.

멜랑콜리적 우울증51)은 의미의 순환에 관련시켜 이해할 수 있다. 무의미의 심연에 맞닥뜨리면 우리는 친구들과 이야기하고 함께 이 심연을 건널 다리를 만든다. 우울증은 이 다리가 신뢰할 수 있는 것인지 의문시한다. 우울증은 이 다리를 보지 못한다. 이 다리는 우울증의 레이더에 걸리지 않는다. 혹은 우울증은 이 다리가 존재하지 않는다고 여길지도 모른다. 우울증은 우정을 믿지 않거나 알아보지 못한다. 우울증이 의미를 지각할 수 없는 이유가 여기에 있다. 의미는 우리가 공유하는 공간 속에서만 만들어지기 때문이다.

의미는 지적·정서적 투사의 형상화이다. 우리는 리비도가 해석 과정에, 즉 의도의 해독 과정에 투여된 결과가 곧 의미라고 말할 수 있을 것이다.

들뢰즈와 가타리의 마지막 저작 『철학이란 무엇인가?』에는 나이 듦, 우정, 카오스, 속도 등에 관한 고찰이 담겨 있는데, (이들의 다른 작업에서 항상 억제되어 있었거나 심지어 부인됐던) 우울증이라는 주제가 마침내 이 책에서 등장한다.

카오스는 무질서가 아니라 그 안에서 생겨나는 모든 형태가 사라지는 무한한 속도에 의해 규정된다. 카오스는 무無가 아니라 모든 가능한 입자를 담고 있고, 모든 가능한 형태를 끌어내는 **잠재적인 것**으로서의 공백이다. 확고함도, 지시대상도, 결과도 없이 생겨나지만 곧 사라지고 마는 것. 카오스는 탄생과 사라짐의 무한한 속도이다.52)

계속해서 이들은 말한다.

자기 자신을 빠져나가는 사유, 형태를 제대로 갖추지도 못한 채 망각에 의해 약화되거나 더 이상 장악할 수 없는 다른 것들 속으로 치달아감으로써 흩어져버리고 사라지는 관념들보다 더 고통을 주는 것은 없다. 그것들은 무한한 **가변성**이며, 그 가변성의 나타남과 사라짐은 동시에 일어난다. 그것들은 색깔 없는 무의 부동성 속으로 섞여 들어간 무한한 속도이다.53)

정신과 관련해 세계의 무한한 가속화는 세계의 모든 의미로부터 완전히 차단된 것 같은 느낌을 준다. 의미는 세상 속에서 발견되는 것이 아니라 우리가 창조할 수 있는 것 안에서 발견된다. 우정, 사랑, 사회적 연대의 영역에서 순환하는 것이 우리로 하여금 의미를 발견할 수 있도록 해주는 무엇이다. 우울증은 의미의 결여, 즉 행동을 통해서, 소통을 통해서, 삶을 통해서 의미를 발견할 수 없는 무능력이라 규정될 수 있다. 의미를 발견할 수 없는 무능력은 무엇보다도 의미를 창조할 수 없는 무능력이다.

사랑이 야기하는 우울증에 대해 생각해보자. 사랑하는 사람은 자신이 욕망하는 대상인 사람의 주위에 의미를 구축한다. 사랑의 대상은 욕망하는 에너지를 끌어당기는 자석이다. 그런데 이 대상이 사라지면 의미를 창조하는 능력이 사라지고, 결국 모든 것이 의미 없게 된다. 버림받은 자는 "내겐 아무것도 의미가 없어"라고 말한다. 그리고 이 문장은 결코 상징적이지 않은 구체적 의미를 가진다. 줄리아 크리스테바는 『검은 태양』에서 다음과 같이 쓴다.

> 우울한 기분은, 부정적인 것은 분명하지만 자아에게 (비언어적일지라도) 일종의 온전성을 제공해주는 자기애적 버팀목이 된다. 그러므로 우울한 정동은 상징의 무효화와 중단(가령 우울증 환자의 "그건 의미가 없어"라는 말)을 보충해주는 동시에, 우울증 환자가 자살행위를 실행하지 못하게 보호해준다. 그러나 이 보호는 취약하다. 상징계의 의미를 무화하는 우울증적 부정은 행위의 의미 역시 무화하고, 그리하여 주체로 하여금 자신이 분해되어 없어진다는 불안 없이 자살하게 만든다. 마치 '대양'같이 즐거우면서도 치명적인, 개체 이전의 시원적始原的 상태로 되돌아가는 것으로서 말이다.54)

만일 우울증을 시간 공유의 중단으로, 무의미한 세계에 대한 깨달음으로 본다면, 우리는 철학적으로 말해서 우울증이 진리에 가장 가까이 다가가는 순간이라는 것을 인정해야만 한다.

우울증에 걸린 주체는 자신의 삶과 지식의 내용을 합리적으로 정교화할 능력을 조금도 잃지 않는다. 반대로 그 주체의 통찰은 절대적으로 발본적인 이해에 다다른다.

우울증은, 우리를 안심시키는 집단적 서사가 지속적으로 유통되는 가운데 우리가 보통 우리 자신에게 숨기는 것을 보게 해준다. 우울증은 공적 담론이 숨기는 것을 보게 해준다. 우울증은 궁극적 진리인 공백에 접근하기 위한 가장 좋은 조건이다.

그러나 이와 동시에 우울증은 행동하고 소통하고 공유하는 모든 능력을 마비시킨다. 항우울제는 이런 행동 무능력에, 심리적으로 부차적이지만 실제로는 결정적인 행동 무능력에 영향을 미친다.

약물이 우울증 증상을 치료하는 데 효과적일 수 있다는 점을 부정하는 것은 아니다. 증상을 제거함으로써 일시적으로 마비된 에너지를 다시 동원할 수 있고, 그렇게 함으로써 우울증의 핵심을 극복할 수 있다는 점을 부인하려는 것도 아니다. 그러나 나는 우울증이 그 증상과는 다른 것이라는 점, 우울증의 치유는 특이성을 재활성화하고 이 병이 영구적이거나 끝없는 것이 아니라는 점을 의식적으로 받아들임으로써만 가능하다는 사실을 강조하고 싶을 따름이다.

『자기 자신으로 존재함의 피로: 우울증과 사회』에서 알랭 에렝베르는 우울증이 사회적 맥락에서 이해되어야 하는 심리적 장애라는 생각에서 출발한다. 오늘날과 같이 고도로 경쟁적인 환경에서 우울증은 지옥 같은 소용돌이를 만들어낸다. 우울증은 우리의 자기애적 성향이 상처를 입어 발생하고, 이는 우리가 각자의 행위에 투여하는 리비도 에너지를 감소시킨다. 이에 따라 우울증은 더욱 심해지는데, 우리의 행동 수준과 경쟁력이 저하되기 때문이다.

행동관리의 훈육 모델, 그리고 각종 금지가 각자의 운명을 각자가 속한 상이한 사회계급에 옭아매두는 시대에 전형적인 권위·순응 관련 규칙들이 뒤로 물러나고 사람들에게 자기 자신이 되라고 명령하며 개인의 성취를 독려하는 규범들이 전면에 나설 때, 우울증이 창궐한다. 이런 새로운 규범성이 등장한 결과, 우리 삶에 대한 책임 전체가 우리 자신뿐만 아니라 집단적 공간에도 놓이게 된다. 우울증은 부족

함의 감정에 지배된, 책임감과 관련된 질병이다. 우울증적 주체는 그 자신이 될 수 없기도 하거니와, 그 자신이 되는 데 지쳐 있다.55)

기업가 이데올로기와 경쟁 이데올로기가 지배적이 되어버린 시기에 우울증이 퍼져나가고 있는 것은 결코 놀라운 일이 아니다. 노동 계급의 운동이 패배하고 신자유주의 이데올로기가 확고해진 1980년대 초 이래로, 우리 모두가 기업가가 되어야 한다는 생각이 사회적으로 널리 받아들여졌다. 요컨대 그 누구도 좀 더 느긋하고 평등한 방식의 삶을 꿈꿀 수 없게 된 것이다. 여유를 부리는 사람은 거리, 구빈원, 혹은 감옥에 가게 될 것이다.

지배 이데올로기에 짓밟혀 갈수록 분열되고 실패를 거듭하며 무능해지고 있는 사회에 지속적으로 부과되는 소위 신자유주의적 개혁은 노동자들의 경제적 안정성을 모조리 파괴하고 모든 노동자들의 삶을 기업가적 직업의 위험에 노출시키는 쪽으로 흘러가고 있다. 과거에는 위험을 감수하는 것이, 자신의 능력을 투자해 크게 벌거나 고통스러운 실패를 겪는 자본가의 일이었다. 비참한 상태에서 비교적 유복한 상태에 이르기까지 다양한 경제적 상태를 영위했던 다른 사람들에게는 더 많이 소유하기 위해 위험을 감수하라고 독려하지 않았다. 그러나 오늘날에는 신자유주의 개혁의 신봉자들이 큰 소리로 떠들어대듯이 "우리 모두가 자본가"이고, 따라서 우리 모두가 위험을 무릅써야 한다. 이제 연금은 평생 동안 노동한 덕분에 모은 저축의 대가로 주어지지 않는다. 오늘날 연금은 연금 펀드에 연동되어야 하는데, 이는 우리의 노년에 굉장한 소득을 주거나 아니면 우리를 궁핍에 빠뜨리고 비참하게 파산에 이르게 할 수 있다. 우리 모두가 삶을 경제적 모험으로, 승자와 패자가 있는 경주로 간주해야 한다는 것, 바로 이것이 오늘날의 본질적인 생각이다.

에렝베르의 분석은 기업가 모델이 일반화된 사회에 전형적인 우울증의 계보를 요약해준다. 미셸 푸코의 『생명관리정치의 탄생』[56] 역시 우리가 살아가고 생각하는 방식 속에 자유기업적 경제 모델이 우리 시대의 결정적 특징으로 확산됐음을 확인시켜준다. 바야흐로 신자유주의적 전체주의의 시대인 것이다.

회사생활에서 포드주의에 전형적인 훈육 모델이 쇠퇴하고 노동자들로 하여금 자율적으로 행동하게끔 압박하는 규범들이 부상하고 있다. 참여 경영, 표현 그룹, 품질관리 소집단 등은 모든 임금 노동자들에게 복종의 정신을 새겨 넣는 것을 겨냥한, 권위를 실행하는 새로운 방식을 이룬다. 노동력을 규제하고 지배하는 이런 방식은 기계적 복종보다는 진취성에 기초한다. 책임감, 기획을 입안하고 발전시키는 능력, 동기부여, 유연성, 이런 특성들이 새로운 경영의 성찬식을 묘사해준다. 관건은 임금 노동자들의 몸을 손질하는 것이라기보다는 정동과 정신 능력을 동원하는 것이다. 의무사항이 변했고 문제를 규정하는 방식들이 변했다. 1980년대 중반 이래로 직업병학과 기업에 대한 사회학적 연구는 불안, 심신 장애, 우울증이 새로이 횡행하고 있음을 강조해왔다. 회사생활은 우울증의 대기실이다.[57]

1990년대에는 새로운 약물이 폭발적으로 유행했다. 세르트랄린(졸로프트), 플루오렉신(프로작) 같은 물질이 시장에 범람했다. 디아제팜(발륨)과 브로마제팜(렉소탄)이 포함된 약물군인 벤조디아제핀과 달리 이 새로운 약품들에는 수면 유발, 긴장 완화, 불안 감소 같은 효과가 없다. 그보다 이 약품들에는 행복감을 느끼게 해주고, 우울증적 행동의 징후인 행동 억제를 풀어주는 효과가 있다.

프로작의 진정한 신화는 인지 경제를 가장 강력하게 추진했고 창조적 노동의 정신적 에너지를 총동원해야 했던 1990년대 중반에 탄생했다. 이 약품은 전 세계 약국에서 가장 잘 팔리는 상품이 됐고, 지금도 여전히 그렇다. 세계 경제의 경영자계급 전체가 지속적인 다행증과 심리적 교정 상태에 빠졌다. 전 세계의 경영자계급이 내리는 경제적 결정들은 이 '결정자들'로 하여금 경제적 다행증의 참혹한 영향을 완강히 무시하고 이 세계의 행복한 면들만을 보여주는 이 약품의 충실한 반영물이다. 몇 년 동안 주요 결정들이 졸로프트가 주입된 두뇌를 통해, 혹은 프로작 수백만 정을 삼킨 뒤에 내려졌다. 2000년 봄의 금융 위기, 2001년 9월 11일의 정치적 위기 같은 특정 시점 이후에는 전 세계의 경영자계급 전체가 우울증에 빠져들었다. 내적인 공허함을 치유하기 위해, 혹은 자신들의 윤리적 실패라는 우울한 진실을 없애버리기 위해 전 세계의 경영자계급은 새롭고 위험한 물질을 자신들에게 주입했다. 그것은 바로 전쟁이다. 오늘날 전쟁은 인류와 이 지구에 남아 있는 에너지들을 파괴하도록 되어 있는 공격성을 재투여하는 데 복무하는 암페타민이다.

최근 수십 년 동안 유기체는 온 신경을 곤두서게 만드는 자극들에 계속 노출되어왔다. 의식 있는 유기체에 가해지는 신경자극의 가속화와 강화는 우리가 감수성이라고 부를 수 있는 인지적 막을 얇아지게 만든 것 같다. 의식적 유기체는 자신의 인지·행위·운동의 반응 속도를 높여야 한다. 신경자극에 반응하는 데 쓸 수 있는 시간은 급격히 줄어들었다. 이것이 필경 우리가 공감 능력이 감소하는 것을 목격하고 있는 것처럼 보이는 이유일 것이다. 인간들 사이의 상징적 교환은 공감 없이 이뤄진다. 다른 사람의 몸이라는 존재를 제때 지각하는 것이 점점 더 어려워지기 때문이다. 다른 사람을 감각적 몸으로 경험하기 위해서는 시간이 필요하다. 어루만지고 냄새를 맡을 시간 말이다. 자극이 너무 강렬해짐에 따라 공감을 위한 시간 역시 점점 더 부족해지고 있다. 인류로 하여금 언어화될 수 없는 것, 코드화된 기호로 환원될 수 없는 것을 이해하게 해주는 감각의 막이 사라지는 것과 정보영역의 확장(자극과 신경 유인의 가속화, 인지적 반응 리듬의 가속화) 사이에 직접적인 관계가 있다고 가정할 수 있을까?

    화폐, 정보, 스테레오타입, 디지털 네트워크 인터페이스 등처럼 복잡함을 줄여주는 것들은 타인과의 관계를 단순화시켜왔다. 그러나 타인이 살과 피를 가지고 나타날 때 우리는 그런 타인의 현존을 감당할 수 없다. 그것이 우리의 (무)감수성을 해치기 때문이다. 비디오-전자 세대는 겨드랑이 털이나 거웃을 참을 수 없다. 접속에서는 신체적 표면들의 인터페이스가 이뤄지려면 완벽한 공존 가능성이 필요하다. 매끄러운 세대. 결속은 교환의 불완전함과 털을 헤치고 나아간다. 결속은 비유적 독해를 할 수 있고, 이질적 몸들은 인터페이스를 위한 언어가 없더라도 서로를 이해할 수 있다.

2장
2000년대

Let's Turn Copenhagen into Hopenhagen Together! 2009년 기후변화회담을 주최한 코펜하겐은 "다함께 코펜하겐을 호펜하겐으로 만들자"라는 캐치프레이즈를 내걸었다. 코펜하겐에서 지구의 앞날을 위한 희망(hope)을 찾자는 말이었다. 그러나 결과는 기대치에 훨씬 못 미쳤다. 노펜하겐(Nopenhagen), 즉 "코펜하겐에도 희망은 '없(있)다'(no)."

2장은 2000년부터 2009년까지의 사회적·정치적 풍경, 특히 미래에 대한 지각방식이 변해가고 진보 이데올로기를 작동시켜온 사회적 문명의 토대가 침식되는 과정에 초점을 맞추고 있다.

위 시기에 서로 다른 맥락에서 집필한 글들을 모아 놓아서 2장의 글들은 문체가 각기 다르다. 이곳저곳을 수정했지만 2장 전체에서 글의 일관된 전개를 기대하지는 않기 바란다. 그보다는 다양한 형태로 변해온 당시 풍경에 대한 산발적 통찰과 개괄을 기대하기 바란다. 첫 번째 글[단락]에서는 2009년 코펜하겐에서 있었던 UN 기후변화회담(이하 'COP15')의 실패 이후의 현재 상황을 분석하고 있다.

| 시애틀에서 코펜하겐까지 |

"광고판에 호펜하겐이라는 문구를 걸고 코카콜라와 지멘스가 공동 브랜딩한 코펜하겐 기후정상회담은 호펜하겐이라기보다는 노펜하겐처럼 보였다."[1] 에이미 굿먼은 2009년 12월 7일~18일 덴마크에서

열린 기후변화회담의 실패를 이렇게 논평했다. 시애틀 봉기가 일어난 지 10여 년이 지난 지금, 전 세계의 정치 체제는 전지구적 환경을 관리하기 위해 어떤 조치도 취할 수 없어 보이고, 운동은 수십 년간의 신자유주의 정책이 준비해둔 재앙에서 빠져나갈 방도를 모색하고 있다. 근대 문명의 두 토대 자체(환경과 사회)가 붕괴할 것이라는 전망이 점점 더 현실화되고 있지만 지배계급은 현재의 상황을 발생시킨 경쟁, 이윤, 성장의 교의에 근거한 전략을 되풀이하고만 있다.

미래에 대한 믿음이 위기에 처해 있다. 우리에게는 끝없이 이어지고 악화일로에 있으며 순전히 관성에 의해서만 작동하는 현재만이 남아 있다. 이 모든 동요에도 불구하고, 모든 것이 바뀔 수 있었고 바뀌었어야 하는 것처럼 보이는 위기의 시기인데도 불구하고, 역설적으로 역사는 멈춘 것처럼 보인다. 위기의 규모를 인정하고 이에 맞설 능력도 의지도 없다. 개인들, 기업들, 정부들은 낡은 세계가 몇 년 뒤에 다시 등장할 때까지 이 폭풍을 잘 넘기기를 바라면서 몸을 웅크린 채 버텨왔다. 경기회복의 싹을 현실화하려는 시도들은 하나의 시기를 종결짓는 위기를 주기적인 위기로 오해한 것이었다. 그것은 순진한 선전선동에 불과하다. 천문학적 규모의 돈이 금융 시스템의 완전한 붕괴를 막는 데 투입됐지만, 긴급구제는 변화를 시작하기 위해서가 아니라 변화를 막기 위해서 사용됐다. 우리는 지옥의 변방에서 오도 가도 못하고 있다.[2]

신자유주의의 이데올로기적 기초는 기후 변화가 촉발한 생태적 자각과 금융위기에 의해 흔들렸다.

신자유주의 이데올로기는 그 전성기에 다른 모든 사상을 효과적으로 축출했다. 신자유주의가 이데올로기적이지 않은 척, 실용적 '과학'의 '합리적' 적용일 뿐인 척 했기 때문이다. 그러나 오늘날 이 합리적 결정의 전제들도 이데올로기적이었다는 사실을 알 수 있다(또한 그렇게 말할 수 있다). 시장은 **균형을 이루는 경향이 없고**, 이기심의 극대화는 자기보존 본능을 **짓밟을 수 있으며** 좋지 않은 결과를 초래할 수 있다. 또한 위기가 닥치면 모든 낙수 효과는 구제금융이라는 역방향의 빚잔치로 **뒤바뀐다**. 이데올로기적이지 않다고 가정된 주장들의 전제('시장'이 과학적 법칙이 지배하는 자연적 상황으로 변형될 것이라는 주장이 좋은 예이다. 이런 전제는 정통$^{\text{ortho-dox}}$['올바른 의견'] 경제학자들에게는 통하지만 이단$^{\text{hetero-dox}}$['다른 의견'] 경제학자들에게는 통하지 않는다)의 정체가 이제 드러났다. 이제 하드코어 신자유주의 이데올로기는 정치 공간의 조건, 좋은 것과 나쁜 것 등을 규정하는 식으로(공공 **지출**보다는 **투자**, **효율적인** 민영화 대 **비효율적인** 공영화, **계획**이 아니라 **시장**), 그리고 논의의 무게중심을 자신에게로 끌어당기는 식으로 정치 공간을 형성하지는 못하게 될 것이다. 신자유주의적 교리는 더 이상, 다른 모든 견해가 각자의 위치를 정함에 있어 참조점으로 삼아야 하는, 정치의 중심이 될 수 없다.[3]

그런데도 경제적 광신의 교의들이 계속 지배력을 행사하고 있다. 2010년 『뉴스위크』 특별판은 "이게 다?"라는 제목을 달고 있는데, 이는 금융위기 이후 근본적인 변화를 감행하겠다는 약속이 등한시됐다는 것을 의미한다. 예전의 부르주아지는 기업의 이해관계와 시민사회의 발전을 조화시킬 수 있었다. 그들은 영토화된 계급이었고,

이들의 재산은 물리적 재화와 공통의 하부구조에 의존했다. 탈영토화된 금융계급은 장기적인 관점에서 사회의 생존에 아무런 이해관계가 없다. 전지구적 직업시장은 노동자들의 협상력을 파괴했고 이들의 임금은 지구 전역에서 꾸준히 떨어지고 있다. 노동자들의 힘에 근거해서 구축된 사회질서는 신자유주의의 탈규제에 의해 침식되어 왔고 이제는 붕괴될 조짐을 보이고 있다.

이런 상황에서 2009년 12월에 기후변화회담이 열렸다. 정상회담의 중심 주제는 사실 환경 문제가 아니었다. 서구 제국주의가 지구와 인류에게 진 빚이 중심 주제였다. 식민지배와 집단학살의 빚, 구조적 착취와 환경 파괴의 빚이 그것이다. 오늘날 서구 시민들에게 가장 긴급한 문제는 환경을 살 만한 곳으로 지키고, 문명을 가능케 해줬던 물질적 조건들의 붕괴를 막는 것이다. 지구상의 후진 지역(그리고 선진 지역의 메트로폴리스)에 사는 가난한 사람들에게는 전망이 다르다. 이들은 서구 시민들이 누린 것과 똑같은 근대 문명의 이점들을 경험한 적이 없기 때문이다.

금융이 무너지고 미국이 군사적으로 패배한 이후, 서구는 협박할 힘을 잃어버린 듯하고 세계는 보상을 요구하고 있다. 서구 국가들은 이제 더 이상 새로이 산업화된 국가들이나 지구 전역의 추방당한 자들에게 자신들의 의제를 부과할 수 없다. 서구는 기후 변화라는 문제의 긴급성을 느끼고 마침내 오염의 위험한 효과 일반을 자각하게 됐다. 그러나 서구가 바로 그런 문제를 만들어냈고, 공통의 환경을 파괴해 자신들의 부를 쌓았다. 추방당한 자들은 서구 시민들과 동일한 방식으로 기후 변화가 만들어낼 지옥을 두려워하지 않는다. 이미 지옥에 살고 있기 때문이다. 따라서 코펜하겐 정상회담에서 나오고 있는 것은 다음과 같은 끔찍한 시나리오이다. 지구상의 후진 지역이 선진 지역에 대항하는 무기로 기후 변화를 이용하는 시나리오. 익사하고 싶지 않다면 지난 5세기 동안 축적된 빚을 갚으라는 것이다. 서구는 이런 난제를 해결할 수 있을까? 그렇지 않으면 이런 대립이 지정학적 균형을 더욱 심각하게 붕괴시키고 새로운 전쟁을 야기할까?

에보 모랄레스는 기후변화회담에서 다음과 같이 말했다.

이 빚을 갚기 위해서는 선진국들이, 각국의 인구를 고려해 모든 국가들에게 대기大氣 공간을 공평하게 분배하는 방식의 일환으로 자국의 온실가스 배출량을 줄이고 흡수해야 합니다. 개발도상국들에게는 발전을 위한 대기 공간이 필요하기 때문입니다.

기후 부채의 세 번째 요소는 무분별하게 산업화를 추진한 선진국들이 발생시킨 손상의 복구 비용을 지불하는 것입니다. 서구 국가들이 기후 변화의 비용으로 1백 억 달러만 내놓았다는 것은 인류 전체의 창피입니다. 나는 몇몇 수치들을 봤습니다. 미국의 경우, 아프가니스탄과 이라크에 테러리즘을 수출하고 남아메리카에 군사기지를 수출하는 데 얼마나 많은 돈을 쏟아 부었습니까? 수백만 달러가 아니라 수십억, 수조 달러를 지출했습니다.[4]

'부채' 개념은 미래를 놓고 벌이는 내기를 함축한다. 부채란 우리가 지금 소비하고 있는 어떤 것에 대한 대가로 우리 미래의 일부를 넘겨주는 것이다. '죄'라는 개념 또한 우리가 미래에 (아마도 내세에) 속죄해야 할 어떤 것을 지금 취하고 있다는 생각을 함축한다. 아람어(예수가 사용한 언어)로 부채와 죄가 같은 단어라는 사실은 놀라운 일이 아니다. 유대-그리스도교 문화권에서는 죄가 인간의 관계들과 역사 시기를 정초한다. 속죄는 죄지은 자를 기다리고 있는 미래이다. 만약 이생에서 죄를 속죄할 수 있다면, 당신은 신이 선택한 자들 가운데 있게 될 것이다. 그러나 만약 계속 죄를 저지른다면, 당신은 영원한 형벌을 받는 것으로 죗값을 치를 것이다.

유대-그리스도교 세계에서 부채와 죄는 유사한 것이다. 따라서 당신이 오늘 무언가를 취하면, 대죄를 지은 채 죽고 싶지 않은 이상, 내일 그것을 돌려줘야 할 것이라는 점을 예상할 수 있다. 일단 경제의 영역에서 보상의 원리가 동의되고 나면, 미래를 빌리는 시스템으로서의 신용이 가능해진다. 자본주의적 축적의 동학은 빌려온 미래에 투자하는 영구적 과정에 근거한다. 그리고 자본주의가 현재의 대출과 미래의 변제 사이의 관계를 승인할 때 미래라는 관념 자체는 공통의 문화적 차원이 된다. 그런데 변제의 약속이 지켜지지 않는다면, 죄와 속죄의 게임, 부채와 변제의 게임에 참여한 자들이 미래에 대한 믿음을 잃는다면, 그렇다면 무슨 일이 벌어질까? 빚을 진 자들이 세계가 곧 끝나리라는 것을 알게 되거나, 다른 이들의 미래에 대해 신경 쓰지 않는다면, 무슨 일이 벌어질 것인가?

『악의 투명성』[5]에서 보드리야르는 부채가 궤도순환을 하는 경향에 대해 말했다. 자본주의 역사의 어떤 지점에서 부채는 현기증이 날 만큼 불어나기 시작해 순전히 가상의 것이 되며 지구 주위를 선회하는 인공위성처럼 이 땅의 관계들을 버리게 된다. 한 은행에서 다음 은행으로, 한 나라에서 다음 나라로 순환하면서 부채는 마치 우주 쓰레기처럼 떠다닌다. 보드리야르는 저 수십억, 수조 원의 부채가 땅으로 다시 떨어지면 그것은 진정한 파국이 될 것이라고 주장한다.

미국발 금융위기가 본격화된 2008년 9월 이후 일어난 일은 보드리야르가 일어날 수 없는 사건이라 배제한 바로 그런 일이었다. 궤도를 따라 돌던 수조 달러가 지구로 떨어졌고, 가상 금융이 경제를 무너뜨렸으며, 전 세계의 환경도 망가뜨릴 것으로 보인다. 말년에 보드리야르도 가상적인 것이 물질적인 영역으로 회귀할 가능성에 대해 생각하기 시작했다. 부채 덕분에 부유한 세계의 주민들은 걸신들린 듯이 소비를 계속 증대시킬 수 있었다. 그러나 지구라는 물리적 실체는 이제 질병, 쓰레기, 고갈로 신음하고 있다.

부채가 이제 회복할 수 없을 지경에 이르렀다면, 서구가 그것을 변제할 능력이 전혀 없다면, 나는 폭력과 비참의 시대가 머지않아 찾아올 것이라고 생각한다.

이 부채를 갚는 유일한 길은 미래를 성장으로 보는 바로 그 관념을 바꾸는 것이다.

| 대참사 직전 |

1980년대 초 이래 세계는 동원 가능한 모든 사회적 에너지를 이윤 경제에 투입한 엘리트들에 의해 지배됐다. 로널드 레이건의 미국에서부터 덩샤오핑의 중국에 이르기까지 "부자가 되어라"는 하나의 표어이자 유일한 명령이 됐다. 이런 기준에 의해서 이윤의 문화 외에 그 어떤 문화도 가지고 있지 않으며, 강도짓 말고는 그 어떤 가치도 가지고 있지 않고, 지배와 복종의 전략 말고는 그 어떤 전략도 가지고 있지 않은 지배계급이 선발됐다. 이윤 경제의 이해관계라는 명목으로 모든 사회적 방어와 권리들, 모든 형태의 삶과 문화를 파괴하는 것이 정당한 것으로 간주됐다.

재조합 기술(컴퓨터와 생명공학)이 경제적 이윤 극대화의 도구로 사용됐다. 이윤 경제는 인간의 유전자 구성을 (물리적·심리적·인지적 차원에서) 주조하고 변이시킬 전례 없는 역량을 지닌 이 기술의 인식론적 구조와 적용에 깊숙이 침투했다. 집단적 신체를 경제적 이윤의 기준이 지배하는 패러다임에 맞춰 변형시키는 실질적 변이가 일어나기 시작한 것이다.

　아무도 선출한 적이 없는데도 세계를 지배하는 소수의 거대 기관들이 지구화 과정을 이끌었으며, 인터넷 기술들이 이를 미친 듯이 가속화했다. 이 기관들(국제통화기금, 세계무역기구, 세계은행 등)은 거대 초국적 기업들의 이해관계를 전 세계 각국의 경제, 사회, 정치, 기술, 문화 발전에 부과했다. 이에 따라 이윤의 침입에 대항할 사회적 방어망이 축소되고 사회적으로 필수불가결한 서비스의 사유화, 보건·교육에 대한 공공 지출이 감소됐다. 그 최종 결과는 오늘날 볼 수 있듯이 무지의 증가, 공격성의 확산, 환경의 파괴이다.

　1990년대에 경제 발전이 대대적으로 일어났다. 서구 국가들에서만 그런 것이 아니었다. 지구화로 인해 동방의 국가들에 새로운 생산 계급이 탄생했으며 이윤 경제에 통합된 소수 서구 시민들의 구매력이 엄청나게 증대됐다. 새로운 생산 부문들(주로 생산·커뮤니케이션의 디지털화와 관련된 부문들)이 10년 내내 수요를 유지했고, 대중자본주의의 형성에 결정적 역할을 했다. 사회적 기업가 기능이 광범위하게 확산되고, 특히 첨단 기술 부문에서 노동과 자본의 구분이 점차 사라짐으로써 서구 시민들은 눈에 띌 만큼 이 대중자본주의의 형성에 일조했다. 인지노동은 전지구적 생산의 주도적 부문이 됐다. 경제를 우선시하는 이데올로기에 의해 형성된 인지노동은 기업가적 기능과 동일시됐으며, 대중 금융자본주의의 최전선(닷컴 광풍)에 참여했다. 그 사이 1970년대 말까지 꾸준히 줄고 있었던 노동일의 길이가 신자유주의의 전 세계적 승리 이후 다시 늘어나기 시작했다. 한 세기 동안 노동자들의 투쟁으로 쟁취한 자유시간은 점차 이윤의 지배에 포섭되어, 파편화되고 흩어진 노동으로 변형됐다. 사회적 에너지는 점점 경제적 경쟁에 포섭됐다. 뛰지 않는 사람들은 짓밟혔다. 사회가 미친 듯이 질주하기 시작했고 많은 사람들이 파멸했다.

사회적 에너지를 경쟁적으로 동원함으로써 유기체로서의 사회는 급속도로 붕괴되기 시작했다. 이는 신경의 붕괴인 동시에 경제의 붕괴였다(그런데 경제는 이미 정신적 영역이 됐다). 2000년 봄부터 경제의 확장 주기가 여러 경향들의 결과로 깨지기 시작했다.

① 새로운 테크놀로지에 대한 수요가 점차 감소했다. 혁신적 부문들에서의 이윤 감소가 급격하게 가속화됐다.

② 재생 불가능한 에너지 자원들이 고갈될 것이라는 전망이 맹렬한 경쟁을 야기했다.

③ 과잉생산의 위기가 혁신적 부문들에까지 확산됐다. 엄청난 양의 기호상품들이 재고로 남았다. 이는 주식시장의 하락을 야기했고, 대중자본주의의 미래에 대한 믿음을 잇따라 위기에 빠뜨렸다.

④ 심리적 에너지를 경쟁적인 경주에 쏟아 붓는 것은 주의집중의 포화상태를 초래했고, 이는 일반적 붕괴의 조건을 만들어내는 지점에까지 이르렀다.

몇몇 초국적 기업들이 위기에 빠졌다. 새로운 자본주의의 지배 집단들이 경제적 정확성을 보증하는 모든 규칙을 위반하고, 집단적 자원을 훔치고, 전략적 유능함 없이 생산을 지배했다는 것이 명백해졌다. 그들의 관심은 당장 최대의 이윤을 획득하는 것에만 온통 집중되어 있었다. 세계 경제의 지배 집단들에 대한 믿음이 허물어졌다. 대중자본주의가 몰락하기 시작했다. 특히 이제 막 노동시장에 진입한 세대들 사이에서 실업이 증가하기 시작했는데, 이들은 경제 발전의 영속성에 대한 믿음을 가지고 자란 세대들이었다.

한편 강도짓으로 부유해졌고 미디어 시스템과 무지의 증가를 완전히 장악함으로써 동의를 이끌어낸 새로운 정치계급이 서구의 여러 국가들을 통치하게 됐다. 20년 동안 집단적 두뇌는 소비주의와 경쟁적이고 공격적인 폭력의 상징들에 의해 폭격을 맞아왔다. 마피아 자금, 공적 기금에서 훔친 돈, 주식 매도와 연기금에서 나온 돈으로 일종의 룸펜 부르주아지가 형성됐다. 이 룸펜 부르주아지는 더 이상 어떤 합법성의 원칙도 존중하지 않고 과거의 청교도식 자본주의가 가졌던 전략적 특징도 가지고 있지 않았다. 그들은 권력을 잡기 위해서는 어떤 수단이라도 사용할 준비가 되어 있는 바로크적이고 냉소적인 계급이었다. 러시아에서는 공산당의 지배계층이, 사회적 노동을 지배하고 착취하는 공격적이고 권위주의적인 방식을 유지하면서 재빨리 자본주의적으로 변모했다. 이탈리아에서는 마피아 자금, 사회적 커뮤니케이션에 대한 무제한적 통제력의 불법적 장악, 법관의 부패를 기반으로 새로운 지배계급이 출현했다.

2000년, 우리는 미국에서 2백여 년 만에 처음으로 쿠데타에 비견될 만한 현상을 목격했다. 미국의 새로운 대통령이 된 조지 W. 부시는 권력을 잡은 뒤에 공격적으로 패권적인 정책을 추진했다. 부시가 대통령이 된 뒤 처음으로 취한 조치는 교토 의정서를 파기하는 것이었다. 이 의정서에서 선진국들은 오염과 환경 파괴의 효과를 제한하기 위해 유독 가스 배출량을 점진적으로 줄이기로 합의했다. 이 새로운 대통령은 선거기간 동안 경제적 지원을 해준 거대 석유 생산자와 무기 생산자들의 이익을 대변했다. 또한 엔론6) 같은 지배적인 회사들의 이익을 대변했다. 엔론은 다수의 노동자들이 투자한 연기금을 훔친 뒤 파산했다. 부시를 지지한 집단 전체가 미국 자본주의의 실패에 연루되어 있었다. 부시의 권력은 낡은 석유 경제와 무기 경제, 형편없고 도둑질이나 일삼는 룸펜 부르주아 계급, 정보·커뮤니케이션을 독점한 마이크로소프트나 루퍼드 머독의 뉴스코퍼레이션 같은 사기업들의 동맹에 기반을 두고 있었다.

경제 붕괴가 시작되자 마치 기적처럼 세 대의 비행기가 워싱턴과 뉴욕의 하늘을 가르며 날아왔다. 2001년 9월 11일의 사건(이하 9·11) 이후 파산 직전에 있던 자본주의는 마술처럼 (고갈의 조짐을 보이던) 사회 전체의 에너지를 전쟁의 방향으로 쏟아부을 수 있었다. 이런 사회적 에너지의 총동원은 세계의 악들에 맞서 서구가 성전을 선포하는 것으로 시작됐다. 여기서 선 대 악이라는 거대한 마니교적 캠페인이 시작된다. 공적 기금을 도둑질해 거대 기업들의 붕괴를 초래한 악명 높은 석유왕들의 집단이 선을 대표했다. 아프가니스탄 주민들에 대한 전쟁이 어떤 약속된 결과도 낳지 못하자, 즉 9·11 공격에 책임이 있다는 혐의를 받은 알카에다의 우두머리들을 붙잡지 못하자 전쟁이 재개되어야만 했다. 새로운 공격 대상이 선택됐다. 한때 미국과 동맹이자 한통속이었던 사담 후세인이 그 대상이었다.

이라크 전쟁의 동기는 터무니없었다. "사담은 인류의 적이다." 물론 사담 후세인은 아리엘 샤론과 사우디 왕조 같은 미국의 수많은 동맹들처럼 미국 행정부를 위해 행동하고 이란을 점령했을 때 이미 인류의 적이었다. "사담은 불법 무기들을 사용했다." 후세인은 미국의 재정적·정치적 지원을 받아 1988년에 불법 무기들을 사용했다. "핵무기를 제조할 수 있다." 이는 불가능했다. 게다가 핵확산금지조약을 위반한 국가는 이스라엘부터 시작해서 여럿이다. "우리는 중동에 민주주의를 가져다줘야 한다." 이보다 더 위선적인 변명은 없다. 중동의 민주주의는 이스라엘 군대가 점령한 영토를 떠나고 쿠르드 민족의 정치적 권리가 인정될 때에만 비로소 가능하다. 또한 50여 년간 중동 국가들의 자원을 훔치면서 (모하마드 모사데크 총리가 이란의 석유산업을 국유화하려 하자 1953년 CIA가 지원한 군사 쿠데타를 일으킨 것부터 시작해) 그들의 정치적 삶에 직접적·권위주의적으로 영향을 미친 거대 석유 기업들의 역할이 축소되는 것도 필요하다.

안보 이데올로기는 미디어가 부채질한 편집증의 산물이며 언제나 새로운 편집증을 먹고 살 수 있는 전지구적 안보경제 체계를 만들어내도록 설계됐다. "삶의 질을 보호할 필요가 있다." 이는 전쟁 선전 문구 중 진실에 부합하는 유일한 문장이었다. 인류의 20%는 전 세계 자원의 80%를 소비하는 것을 포기하고 싶지 않았다.

당시 이라크 전쟁에서 가능한 시나리오는 무엇이었을까? 하나는 적군에 대한 신속한 승리, 바그다드의 범죄자에 대한 체포와 재판, 비교적 평화로운 섭정 실행, 중동의 미국식 민주화, 분쟁 지역의 점진적 일소, 선한 목적을 위한 전지구적 군사독재의 부과였을 것이다. 그러나 이것이 가능하다고 생각한 사람이 있었을까? 더 현실적인 시나리오에는 2백 기의 핵탄두를 손에 쥔 이슬람 근본주의자들의 파키스탄 정권이 함락될 가능성이 포함됐다. 이라크 침공의 가장 개연성 있는 결과는 제국의 폭발, 즉 혼돈의 제국의 개시였다.

그러나 무엇인가가 이 시나리오 전체를 바꿔놓았다. 근본주의적·민족주의적 광신과 나치-자본주의적 광신 사이의 편집증적 충돌이라는 틀 속에 **제3의 행위자**가 출현했다. 이들은 9·11 이후 우리가 기다려왔고, 기업에 대항하는 전지구적 운동의 굳건한 노동으로 구축된 사람들이었다. 이 제3의 행위자는 2003년 2월 15일, 전 세계의 도시들에서 수백만 명이 이라크 전쟁에 항의하기 위해 행진했을 때 탄생했다. 그것은 전쟁을 퍼뜨리는 광기에 대항해 지구 전체의 일상생활이 들고 일어난 운동이었다. 우리가 2월 15일에 목격한 것은 확장되고 급진화될 운명의 운동이었다. 그러나 그 운동이 실제로 그렇게 되려면, 사회 내부의 반자본주의적 갈등의 동력을 다시 작동시켜, 전쟁을 종식시키는 과정을 전지구적 자본주의의 신자유주의적 지배를 종결하는 것과 연결해야 한다. 구름이 폭풍을 몰고 오듯이 자본주의는 전쟁을 몰고 온다. 그러나 전쟁의 와중에 자본주의를 다시 흔들 수 있는 조건이 만들어진다. 전쟁을 일으킨 세력을 전복하는 문제가 그때 제기된다. 그 시점에 전쟁을 일으킨 범죄계급을 제거하는 것만으로는 충분하지 않을 것이다. 전쟁이란 신자유주의가 다른 수단들로 일삼던 파괴의 연장일 뿐이라는 점을 우리는 분명히 해야 한다. 따라서 파국을 낳은 과정의 뿌리를 반드시 잘라내야 한다.

| **닷컴 붕괴 이후** |

1990년대에 인터넷은 디지털자본주의의 기나긴 팽창 국면을 지탱하는 본질적 토대로 등장했다. 수백만 명의 미국인들과 유럽인들이 자기 집에 앉아서 돈을 투자하고 주식을 사고팔기 시작했다. 금융 시스템 전체가 긴밀하게 서로 연결됐다. 그러나 시장에 대한 대중의 참여

를 환상적으로 증대시키는 이 인터넷은, 위기를 심화시키고 미디어-금융 통제 체제로부터의 탈출 통로가 될 위험을 안고 있었다.

그래서 이런 과정의 다른 측면이 강조될 필요가 있다. 1990년대에 금융투자 순환에 대중들의 참여가 늘어나면서, 인지적 생산자들의 대규모 자기조직화 과정이 진행됐다. 인지노동자들은 자신들의 전문 기술, 지식, 창조성을 투입했고 주식시장에서 자신만의 기업을 만들어낼 수 있는 수단을 발견했다. 몇 년 동안 닷컴 기업가 형태는 금융자본과 고도로 생산적인 인지노동이 만나는 지점이었다.

1990년대 (미국의) 사이버문화를 지배한 자유방임주의와 자유주의 이데올로기는 시장을 순수하고 거의 수학적인 환경으로 제시해 시장을 이상화했다. 진화를 가능케 하는 적자생존 투쟁만큼이나 자연적인 시장이라는 환경에서, 노동은 스스로를 가치화하고 기업가가 되기 위해 필요한 수단을 발견할 것이었다. 자체적인 동학에 일단 내맡겨진 그물처럼 뒤얽힌 경제 체제는 소유주와 노동자 모두의 경제적 이익을 극대화할 수밖에 없었다. 가상적 생산회로에서는 소유주와 노동자의 구별이 불가능해진다는 것이 그 이유 중 하나이다.

케빈 켈리 같은 작가들이 상상했고, 『와이어드』가 디지털-자유주의적이고 냉소적이며 강경한 세계관으로 변형시킨 이 모델은, 닷컴 세계에 거주했던 자가고용 인지기업가 군단의 대다수 및 신경제의 붕괴와 함께 새천년의 처음 2~3년 동안 파산에 이르렀다.

이 모델이 파산한 것은 완전히 자유로운 시장 모델이 이론적·실천적으로 거짓이기 때문이다. 결국 신자유주의가 지지했던 것은 자유시장이 아니라 독점이었다. 시장은 지식·창조성·전문 기술이 만나는 자유로운 공간으로 이상화됐지만, 현실은 거대한 지휘센터가 자유주의적이기는커녕 기술적 자동 체계를 도입하고 미디어 또는 화폐 권력을 차지하며 결국에는 뻔뻔스럽게도 다수의 주주들과 인지노동자들을 약탈하는 방식으로 작동한다는 것을 보여줬다.

자유시장이 거짓이라는 것은 부시 행정부가 잘 보여줬다. 부시 정부의 정책은 (빌 게이츠에 대한 수치스러운 사면에서 시작해) 독점 기업에 대한 노골적인 편애를 드러냈다. 그것은 미국에게는 40%의 수입관세를 철강에 붙일 수 있도록 하는 한편, 약한 국가들에게는 자유시장을 강제하는 보호주의적 정책이었다.

헤르트 로빙크의 책 『다크 파이버』7)는 인터넷문화의 관점에서 이런 신자유주의와 보호주의의 혼합을 비판하고 있다. 이 책은 전지구적인 인터넷문화에 대한 첫 번째 연구서이자 인터넷이 광범위하게 팽창되기 시작한 10년 동안 전개된 인터넷의 진화와 퇴화를 분석한 글이다. 로빙크는 사회학적, 경제학적, 인류학적 조사를 넘어서 나아간다. 이 책의 많은 글들이 사이버문화 현장의 다양한 행위자들의 이론적 입장을 개괄한다. 『와이어드』의 자유방임주의적 이데올로기와 그 경제주의적·신자유주의적 퇴화, 유럽 철학자들의 급진적 비관주의 등이 그 예이다. 로빙크는 패퇴한 적인 미국의 신자유주의 이데올로기에 머무르지 않고, 우리로 하여금 닷컴 열풍이 불던 시기에 생산의 수준에서 무슨 일이 일어났는지를 이해토록 해준다.

로빙크는 닷컴 붕괴에 환호할 이유가 없다고 말한다. 닷컴 광풍을 특징지었던 이데올로기는 의무적인 낙관주의와 경제주의적 맹신의 광적 표현이었다. 그러나 당시 전개된 실제 과정에는 기술 혁신의 요소들뿐 아니라 사회 혁신의 요소들도 포함되어 있었다. 우리는 이 요소들을 되찾아 재활성화해야 한다. 1995년부터 2000년 사이에 첨단 기술의 생산 회로 안에서 진정한 계급투쟁이 일어났다. 인터넷의 발생은 여전히 이 투쟁에 의해 특징지어진다. 그 결과는 아직 불분명하다. 분명 자유롭고 자연적인 시장 이데올로기는 오류임이 드러났다. 시장이 아이디어, 기획, 생산적 특징과 서비스의 효용이 동등하게 대면하는 순수한 환경으로 기능한다는 생각은, 독점 기업들이 다수의 자가고용 인지노동자들과 조금은 측은한 다수의 소상인들에 맞서 전쟁을 벌였다는 쓰디쓴 진실에 의해 완전히 일소됐다.

생존투쟁에서 승리한 것은 가장 뛰어난 자, 가장 성공한 자가 아니었다. 가장 먼저 총을 꺼내 든 자가 승리했다. 폭력, 강탈, 조직적인 도둑질, 모든 법적·윤리적 규범의 위반이라는 총 말이다. 부시와 게이츠의 동맹은 시장의 파산을 공인하는 것이었고 바로 그때 가상계급의 내적 투쟁이 끝났다. 가상계급의 일부는 기술군사 복합체에 편입됐고, (다수를 차지하는) 다른 부분은 산업에서 축출되어 노골적인 프롤레타리아화가 진행되는 변두리로 밀려났다. 문화의 차원에서는 코그니타리아트 사이에 사회적 의식이 형성되기 위한 조건이 출현하고 있고, 이는 다가오는 몇 해 동안 가장 중요한 현상이 될 수 있다. 즉 재앙에 대한 해결책이 될 수도 있다. 나는 인터넷 경제에 몸담고 있는 노동자들의 물리적(신체적, 심리적, 신경적인 것 모두를 의미한다) 질병을 강조하기 위해 가상계급보다 이 인지적 프롤레타리아트('코그니타리아트')에 대해 이야기하고 싶다.

닷컴 기업들은 생산 모델과 시장의 실험실 역할을 했다. 결국 시장은 독점 기업들에게 정복당해 질식사했고, 자가고용 기업가와 벤처 소자본가 집단은 강탈당하고 해산됐다. 새로운 국면이 시작됐다. 인터넷 경제 시대에 지배력을 획득한 집단들이 지구화 기획을 가로

막았던 낡은 경제의 지배 집단(석유·군사산업의 대표자인 부시 도당)과 동맹을 맺었다. 신자유주의는 그 자신의 부정을 낳았고, 신자유주의의 가장 열렬한 지지자들이었던 사람들을 제물로 삼았다.

2000년의 닷컴 붕괴는 인지노동자와 자본을 분리시켰다. 동맹이 깨진 것이다. 1990년대에 노동하는 기업가임을 자임한 디지털 장인들은 자신들이 속았고 약탈당했다는 것을 점차 깨달았고, 이는 인지노동자들 사이에 새로운 의식이 형성되는 조건들을 창출했다.

이런 경험에서 출발해 우리는 19세기에 그토록 중요한 역할을 담당한 지식인에 대해 오래된 문제를 다시 생각해봐야 한다. 레닌주의적 관점에서 지식인은 전前산업적 행위자로 간주됐다. 이들의 기능은 다른 사회 계급과의 유기적 연대의 선택 여부에 따라 결정됐다. 레닌주의 정당은 프롤레타리아트의 대의에 복무하기를 선택한 지식인들로 이뤄진 전문가 조직이었다. 안토니오 그람시는 문화적 헤게모니라는 관념을 도입했다. 문화적 헤게모니란 정치권력을 잡는 과정에 필요한 이데올로기의 특수한 작용이다. 그러나 근본적으로는 그람시도 지식인을 비생산적 형상으로 보고, 문화를 이데올로기적 가치들에 관한 순수한 합의로 보는 관점을 근본적으로 고수했다. 1990년대에 전개된 문화의 산업화는 이런 형상을 변화시켰고, 비판이론은 프랑크푸르트에서 할리우드로 옮겨갔을 때 이 점을 깨달았다.

발터 벤야민, 헤르베르트 마르쿠제, 테오도르 아도르노, 막스 호르크하이머, 베르톨트 브레히트, 지그프리트 크라카우어가 이런 이행을 기록했다. 그러나 디지털 웹이 생산의 전 과정을 재규정하게 되고 나서야 지적 노동은 맑스가 『정치경제학 비판 요강』에서 '일반지성'[8)]으로 규정한 형상을 띠게 됐다.

피에르 레비는 이것을 집단지성이라 부른다. 데릭 드 커코브는 이것이 실제로는 접속지성이라고 지적한다. 무한히 파편화된 인지노동의 모자이크는 보편적인 정보통신 기술의 네트워크 안에서 유동적인 과정이 되며, 따라서 노동과 자본의 모습이 재규정된다. 자본은 전지구적 경제의 혈관을 따라 흐르는 일반화된 기호의 흐름이 되고, 노동은 서로 연결된 무수한 기호 행위자들의 지성을 지속적으로 활성화하는 것이 된다. 1990년대에 '일반지성' 개념을 다시 가져오면서 이탈리아의 포스트노동자주의 혹은 구성주의적 사상가들(파올로 비르노, 크리스티앙 마라치, 마우리지오 라자라토, 카를로 포르멘티 등)이 대중지성 개념을 도입했고 노동과 언어의 상호작용을 강조했다.

우리는 노동 문제가 비물질적이고 인지적인 것으로서 새롭게 등장하는 것을 보기 위해 닷컴 연옥을 통과해야만 했다. 즉 노동과 자본주의적 기업의 융합이라는 환영을 지나 닷컴 붕괴의 결과들을 겪어야만 했던 것이다.

| 인지노동의 불투명한 경제 |

생산 과정이 점점 더 비물질적이고 불안정하고 예측 불가능하게 되고 있으며, 경제학적 개념 체계의 핵심에 있는 계산 규칙들을 벗어나고 있는 이때에, 경제학을 과학이라 말할 수 있을까? 피터 드러커는 이렇게 말한다.

케인즈, 포스트케인지언, 신고전주의자들은 모두 경제를, 몇 개의 상수가 장치 전체를 추동하는 모델로서 묘사했다. 우리에게 지금 필요한 모델은 경제를 '생태계,' '환경,' '복합체'로서 보는 모델, 몇몇 통합적 영역들로 구성된 것으로 보는 모델이다. 즉 개인과 기업들(특히 초국적 기업들)의 '미시 경제,' 국민국가 정부들의 '거시 경제,' 그리고 세계 경제 등이 그런 영역들이다. 초창기 경제이론들은 모두 그런 경제 가운데 하나가 전체를 통제한다고 가정했다. 다른 모든 것들은 의존적이며 '상관적인 함수들'이라는 것이다. 그러나 지금 현실에서 실제로 작용하는 것은 세 개의 그런 경제들 중 하나이다. 이들 중 어느 것도 다른 두 영역을 완전히 통제할 수 없다. 또한 어떤 영역도 다른 영역들에 의해 완전히 통제되지 않는다. 그러나 어떤 영역도 다른 영역들로부터 완벽하게 독립되어 있지 않다. 이런 복잡성을 상술하기란 거의 불가능하다. 이것은 어떤 예측도 허락하지 않기 때문에 분석할 수도 없다. 따라서 유효한 경제이론을 제시하기 위해서는 이 복잡성을 단순화하는 새로운 종합이 필요한데, 지금까지 그런 기미는 보이지 않는다. 그런 종합이 출현하지 않는다면 우리는 경제이론의 종말을 보게 될 것이다.[9]

자본주의의 팽창과 함께 규칙들이 생산활동과 교환의 일반적 원리들로 확립됐을 때 경제학은 과학이 됐다. 그런데 이 규칙들을 제대로 작동시키고자 한다면 우리는 기본적인 생산행위를 수량화할 수 있어야 한다. 맑스가 서술한 단위시간은 근대 경제학의 중추이다. 상품생산에 필요한 시간을 측정하는 것은 경제적 관계 전체에 대한 규제를 가능케 한다. 그러나 전지구적 생산의 순환에서 주된 요소가 예측 불가능한 정신노동, 예측 불가능한 언어노동이 될 때, 그리고 자기복제적 정보가 보편적인 상품이 될 때, 교환관계를 비롯한 관계들 전체를 경제 규칙에 복속시키는 것은 더 이상 가능하지 않다.

드러커는 계속해서 다음과 같이 말한다.

선진국의 경제만큼 복잡한 모든 체계에서는 통계적으로 별 의미가 없는 사건들, 변두리에서 일어나는 사건들이 최소한 단기적으로라도 결정적인 것이 될 가능성이 높다. 본질적으로 이런 사건들은 예견하거나 예방할 수가 없다. 이 사건들이 상당한 영향을 미친 이후에도 이 사건들을 식별하는 것이 항상 가능한 것은 아니다.10)

경제학은 산업생산, 물질에 대한 물리적 조작을 이해하고 규제할 수 있는 양적이고 기계론적인 패러다임에 토대를 두고 있다. 그러나 양적 측정과 상수들의 반복으로 쉽사리 환원되지 않는 활동들, 예컨대 정신적 활동에 기반을 둔 비물질적 생산 과정을 설명하고 규제하는 것은 불가능하다.

자크 로뱅은 새로운 테크놀로지로 인해, 생산성 개념조차도 고용 창출 없는 경제성장 같은 새로운 현실이 제기하는 문제를 감당할 수 없다고 설명한다.11) 새로운 테크놀로지의 등장과 함께 대부분의 생산비용은 실제로 생산 과정에 선행하는 연구와 설비비용에 의해 결정된다. 디지털화되고 자동화된 기업에서 생산은 점차 운영요인들의 **양**의 변동에 더 이상 종속되지 않는다. 신고전주의 경제학적 계산의 두 기반이던 한계비용과 한계이익은 그 의미의 상당 부분을 잃었다. 임금과 가격 계산의 전통적 요소들 또한 무너지고 있다.

정신노동은 산업 노동자의 노동처럼 정확하고 예측 가능한 방식으로 측정할 수 없다. 따라서 과학으로서, 일상의 경제적 실천으로서 고전적 경제의 중추였던 가치의 결정이 우연적이고 불확실하게 됐다. '현실주의'[실물] 경제(측정 가능한 노동시간의 양에 근거한 경제)는 그 경제의 목표에 의해 결정된다. 특수한 욕구의 충족을 위한 사용가치의 생산이라는 순진한 목표나 투하자본의 증식으로서의 가치화라는 더 세련된 목표가 그것이다. 그런데 이제 그런 목표에 근거해 경제를 설명하는 것은 불가능하다. 우리가 그런 목표를 특정 개인 혹은 집단의 의도와 동일시하든, 사회 전체의 목표와 동일시하든 상관없이 말이다. 경제는 목표가 아니라 코드에 의해 결정된다.

> 최종 상태는 코드에 새겨진 채 미리 존재한다. 기의가 무한히 작은 기표들의 놀이에 굴복하고 그 우발적인 교환으로 전락한 것과 마찬가지로 목표들은 분자적 놀이에 자리를 넘겨줬다.12)

따라서 보드리야르가 볼 때 경제는 실제 생산으로 환산될 수 없는 초과실재로, 시뮬레이션된 이중의 인공적 세계로 나타난다. 결국 경제학은 더 이상 인류의 생산활동을 지배하는 근본 동학도, 그 위기도 설명할 수 없다. 경제학은 그 특성과 조사 영역을 아직 알 수 없는 보편과학으로 대체되어야 한다. 사이버공간을 형성하는 과정, 기호상품들의 전지구적 네트워크를 탐구할 수 있는 과학으로 말이다.

1993년 『와이어드』와의 대담에서 드러커는 생산의 디지털화와 관련해 경제학 범주의 부적합성이라는 주제로 이야기를 넓힌다.

> 국제 경제이론은 낡은 것이 됐습니다. 토지, 노동, 자본이라는 생산의 전통적 요소들은 추진력이기보다 속박이 되고 있습니다. 지식이 생산에서 하나의 중요한 요인이 되고 있습니다. 이는 두 가지로 구

체화됩니다. 기존의 과정, 서비스, 생산품에 적용되는 지식은 생산성입니다. 새로운 것에 적용되는 지식은 혁신입니다. …… 지식은 어떤 지리[지리적 제한]도 모르는 중심적이고 핵심적인 자원이 됐습니다. 그것은 이 시대의 가장 중요하고 전례 없는 사회적 현상의 근저에 있습니다. 역사에서 어떤 계급도 블루칼라 노동자들만큼이나 빨리 부상했다 몰락하지 않았습니다. 이 모든 것이 1백 년도 채 되지 않는 시기 동안에 일어났습니다.13)

나아가 드러커는 고전 경제학과 자본주의 체제의 뿌리에 있는 법적 개념인 지적 재산권 개념이, 정보가 상품으로 유통되고 정보영역이 시장인 시대에 더 이상 어떤 의미도 가질 수 없다고 말한다.

인쇄된 글에 초점을 맞춘 지적 재산권 개념 전체를 다시 생각해봐야 합니다. 아마 몇 십 년 안에 전기통신으로 전송된 것과 인쇄된 글 사이의 구별이 사라질 것입니다. 유일한 해결책은 보편적 허가제입니다.'당신이 기본적으로 구독자가 되고, 출판된 모든 것이 복제되는 일이 당연시되는 곳에서는 말이지요. 즉 당신이 어떤 것을 모두가 알게 되길 원치 않는다면 아예 입 밖에 내지 말아야 합니다.14)

경제학이 일반적인 해석코드로서 낡았다는 점에 대한 고찰의 결론으로, 앙드레 고르가 『노동의 변형』에서 쓴 말을 인용해보겠다.

화폐에 의한 훈육은 경험 세계의 상징적 재생산을 보증하는 소통의 하부구조를 방해하는 이질적 규제이다. 이는 교양, 지식, 취향, 매너,

언어 등을 전달하고 재생산하는 모든 행위 …… 전제, 확실성, 가치, 자명한 규범의 형태로 세계 속에서의 우리 입지를 발견할 수 있게 해 주는 모든 행위를 돈이나 국가로 규제하는 것이 우리의 경험 세계에 심각한 병변을 일으키지 않고서는 불가능하다는 뜻이다.15)

화폐(즉 경제)와 국가(즉 정치)는 더 이상 생산의 세계를 지배하거나 훈육할 수 없다. 이제 생산 세계의 중심이 뇌가 제거된 힘, 획일화되고 수량화할 수 있는 육체노동 시간이 아니기 때문이다. 오늘날 생산의 중심은 정신의 흐름, 지성 등의 에테르 같은 물질이 차지했다. 인지와 정동 능력을 정말로 미치게 만드는 마비나 엄청난 병증을 일으키지 않고서는 측정할 수도, 그 어떤 규칙에 종속될 수도 없는 무엇으로 말이다.

| **정보노동과 불안정화** |

> 현실이 너무도 불안정하기 때문에 우리에게 미래는 없다. 남아 있는 유일한 가능성은 위험을 관리하는 것뿐이다. 지금 이 순간 존재하는 시나리오들의 팽이를.16)

2003년 2월 미국의 저널리스트 밥 허버트는 『뉴욕타임스』에 시카고의 실업청년 수백 명을 대상으로 한 인식조사 결과를 발표했다.17) 응답 대상자들 중 누구도 수년 내에 일자리를 찾을 것이라 기대하지 않았고, 반란을 일으키거나 대규모의 집단적 변화를 일으킬 수 있으리라고도 기대하지 않았다. 응답에서 전반적으로 느껴지는 기운은 뿌리 깊은 무력감이었다. 쇠락의 기운은 정치에서만 감지되는 것이 아니다. 대안을 구축할 모든 가능성을 무력하게 만드는 사회적이고 심리적인 퇴화의 시나리오라는 더 깊은 원인이 있는 것 같다. 2000년대에 불안정성이 노동 조직 전반에 퍼졌고, 새로운 세대에게 만연한 감각이 됐다.

현재의 파편화가 미래의 내파로 뒤집힌 것이다.

『신자유주의와 인간성의 변형』이라는 책에서 리처드 세넷은 이렇듯 불안정하고 파편화된 실존적 조건에 대해, 상대적으로 안정적인 사회적 역할들 속에서 삶이 조직됐고 시간이 정체성의 경로를 해석하기에 충분한 직선형의 일관성을 가지고 있었던 지난 시대에 대한 향수로 반응한다. "시간의 화살은 부러졌다. 끊임없이 재설계되고 반복을 혐오하는 단기적인 정치경제에서 시간은 어떤 궤적도 가지지 않는다. 사람들은 지속적인 인간관계와 오랫동안 변치 않는 목적들이 결여되어 있다는 것을 느낀다."18)

그러나 이런 향수는 오늘날의 현실에 별 영향을 미칠 수 없으며, 공동체를 재활성화하려는 시도도 인위적이고 효과가 없다.

불안정성은 그 자체가 불안정한 관념이다. 그 규정 대상이 대략적일 뿐만 아니라, 이 관념으로부터는 역설적이고 자기모순적인, 즉 불안정한 전략만이 나오기 때문이다. 만일 직업 수행의 불안정한 성격에 비판적 관심을 집중시킨다면, 우리는 어떤 실천적 프로그램을 제안하고, 어떤 목표를 염원할 수 있을까? 생계를 위해 보장된 안정적인 직업? 이것은 문화적 후퇴가 될 것이며(실제로 그렇다) 노동을 착취의 지배에 완전히 종속시키는 일이 될 것이다. '유연안전성'flexicurity이라는 관념이 있긴 하지만, 우리는 우리를 무한정한 착취에서 해방시켜줄 노동 운동의 사회적 재구성 전략으로부터 한참 멀리 떨어져 있다. 미래에 도래할 어떤 재구성의 윤곽을 식별해내려면 우리는 사회적 구성·탈구성에 대한 분석의 가닥을 다시 잡아야 한다.

1970년대의 에너지 위기, 이에 따른 경제 불황, 수치제어 기계들을 통한 노동자들의 대체는 어떤 보장도 받지 못하는 사람들을 대거 양산해냈다. 불안정성 문제는 곧 사회 분석뿐만 아니라 운동의 전망에도 중심적인 문제가 됐다. 젊은 인구의 상당수가 안정된 일자리에 고용될 전망이 거의 없는 현실에 대처하기 위해, 우리는 노동과 연계되지 않은 형태의 보장소득을 요구하는 투쟁을 제안했다. 그 뒤로 상황이 변했다. 주변적·일시적 조건으로 보였던 것이 이제 노동관계의 일반적 형태가 됐기 때문이다. 불안정성은 더 이상 주변적이고 임시적인 특징이 아니라, 디지털화되고 복잡하게 뒤얽힌 재조합적 생산 영역에서 노동관계의 일반적 형태가 됐다.

'프레카리아트'라는 말은 일반적으로 노동관계, 월급, 노동일의 길이에 관한 확정적 규칙을 더 이상 가지고 있지 않은 노동과 연관된다. 그러나 과거를 분석해보면, 우리는 이런 규칙들이 노동-자본 관계의 역사에서 오직 특정한 시기 동안에만 작동했다는 것을 알 수 있다. 오직 20세기 한가운데의 짧은 시기 동안에만, 노동조합과 노동자들의 정치적 압력 아래에서, (거의) 완전한 고용이라는 조건과 국가가 경제에 행사한 일반적으로 강력한 규제적 역할 덕분에, 자본주의 동학의 본성적 폭력이 법적으로 약간이나마 제한될 수 있었다. 특정 시기에 사회를 자본의 폭력으로부터 보호해줬던 법적 의무들은 항상 정치적이고 물리적인 역관계(자본의 폭력에 대항한 노동자들의 폭력)에 기초했다. 정치적 힘 덕분에 권리를 보장하고 법률을 정립하고 이를 개인의 권리로 보호하는 것이 가능해졌다. 노동자 운동의 정치적 힘이 쇠하면서, 자본주의적 노동관계에 본성적인 불안정성과 잔인함이 다시 부상했다.

새로운 현상은 노동시장의 불안정한 성격이 아니라 정보노동을 불안정하게 만드는 기술적·문화적 조건이다. 오늘날의 기술적 조건은 네트워크 안에서 이뤄지는 정보노동의 디지털적 재조합에 근거한다. 오늘날의 문화적 조건에는 대중교육과 20세기 후반의 사회에서 물려받은 소비에 대한 기대가 포함되는데, 이것은 마케팅과 미디어 커뮤니케이션 장치 전체에 의해 계속 부양되고 있다.

생산순환의 디지털화가 가져온 기술적 변형이라는 첫 번째 측면을 분석해보면, 본질적인 문제는 노동관계가 불안정하게 됐다는 점이 아니라(결국 노동관계는 언제나 불안정했다) 능동적인 생산 행위자이자 노동력으로서의 개인이 해체됐다는 점이라는 것을 알 수 있다. 전지구적 생산이 이뤄지는 사이버공간은 탈인격화된 인간의 시간이 엄청나게 팽창한 것으로 설명할 수 있다.

정보상품의 단편들을 정교화하고 재조합하는 데 시간을 들이는 정보노동은, (맑스가 분석한) 노동이 구체적 활동으로부터 점점 더 추상되는 경향을 극단으로 몰고 갔다.

이 추상의 과정은 노동시간으로부터 모든 구체적이고 개별적인 특수성을 점점 더 제거한다. 맑스가 말한 단위 시간은 생산적 노동의 최소 단위이다. 그런데 산업생산에서는 추상적 노동시간이 신체적·법률적 인격에 의해 담지됐고, 공인된 정치적 정체성을 지닌 살아 있는 노동자 안에서 체현됐다. 물론 자본은 개인에 대한 처분권을 구매한 것이 아니라 노동자의 시간을 구매했다. 하지만 자본이 자신의 가치증식을 위해 필요한 시간을 마음대로 처분하고자 한다면, 자본은 사람을 고용해야 했고 그 사람의 시간 전체를 사야만 했다. 따라서 자본은 인간이 가진 물질적 욕구들과 사회적이고 정치적인 요구들에 직면해야 했다. 정보노동의 영역으로 옮겨오면, 사람을 하루에 여덟 시간씩 무기한으로 구매해야 할 필요가 더 이상 없어진다. 자본은 더 이상 사람들을 채용하지 않고, 대체 가능하고 임시적인 담지자들과 분리된 여러 단위의 시간을 산다.

탈인격화된 시간이 가치증식의 진정한 주체가 됐다. 이 탈인격화된 시간은 어떤 권리도 가지지 않고 어떤 요구도 하지 않는다. 탈인격화된 시간은 오직 이용할 수 있거나 이용할 수 없거나일 뿐인데, 그 선택은 순전히 이론적인 차원에서만 이뤄진다. 왜냐하면 법적으로 인정된 인격이 아니라 할지라도 그 물리적인 몸은 여전히 음식을 사야 하고 집세를 내야 하기 때문이다.

기호 재료를 재조합하는 정보과학적 처리 과정은 정보상품을 생산하는 데 필요한 '객관적' 시간을 유동화하는 효과를 가진다. 인간 기계는 살아 있는 내내 마치 대기 중인 뇌 덩굴처럼 맥박이 뛰고 이용 가능한 상태로 존재한다. 시간의 연장延長은 속속들이 세포화된다. 즉 생산시간의 세포들은 언제든 즉시 이용 가능한 파편들로서 동원될 수 있다. 이 파편들의 재조합은 네트워크 안에서 자동적으로 실현된다. 핸드폰은 기호자본의 욕구를 사이버공간의 살아 있는 노동과 접속시켜 동원할 수 있는 도구이다. 핸드폰 벨소리는 노동자들을 호출해 그들의 추상적 시간을 그물 같은 흐름에 재접속시킨다.

디지털 노예로의 탈인간적 이행이 이뤄지고 있는 오늘날에 만연한 이데올로기를 '자유주의'라 부르는 것은 참으로 이상하다. 자유는 이런 이행의 토대를 이루는 신화이다. 그런데 누구의 자유인가? 분명 자본의 자유이다. 자본은 세계 구석구석에서 완전히 자유로이 확장되어, 가장 비참한 임금으로 착취할 수 있는 인간의 시간 파편을 찾아내고 있음에 틀림없다. 그런데 자유주의는 개인의 자유 또한 단언한다. 신자유주의적 수사법 속에서도 법에 따르면 개인은 스스로를 자유롭게 표현할 수 있고, 대표를 선택할 자유가 있으며, 정치와 경제에서 기업가가 될 자유가 있다. 개인이 사라졌다는 점만 제외하면, 이 모든 것은 아주 흥미롭다. 남은 것은 부적절하고 쓸모없는, 무력한 물체와 같다. 분명 개인은 자유롭다. 그렇지만 그 개인의 시간은 노예화됐다. 그 개인의 자유는 구체적인 일상의 삶에 전혀 부합하지 않는 법적 허구이다. 만약 우리가 대다수 인류의 노동, 다시 말해서 프롤레타리아트와 코그니타리아트의 노동이 우리 시대에 실제로 수행되고 있는 조건을 생각한다면, 만약 우리가 전지구적으로 평균 임금의 조건들을 조사한다면, 만약 우리가 이전의 노동권들이 근래에 박탈된 것을 고려한다면, 우리는 아무런 수사법적 과장 없이 우리가 노예제 아래에서 살고 있다고 말할 수 있을 것이다. 전지구적으로 평균 임금은 자신의 시간을 자본에 복무하는 데 바치고 있는 개인의 생존수단을 구매하기에도 충분하지 않다. 또한 사람들은 형식적으로는 소유하고 있지만, 실제로는 그 소유권을 박탈당한 자신의 시간에 대해 어떤 권리도 가지고 있지 않다. 그 시간은 정말로 그들에게 속한 것이 아니다. 재조합적 사이버 생산회로가 이용하고 있는 그들의 시간은 그들 자신의 사회적 실존과 분리되어 있기 때문이다. 노동시간은 프랙탈화된다. 요컨대 재조립되기 위한 아주 작은 파편들로 변형된다. 이런 프랙탈화 덕분에 자본은 끊임없이 최저 임금을 위한 조건들을 발견할 수 있는 것이다.

불안정성은, 파편화되고 재구성 가능한 정보노동의 끊임없는 흐름이 순환하는 이 전지구적 네트워크 안에서의 자본주의적 생산 과정을 검게 썩히는 병이다. 불안정성은 생산순환 전체를 변형시키는 요소이다. 누구도 불안정성의 손아귀에서 자유롭지 않다. 불시에 노동자들의 임금이 줄어들거나 삭감되고, 삶 전체가 위협받는다. 디지털 정보노동은 그 일이 수행된 곳이 아닌 다른 어딘가에서 재구성되기 위해 파편화될 수 있다.

자본의 가치증식이라는 관점에서 보면 흐름이 지속적이지만, 인지노동자들의 실존과 시간이라는 관점에서 보면 생산활동은 재조합 가능한 세포형태로 파편화되는 특성을 가진다. 맥박이 뛰는 노동 세포들의 전원은 전지구적 생산의 거대한 통제실에서 켜졌다 꺼졌다 한다. 정보노동은 본질적으로 불안정하다. 고용주들의 예측할 수 없는 사악함 때문이 아니라 노동시간이 노동자라는 개별적·법적 개인과 분리되어 할당될 수 있기 때문이다. 즉 정보노동은 자본의 주관에 의해 재조합되고 마치 휴대폰 통신처럼 연결되는 가치화하는 세포들의 바다이다.

그러므로 재조합하는 자본과 비물질적 노동의 관계를 새롭게 개념화하는 것이 적절하며, 새로운 참조틀을 구하는 것이 바람직하다. (생산적인 추상노동이 노동자라는 개별적 개인과 분리되기 때문에) 법적 개인에 근거해 노동 비용을 계약서상에 상술하는 것이 이제는 불가능하다면, 전통적 형태의 임금은 더 이상 효력을 발휘할 수 없다. 그것이 더 이상 어떤 것도 보장할 수 없기 때문이다. 따라서 인지노동의 재조합적 특성은 사회적 재구성 혹은 주체화의 그 어떤 가능성과도 양립할 수 없어 보인다. 협상·협력·갈등의 규칙이 바뀌었다. 어떤 정치적 결정 때문이 아니라 노동관계에서의 기술적·문화적 변화 때문이다. 규칙은 불변의 것이 아니며, 우리로 하여금 규칙들에 따르도록 강제하는 규칙도 없다. 전통적 좌파들은 결코 이 점을 이해하지 못했다. 그들은 규칙에 따라야 한다는 생각에 사로잡혀서, 디지털 기술과 정보노동의 전지구적 순환에 의해 개시된 새로운 장에서 대결하는 법을 알지 못했다. 신자유주의자들은 이 점을 매우 잘 이해했고, 노동조합 1백 년의 역사 속에서 확립된 규칙들을 뒤집어엎었다.

고전적인 양식의 산업생산에서 규칙은, 노동과 자본 사이의 고정된 관계와 재화의 가치를 사회적 필요 노동시간에 근거해 결정할 가능성에 근거한다. 그러나 유동적인 정보노동의 착취에 근거한 재조합적 자본의 국면에서는, 노동과 가치 사이에 더 이상 어떤 결정론적 관계도 없다.

우리는 신자유주의 권력이 위반한 규칙들의 복구를 목표로 삼아서는 안 된다. 더 이상 가치가 양적인 시간에 따라 결정되지도 않고, 따라서 경제적 관계에 어떤 필연적인 상수도 없는 유동적인 형태의 노동-자본 관계에 적합한 새로운 규칙을 발명해야 한다.

노동계급의 구조적 탈인격화와 불안정하고 탈인격화된 노동의 통제 속에서 관철되는 노예제에 어떻게 맞설 수 있을까? 이것은, 인간 존엄에 대한 감각을 여전히 지닌 사람이라면 누구든 끈질기게 제기하는 물음이다. 하지만 어떤 대답도 돌아오지 않는다. 20세기에 효과를 발휘한 저항과 투쟁의 형태들이 더 이상 확산되거나 강해질 수 없고, 결국 자본의 전횡을 멈출 수 없을 듯 보이기 때문이다.

우리는 근래에 일어난 노동자 투쟁의 경험으로부터, 불안정 노동자들의 투쟁이 순환되지 않으며 의식성·조직·연대 같은 사회적 침전물도 남기지 않는다는 사실을 알게 됐다. 프랙탈화된 노동도 주기적으로 반란을 일으킬 수는 있지만, 이것은 어떤 투쟁의 물결도 일으키지 못한다. 그 이유는 쉽게 알 수 있다. 투쟁들이 확산되어 순환 과정을 이루려면 노동하는 몸들의 근접성과 실존적 시간의 연속성이 있어야만 한다. 이런 근접성과 연속성이 없다면, 세포화된 몸들이 공동체를 이룰 수 있는 조건들도 없는 셈이기 때문이다.

| 공황의 도시 |

이산적이고 이질적이며 탈영토화된 상상태들의 흐름이 점점 더 도시의 영토를 가로지른다. 공황은 도시의 심리적 차원이 되는 경향이 있다. 공황은 너무 강력하고 빠른 자극에 노출된 민감한 유기체의 반응이다. 즉 지나치게 빈번하고 강렬해서 감정이나 대화로 풀어내지 못한 충동들에 자극된 유기체의 반응이다.

공황이란 무엇일까? 우리는 정신과 의사들이 최근에 새로운 종류의 장애를 발견했고 거기에 이름을 붙였다는 말을 들은 바 있다. 의사들은 이를 '공황장애'라고 부른다. 이는 인류의 심리적 자기인식에서 아주 최근에 발견된 것으로 보인다. 그런데 공황, 즉 패닉^{Panic}이란 무슨 의미일까? '패닉'은 원래 좋은 뜻을 가진 단어였다. 스위스계 미국인 정신분석학자 제임스 힐먼은 판[목신]$^{Pan/牧神}$에 관해서 쓴 자신의 책에서 이 말을 그런 좋은 의미로 회상한다.[19] 판은 자연과 총체성의 신이었다. 그리스 신화에서 판은 인간-자연 관계의 상징이었다. 자연은 우리를 둘러싼 현실, 사물, 정보의 압도적인 흐름이다. 근대 문명은 인간의 지배라는 관념에, 즉 자연 길들이기라는 관념에 근거했다. 따라서 원래의 패닉이라는 감정(고대 세계에는 긍정적인 어떤 것이었던 감정)이 점점 더 끔찍하고 파괴적인 것으로 변하게 됐다. 오늘날 패닉은 공황, 즉 정신병리학의 한 형태가 됐다. 의식적인 (개체적 혹은 사회적) 유기체가 자신이 관여하는 과정들의 속도에 압도당할 때, 그 유기체가 그런 과정에 의해 발생되는 정보를 처리할 시간이 부족한 곳에서 우리는 공황에 대해 이야기할 수 있다.

기술적 변형은 경제 과정을 물질적 재화의 생산영역으로부터 기호재화의 영역으로 옮겨놓았다. 이와 함께 기호자본이 경제의 지배적 형태가 됐다. 이제 잉여가치 생산의 가속화는 정보영역의 가속화에 의존한다. 정보영역의 디지털화가 이런 종류의 가속화로 향하는 길을 열어줬다. 따라서 기호들은 점점 더 빠른 속도로 생산되고 유통되지만, 시스템 안의 인간 단말기(몸을 가진 정신)는 점점 더 큰 압박을 받게 되고 결국은 망가진다. 나는 최근의 경제위기가 기호생산과 기호수요 사이의 이런 불균형과 관련이 있다고 생각한다. 기호재화의 공급과 사회적으로 가용한 주의집중시간 사이의 이런 불균형이, 우리가 지금 겪고 있는 지적·정치적 위기의 핵심일 뿐 아니라 경제위기의 핵심이기도 하다.

기호자본은 지금 과잉생산의 위기를 겪고 있는데, 이것은 경제적이자 정신병리적인 위기이기도 하다. 사실 기호자본은 물질적 재화의 생산이 아니라 정신적 자극의 생산과 관련이 있다. 개인의 정신뿐 아니라 집단의 정신까지도 붕괴에 이르게 하는 지속적인 자극, 영속적인 전기충격을 만들어내는 기호들이 정신환경에 넘쳐난다.

공황의 문제는 일반적으로 시간의 관리와 결부되어 있다. 그러나 우리는 또한 공황의 공간적 측면도 볼 수 있다. 지난 몇 세기 동안, 근대의 도시환경은 정치적 도시 건설을 위한 합리주의적 계획에 따라

조성됐다. 그런데 지난 몇 십 년 동안의 경제적 독재가 도시를 급속하게 팽창시켰다. 사이버공간의 무질서한 확장과 도시의 물리적 환경 사이의 상호작용이 도시 공간의 합리적 조직화를 파괴했다.

정보와 도시 공간이 만나는 지점에서 우리는 어떤 규칙이나 계획도 따르지 않고 오직 경제적 이해관계의 논리에 의해서만 지배받는 무질서한 팽창의 확산을 본다. 도시의 공황은 이런 팽창이 인식되고, 메트로폴리스에서의 경험이 확산됨으로써 야기된다. 공간적 탈주선들의 확산. 메트로폴리스는 영토의 영역 안에 있는 복잡성의 표면이다. 유기체로서의 사회는 압도적으로 복잡한 메트로폴리스적 무질서의 경험을 처리할 수 없다. 늘어만 가는 소통의 선들이 새로운 종류의 혼란스러운 인식을 만들어왔던 것이다.

2001년 여름, 살만 루슈디의 소설 『분노』가 출간됐다. 표지에는 엠파이어스테이트 빌딩이 벼락에 맞는 그림이 실려 있었다. 책이 출판된 지 얼마 지나지 않아 이 표지는 끔찍한 예고처럼 보이게 됐다. 그러나 이런 예고는 표지에만 있었던 것이 아니다. 이 소설이 서구 메트로폴리스의 심리적 붕괴를 서술하기(혹은 환기시키기) 때문이다. 루슈디는 가상계급의 신경 체계를 그리는데, 이 계급은 실존적으로 허약하고 소실되기 쉬운 공통의 조건 속에서 살아가고 있는 사람들의 계급이자 기호들을 생산하는 사회적 계급이다. 서로 연결된 단말기들의 영속적인 추상적 재조합 속에서 세포화된 단편들, 파편들. 우리는 끝없는 전기충격의 10년이 지난 뒤에, 광적인 경제적 투자의 10년이 지난 뒤에 누적되고 있는 정신병리적 동요를 느낄 수 있다. 우리는 불안이 점점 커지고 있는 것을, 도시의 리비도 경제가 미쳐가고 있는 것을 느낄 수 있다.

수백만 대에 달하는 핸드폰들이 유기체의 기쁨, 즉 [진정으로 인간적인] 접촉을 유예시키면서 서로에게 전화를 걸고 있다. 도시의 한쪽에서 다른 쪽으로, 압축된 도시 시간의 한 순간에서 다른 순간으로 리비도 에너지를 끊임없이 이동시키면서 말이다.

루슈디 소설의 사건은 주로 맨해튼의 초고층 빌딩 옥상에서 펼쳐진다. 빌딩들의 운명에 대해 궁금해 하는 불길한 검은 새들이 이후의 붕괴를 암시한다.

얼마 전 마이크 데이비스는 『수정의 도시』에서 로스앤젤레스의 도시 지역 인식조사 결과를 발표했고, 2003년에는 『죽은 도시들』에서 뉴욕시에 대한 조사 결과를 발표했다. 데이비스는 사회적 공간에 파괴적 영향을 미치는 공포, 안전, 사유화 정책들의 신화가 구축되는 과정을 추적했다. 데이비스가 보기에 "현대 건축의 신군사주의적 건축법은 폭력을 암시하고 가상의 위협을 막는다. 거대한 쇼핑몰, 정부 청사, 문화의 전당 등 오늘날의 사이비 공적 공간들은 하층계급을 배제하는 보이지 않는 기호들로 가득 차 있다."[20]

9·11 이후 안보에 대한 편집증이 모든 상상계에서, 첨단 기술 재화의 생산에서, 도시설계에서 주된 경향이 됐다. 다시 한 번 데이비스는 이렇게 말한다.

공포 경제는 전반적인 기근의 와중에서도 성장하고 있다. …… 저임금의 경비원[보안요원] 군群이 10년 내에 50%까지 증가할 것이며, 얼굴인식 소프트웨어로 가능해진 영상 감시는 그나마 남아 있던 사생활을 일상생활에서 빼앗아갈 것이다. 공항의 출국 보안대 체제가 쇼핑센터, 스포츠 행사 등에서 도시 대중들에 대한 규제 모델이 될

것이다. …… 다시 말해 안전이 물, 전기, 원격통신처럼 완전히 발달된 도시 서비스가 될 것이다.[21]

공황의 도시에서 서로 가까워질 시간은 더 이상 없다. 포옹을 위한 시간도, 속삭이는 말이 주는 기쁨과 느림을 위한 시간도 더 이상 없다. 광고는 리비도적 관심을 강화하고 자극하며, 대면 통신수단은 더 많은 만남을 약속하지만 그 약속은 절대 이행되지 않는다. 욕망은 불안으로 변하고 시간은 수축한다.

DISCARD OBJECTS

SWALLOW

BOMBS

CONSTANCY

ACQUAINTANCES

3장
바로크와 기호자본

돈이 취향을 만든다 Jenny Holzer, Spectacolor Board, Times Square, New York, 1982.

에콰도르 태생의 철학자이자 경제학자인 볼리바르 에체베리아는 『세기의 전환』[1)]에서, 근대가 시작된 16~17세기 이래로 서로 충돌하면서도 얽혀 있는 두 개의 근대성이 존재해왔다고 말한다.

첫 번째는 부르주아지의 지배적인 관점, 즉 삶에서 중요한 것은 물질적 노동의 산물이라는 강력한 믿음과 프로테스탄트 윤리에 기반을 둔 관점에서의 근대성이다. 근대성에 관한 또 다른 관점은 가톨릭의 반종교개혁과 바로크적 감수성 속에서 자라났다. 이 두 번째 근대성은, 인간의 환경이 산업화되어 사회적 장이 기계화 과정으로 환원되자마자 곧 부정되고 주변화됐다.

산업 부르주아지의 삶은 지칠 줄 모르는 노동에 대한 철저한 헌신과, 그 노동의 산물을 소유하려는 집착에 근거했다. 가치축적이 노동자들의 육체노동 기술과 자본가들의 재정적 기술의 갈등을 동반한 협력에 의해 생산된 물질적 사물들의 증대와 분리될 수 없기 때문에, 부르주아지는 강력하게 영토화되어 있었다.

3장. 바로크와 기호자본　153

에체베리아는 16세기 이래로 가톨릭 교회가 비물질적인 상상의 기술들과 탈영토화의 힘에 근거해 근대성의 새로운 흐름을 만들어 냈다고 말한다. 로마의 정신적 힘은 항상 정신에 대한 통제에 근거했다. 그것이 로마의 자본이었다. 산업 문명의 실용주의 윤리와 크게 부딪혔지만 말이다.

가톨릭을 국교로 삼은 스페인은 16~17세기에 대서양을 가로질러 자신들이 발견하고 정복한 새로운 땅들을 대규모로 약탈해 비산업적 방식으로 부를 축적한 선구자였다. 근대성의 이런 문화적 조류는 대영제국과의 해전에서 '무적함대'가 패배하고 뒤이어 스페인 경제가 침체된 이후 주변으로 밀려났다. 북부 유럽의 자본주의가 승리함으로써 산업혁명이 일어나고 '산업-현실'Indust-Reality의 물질적 영역이 창출되는 길이 열렸지만, 근대성의 바로크적 문화 조류는 완전히 삭제되지 않은 채 근대의 상상계 지하에서 작동하기를 결코 멈추지 않았다. 그리고 마침내 20세기 말 자본주의 체제가 그 사회적 본성과 상상력을 변화시켰을 때 다시 부상했다. 탈근대적 상상은 바로크 정신의 부활로 간주될 수 있으며, 경제의 영역에서 기호적 생산의 중심성은 탈근대 사회의 주요 표식이다.

"콜럼버스에서 블레이드 러너까지(1492~2019년)"라는 인상적인 부제를 달고 있는 『이미지들의 전쟁』이라는 책에서 프랑스의 역사학자 세르주 그뤼진스키는 스페인이 멕시코 땅을 정복했던 때부터 할리우드 시대에 이르기까지 이질적이고 혼종적인 바로크적 상상의 역사를 개괄한다. "매너리즘적 이미지와 그 뒤를 이은 바로크적 이미지들은 풍성한 장식, 알레고리의 풍부한 사용, 지혜와 지적 세련의 추구, 의미의 다양성들을 활용했다."[2]

이런 감수성은 초현실주의와 사이키델릭의 상상력에도 스며들었고, 영화와 텔레비전의 시대에 널리 보급된 하이퍼비주얼 정보영역의 창조를 도우면서 캘리포니아의 후기 근대 문화에 깊숙이 침투했다. 비디오-전자 영역에서 이미지들은 더 이상 현실의 순전한 재현이 아니라 사회적 두뇌에 대한 정신물리학적 자극이자 시뮬라시옹이 됐으며, 상품 세계에서 중심적인 위치를 차지하게 됐다. 기호들은 생산되고 돈으로 교환될 수 있는 재화일 뿐 아니라 경제적 인식 속에서 보편적 상품, 일반적 등가물이 된다. 현기증 나는 전환이 일어나는 가운데 비물질적 기호들이 물질적 사물들을 밀어내고 자본주의적 가치증식의 주된 대상이 된다. 따라서 영토화된 부르주아지의 경제가 우상파괴자의 강철 같은 엄격함에 기반을 두고 있었다면, 탈근대의 탈영토화는 기호를 생산하는 만화경 같은 기계에 근거한다. 이것이 바로 우리가 기호자본주의에 대해 이야기하는 이유이다. 즉 경제 세계에서 유통되는 재화들(정보 재화, 금융 재화, 가상 재화)이 기호, 숫자, 이미지, 투사물, 예측이기 때문이다.

언어는 더 이상 경제 과정을 재현하는 도구가 아니다. 언어는 교환의 장을 계속 탈영토화시키면서 축적의 주된 원천이 된다. 언어에 고유한 인플레이션적(은유적) 본성으로 인해 투기와 스펙터클이 뒤섞인다. 기호 생산의 언어적 망상조직은 과잉생산, 버블, 파열의 위기를 불가피하게 초래하는 거울들의 게임이다.

우리는 근대성의 서로 다른 두 조류들이 가지는 사회적 함의들을 볼 필요가 있다. 산업 부르주아지와 노동계급의 관계는 갈등에 근거하지만 동맹과 상호협력에 근거해 있기도 하다. 공장이라는 영토적이고 물리적인 공간에서 발생하는 진보와 성장의 동학은 산업 시대의 토대가 되는 두 계급들, 즉 산업 노동자들과 산업 부르주아지 사이의 협정을 강요한다. 이 협정은 단체협상과 복지국가의 탄생에 근거했다. 부르주아지와 노동계급은 임금과 이윤, 삶의 시간과 가치증식 시간의 대립이라는 근본적인 갈등에도 불구하고 자신들의 운명을 서로에게서 분리시킬 수 없다.

변증법의 이데올로기는, 특히 레닌주의적 공산주의의 전체주의적 상象 속에서 부르주아지와 노동자 사이의 이런 동맹을 깨뜨렸고 20세기 사회의 역사를 자본주의적 시간성과 소비에트 공산주의적 시간성으로 완전히 갈라놓았다.

이런 변증법적 양극화가 일어나고, 사회적 갈등이 정체성들 간의 적대나 제도적·군사적 적대의 형태로 경직되어가자 사회 해방의 역사와 사회적 자율의 전망이 파국적으로 변하게 됐다. 변증법적 이데올로기는 노동자들의 이익을 설명해주지도 못했고, 사회적 투쟁과 기술 진보 사이의 복잡한 관계를 이해하지도 못했다. 결국 사회적 투쟁은 개념의 덫에 갇혀버리게 됐고, 이 덫은 전 세계의 사회적 자율의 잠재력이 기술 재구조화의 영향으로 소진되고 소멸한 1989년까지 부서지지 않았다.

1970년대부터 자본과 노동의 관계는 새로운 디지털 기술과 노동시장의 탈규제로 인해 다시 짜여졌다. 그 결과 대규모의 탈영토화가 일어났고, 고전적 부르주아지의 세계관을 지탱하던 토대 자체가 낡은 노동계급의 의식성과 함께 휩쓸려 내려갔다. 세계 경제의 금융화는 부를 물질적 소유나 영토적 노동과 동일한 것으로 보던 부르주아적 관념을 무너뜨렸다. 노동이 기계적 형태를 잃고 비물질적·언어적·정동적이 될 때 시간과 가치 사이의 결정론적 관계는 깨진다. 가치의 발생이 불확정적이고 불확실한 국면으로 들어서는 것이다. 이렇게 세계에 대한 신新바로크적 전망이 도래하고 경제의 심장부에 우발성의 논리, 탈규제의 논리가 확립되기 위한 길이 마련됐다.

노동과 자본의 새로운 동맹은 20세기의 마지막 10년 동안에 가능해졌다. 닷컴 기업의 경험은 이런 동맹의 표현이었고, 이는 디지털 영역의 비상한 기술적 진보를 가능케 했다. 그러나 범죄행위가 우발적인 것의 공백을 채울 때 동맹은 깨진다. 언어가 생산의 일반적 장이 될 때, 노동시간과 가치 사이의 수학적 관계가 깨질 때, 탈규제가 모든 책임을 파괴할 때 범죄계급이 선두에 나선다. 신자유주의 정치가 세계 무대를 장악한 이래 바로 이런 일이 일어났다. 신자유주의 학파의 첫 번째 원칙이자 자본주의 팽창의 정치적·법적 한계를 파괴하는 탈규제는 온전히 정치적 변화로만 이해될 수 없다. 그것은 가치증식 과정을 기계제 산업에서 기호의 생산으로 바꿔 놓은 기술적·문화적 진화의 맥락에서 고려되어야 한다. 노동시간과 가치증식의 관계는 불확실하고 불확정적이 되고 있다. 인지노동을 시간으로 측정하는 것은 거의 불가능하다. 어떤 아이디어의 생산에 필요한 사회적 시간을 결정하는 것은 불가능하다. 노동과 가치의 관계가 불확정적으로 되자 순전한 폭력·학대의 법칙이 전지구적 노동시장을 지배하게 됐다. 더 이상 단순한 착취가 아니라 노예화, 전지구적 노동자들의 취약한 삶에 가해지는 순전한 폭력이 중심 문제가 된 것이다.

신자유주의 시대에 폭력은 지배적인 경제적 힘이 됐다. 마약, 무기, 성매매 시장을 지배하고 있으며 금융시장에 투자하는 이탈리아, 멕시코, 러시아 조직들의 폭력이 그 예이다. 이 조직들을 마피아라 부르든 뭐라고 부르든 상관없다. 러시아와 이탈리아에서처럼 멕시코에서도 금융시장, 언론, 정치권력이 모두 법을 어기고 폭력을 통해 권력을 획득한 사람들의 손에 들어가 있다.

이 과정에서 미국의 핼리버턴[3]이나 블랙워터(지금의 Xe)[4] 같은 기업들이 일정한 역할을 담당했음은 말할 것도 없다. 이들은 전쟁을 부채질하고 삶을 파괴하며 여러 국가의 안전을 위태롭게 한다. 이것이 그들의 사업이기 때문이다. 즉 전쟁을 요구하는 사업.

사회적 생산의 영역에서 기호가 지배적 위치를 차지한 결과, 잔인한 신바로크적 극장이 등장했다. 지난 1백여 년 동안 이탈리아는 바로크 정신의 이런 회귀가 상연되는 주요 무대였다. 베니토 무솔리니와 실비오 베를루스코니의 퍼포먼스는 마초적 에너지의 연극적 과시에 근거하고 있지만, 또한 언어의 음지를 파고드는 능력, 자기인식의 내밀한 장을 파고드는 능력에도 근거하고 있다.

두 경우 모두 이탈리아인들의 자기인식에서 여성적 측면을 위태롭게 한다는 공통점이 있다. 무솔리니와 1909년의 젊은 미래주의자들은 여성의 몸을 경멸하고 소유하고 복종시키기를 원했다. 베를루스코니와 그 주변에 있는 룸펜들(성매매 알선업자들, 미디어 아첨꾼들, 변호사들)은 여성의 몸을 더럽히고 싶어 한다. 즉 그들은 사회적 신체의 모든 세포에 자기혐오를 주입시키고 싶어 한다.

| 이탈리아의 룸펜들 |

이탈리아의 상황을 보다보면, 이 나라는 광기가 횡행하고 부패행위가 무책임함과 뒤섞여 있는 괴상한 곳, 탈근대 자본주의 발전의 일반적 역사와 별 관련 없는 곳이라는 생각이 들지 모른다. 그러나 진실은 퍽 다르다. 괴상하겠지만 이탈리아는 종종 자본주의 권력의 새

로운 화신들을 위한 실험실 역할을 해왔다. 무솔리니의 독재를 생각해보라. 우스꽝스러움에도 불구하고 그것은 권력과 사회적 상상력의 역사에서 극적인 전환점의 시작이었다. 그러니 베를루스코니의 코미디에 대해 생각할 때 부디 웃지 않기를. 그것은 코메디아 델라르테[5]의 귀환뿐 아니라 권력을 운영하는 새로운 방식을 미리 보여주는 것이기도 하다. 즉 그것은 세계 도처의 경제를 이끄는 새로운 계급의 표현일 수 있다. 2007년 로베르토 사비아노가 『고모라』[6]에서 이런 계급을 상세히 묘사한 뒤로 나는 이들을 룸펜 부르주아지라 부른다.

룸펜 부르주아지는 예전 산업 부르주아지의 덕목이던 근검절약, 재산에 대한 애착, 인간의 근면함에 대한 관심을 잃어버렸다. 옛 기업가들의 사회의식은 사라졌다. 새로운 자본가들은 지역 기업을 기반으로 부를 축적하지 않고, 영토나 지역 공동체와 아무런 관계도 없는 우연적 금융투자를 기반으로 부를 축적한다.

경쟁 개념이 능력 개념을 대체했다. 능력은 부르주아지가 자신의 계획, 경영·조직화 기능을 수행할 수 있도록 해주고, 부르주아지의 소유권을 정당화해주는 지적 기량이다. 그러나 과거의 능력 있는 부르주아지는 금융자본주의에서 경쟁만을 유일한 규칙으로 삼는 계급으로 대체됐다. 재산이 어떤 인격이 아닌 먼지 구름 같은 단편적 투자와 부합하게 되면서, 경쟁이 능력을 대체하게 된 것이다. 여전히 생산에는 많은 능력이 필요하지만, 이 수많은 능력은 이제 기업의 역할에서 분리됐다. 투기와 무관한 그 어떤 지적 능력도 불안정해지고, 평가절하되고, 낮은 임금을 받게 됐다.

경영 기술에 아주 능숙한 사람들만이 자신의 노동을 통해 부유해질 수 있다. 구체적인 지적 능력의 특수성과 분리된 경영 기술은 무엇으로 이뤄질까? 위조, 속임수, 거짓말, 부정회계, 세금회피, 그리고 필요하다면 경쟁자들의 물리적 제거, 고문, 집단 학살. 이런 점에서 볼 때 핼리버턴은 시칠리아 마피아와 나폴리의 카모라7)보다 더 유능하고 극악무도하다.

무지가 군림하고, 최대의 이윤과 즉각적으로 얻을 수 있는 이윤이라는 기준에만 의거해 경제적 결정이 이뤄진다. 관건은 노동 비용의 절감인데, 이것이 경쟁의 핵심이기 때문이다. 경쟁은 생산물의 질과 아무런 관련이 없다. 그 결과 생산에 관한 결정에서 화학자, 도시계획가, 의사 등의 말이 아니라 경영 기술자들, 즉 노동 비용을 절감하고 이윤의 실현을 가속화할 수 있는 능력을 갖춘 사람들의 말이 결정적인 역할을 한다. 신자유주의의 동학은 부르주아지들을 파괴했고 이들을 뚜렷이 구별되고 대립하는 두 계급으로 바꿔 놓았다. 지적 능력을 갖춘 불안정하고 세포화된 노동인 코그니타리아트가 그 한 편에 있고, 경쟁에만 유능한 계급인 경영자 계급이 다른 한 편에 있는 것이다. 자본주의 생산이 이뤄지는 점점 더 확대되는 지역들에서 명백해지고 있듯이, 극단적으로 가면 경쟁은 경쟁자들을 무력으로 제거하고 한 명의 공급자를 강제로 부과하는 것, 가장 강한 자의 이윤에 복종하지 않는 모든 것을 구조적으로 파괴하는 것이 된다. 자신의 경쟁자들을 제거하는 자보다 더 잘 경쟁할 수 있는 사람이 어디에 있겠는가? 또한 이런 제거를 수행하는 데, 사람을 산 채로 파묻고 살육을 범하고 염산으로 녹여버리는 것보다 더 좋은 기술이 어디에 있겠는가? 고모라는 신자유주의의 유전자에 새겨져 있다.

신자유주의적 자본주의 국면은 무한하고 중단 없는 탈규제 과정으로 보인다. 그러나 사실은 정반대다. 공존의 규칙들은 모두 폐지되지만, 폭력의 규칙들이 부과된다. 경쟁 원리의 침입을 제한하는 규제들이 제거되고 강력하고 빠른 자동 체계가 인간들 사이의 물질적 관계에 도입된다. 기업이 더 자유로워질수록 사람들은 더욱 노예화된다. 탈규제 과정은, 생산성의 이동성에 굴레를 씌우고 자본의 팽창력을 억제하는 규칙들을 끊임없이 제거한다. 탈규제 과정이 제거하고 싶어하는 것은 근대 시기 동안 확립된 사회적 문명과 인권의 규칙들이다. 자본주의적 탈규제 과정은 근대의 문화적, 사법적 협약들과 부르주아적 법률을 하나씩 하나씩 뿌리 뽑는다. 이것이 자본주의가 범죄적 시스템으로 바뀌고, 순전한 폭력의 왕국을 확장시키기는 작업을 멈추지 않는 이유이다. 바로 그런 곳에서 자본주의가 방해받지 않고 전진할 수 있는 것이다. 방종자본주의Slatterkapitalismus. 부르주아 헤게모니와 법의 합리적 보편성의 종말.

범죄는 더 이상 자본주의 시스템의 주변적 기능이 아니라 규제 없는 경쟁에서 승리하기 위한 결정적 요소이다. 고문, 살인, 아동 착취, 성매매 조장, 대량학살무기의 생산이 경제의 영역에서 경쟁을 하기 위해 필요한 대체 불가능한 기술이 됐다.

| 언어와 독 |

"내가 어떤 낱말을 쓰면 그 낱말은 내가 선택한 의미만 띠게 돼. 더도 덜도 아니고. ……… 문제는 어느 쪽이 주인이 되느냐 하는 거야. 그것뿐이야." 루이스 캐럴의 『거울나라의 앨리스』에 나오는 험프티 덤프티는 이렇게 말하고서, 마치 착한 주인인 양 어떤 낱말에게 초과노동을 해달라고 부탁할 때는 당연히 그 낱말에게 더 많은 돈을 지불해야 한다고 말한다.[8]

질 들뢰즈는 『의미의 논리』의 「계열 3. 명제에 관하여」에서 험프티 덤프티를 언급하며 이렇게 말한다. "의미와 기호작용을 동일시하는 것이 마지막 해결책인 듯이 보인다."9) 즉 의미가 아니라 무수한 자리바꾸기와 미끄러짐을 통해 의미를 생산하는 행위가 관건인 셈이다. 지난 15년 동안 발생한 이탈리아의 표류에 대해 이야기하려면 이런 위반과 미끄러짐의 기호작용을 먼저 이야기해야 한다.

'표류'라는 말은 정치가 규칙들을 존중해야 하고 법률이 사회적 삶의 중심이어야 한다고 믿는 사람들, 단어는 오직 한 가지 의미만을 가지며, 살면서 서로를 이해하려면 확정된 의미에 따라 단어들을 사용해야 한다고 믿는 사람들을 겁에 질리게 한다. 이들의 생각은 완전히 틀렸다. 우리는 말할 때 단어의 의미를 존중하는 것이 아니라 의미를 발명한다. 이해한다는 것은 하나의 지시대상을 가지는 기호들의 교환이 아니다. 이해한다는 것은 기호와 지시대상의 관계에서 일어나는 미끄러짐을 따라가는 것이다. 즉 새로운 지시대상들의 상관적 요소로서 기호를 새롭게 발명하고, 새로운 기호들을 유통시킴으로써 새로운 지시대상들을 만들어내는 것이다. 이와 마찬가지로 정치도 어떤 하나의 법칙을 반드시 존중해야 하는 것이 아니다. 정치는 새로운 관계들을 만들어낼 때 법칙 또한 발명해내기 때문이다.

규칙을 따르는 것은 좋은 일이지만, 정치는 이것으로 환원될 수 없다. 규칙을 존중해야 한다고 말하는 규칙은 없기 때문이다. 베를루스코니는 이 점을 이해했고, 자신이 손에 넣을 수 있는 모든 것을 손에 넣었다. 좌파는 이 점을 이해하지 못했고, 결국 사라져버렸다. 새로운 말과 지시대상, 특히 새로운 관계의 형식을 발명할 수 있는 새로운 사회적 자율을 위한 공간을 남겨 놓은 채(그랬기를 바란다).

학생 봉기의 불꽃이 사그라지고 있던 1977년 10월의 어느 날 밤, 베를루스코니는 이탈리아 텔레비전 방송이 시작된 이래로 계속 방송에 출연해온 마이크 본조르노를 만났다. 그들은 밀라노의 한 레스토랑에서 저녁식사를 함께 했고, 이들의 단순한 머리에서 특별한 언어 기계가 탄생했다. 이탈리아인들의 두뇌에 삶정치적으로 침투해 돌연변이를 일으킬 기계가 말이다. 그날 이후 베를루스코니의 자본은 완벽하게 재조합적인 방식으로 작동했다. 베를루스코니는 부동산을 기반으로 재정적 기초를 쌓고 광고, 보험, 축구, 텔레비전에 투자했다. 마피아 냄새를 짙게 풍기는 마르첼로 델우트리[10] 같은 인물들과 함께 비밀 사교집단 P2[11]의 구성원이던 베를루스코니는 이 거대 복합기업을 작동시키기 위해 회계장부 조작, 판사들 부패시키기, 이익 챙기기, 갈등 일으키기 등을 일삼으면서 이탈리아 공화국의 많은 법률을 어겼다. 20년간 베를루스코니는 위법 혐의로 자신을 고발한 치안 판사들, 저널리스트들, 기관들을 교묘하게 제압했다. 그러나 법이란 무엇인가? 상식이 변함에 따라 소실되는 언어적 효과이다. 30년간 베를루스코니의 미디어 기계가 백색소음[12]을 만들어내는 데 적합한 용량으로 언어 물질을 주입해온 결과, 상식은 변했다.

베를루스코니 현상은 퇴행적 현상이거나 일시적인 변칙이기는커녕 다가올 일들의 표지, 실상은 이미 도래한 시대의 표지이다. 지난 몇 십 년간에 걸쳐 정신영역을 조종하기 위한 하부구조가 구축되어 왔다. 대중의 분위기를 통제해 여론을 만들어낼 수 있었으며, 무엇보다도 새로운 세대의 심리적 감수성과 공감의 사회성을 파괴해 이 새로운 세대가 텔레비전 전파의 끊임없는 흐름을 '세계'라고 오해하도록 만들 수 있었던 하부구조가 말이다.

특별한 언어 기계의 탄생: 베를루스코니와 본조르노

일련의 텔레비전 퀴즈쇼를 맡아 '퀴즈왕'(il Re del Quiz)이라 불렸던 유명한 사회자 본조르노(Mike Bongiorno, 1924~2009)[위 사진의 오른쪽]는 1977년 10월 9일 밀라노의 레스토랑(클럽44)에서 베를루스코니와 만났다. 이 만남 이후 베를루스코니 소유의 방송국 텔레밀라노58로 옮긴 본조르노는 이후 또 다른 퀴즈쇼들을 성공시켰다.

본조르노와 베를루스코니는 두 가지 의미에서 '특별한' 언어 기계(linguistic machine)를 창조해냈다. 첫째로 이들은 이탈리아 텔레비전 방송의 '상업화'를 주도함으로써 '보여주고 말하는 기계'(the show and tell machine), 즉 텔레비전을 새로운 세대의 심리적 감수성과 공감의 사회성을 파괴하는 기계로 둔갑시켰다. 실제로 텔레밀라노58은 이탈리아 최초의 민영・상업 텔레비전 네트워크인 카날5(Canale 5)의 전신이다.

둘째로 이들 자신이 특별한 언어 기계였다. 움베르토 에코는 본조르노의 화법을 이렇게 분석한 바 있다. "본조르노는 자신이 무식하다는 사실을 부끄러워하지 않으며 교육을 받아야 할 필요성도 느끼지 않는다. 그는 시청자들에게 평범함의 가치에 대한 확신을 생생하면서도 의기양양한 예를 들어 보여 주고 있다. 그는 그 누구도 도달하려고 애쓰지 않아도 되는 이상을 대표한다. 누구든 이미 그의 수준에 이르러 있기 때문이다."

베를루스코니의 화법(그리고 행동)은 본조르노를 특징짓는 이런 화법의 쌍둥이라 할 만하다. 비포가 본문에서 분석하고 있듯이, 과장되고 도발적인 언행을 일삼는 베를루스코니 역시 일반 대중에게 전혀 열등감을 불러일으키지 않기 때문이다. 베를루스코니 역시 누구든 이미 도달해 있는 수준을 보여준다. 아니, 오히려 그보다 더 낮은 수준을 보여준다.

현대 자본주의는 기호자본주의로 정의될 수 있다. 상품의 일반적 형태가 기호적 특성을 가지고 있고 생산 과정이 점점 더 기호-정보를 고안해내는 것이 되고 있기 때문이다. 크리스티앙 마라치와 파올로 비르노가 쓴 일련의 책들에서 분명하게 설명되고 있듯이, 기호자본의 영역에서 경제적 생산은 언어의 교환 과정과 점점 더 긴밀하게 엮이는 경향이 있다.

언어 덕분에 우리는 공통의 세계를 창조하고, 모호한 언명을 명확하게 할 수 있으며, 상징을 구체화하거나 사건을 시뮬레이션하고, 단순히 거짓말을 할 수도 있다. 기호경제는 세계들을 만들어내는 것이며 상징, 상상, 예언, 시뮬라시옹, 거짓말로 이뤄진 성城을 창조하는 것이다. 우리에게 코메디아 델라르테를 제공해준 국가보다 더 나은 국가가 어디에 있어서 재잘거림, 스펙터클, 전시에 근거한 생산 체제에 관여할 수 있을까?

포드주의적 산업 경제는 사회적 필요 노동시간에 의해 수량화할 수 있고 객관적으로 측정 가능한 가치의 생산에 근거했다. 탈산업시대의 경제는 언어의 교환에, 시뮬라시옹의 가치에 근거한다. 이 시뮬라시옹이 가치의 결정에서 핵심 요소가 되는 것이다. 그리고 시뮬라시옹이 생산 과정에서 중심적 위치를 차지하게 될 때 경제생활에서는 거짓말, 속임수, 사기가 규범의 예외적 위반이 아니라 생산과 교환의 법칙으로서 일정한 역할을 담당하게 된다.

기호자본의 법칙들은 영광스러운 산업시대의 법칙들과 닮지 않았다. 기호자본의 관계들은 고전적인 산업자본주의의 세계, 즉 마이클 앨버트가 '라인Rhine 자본주의'13)라 부른 프로테스탄트 자본주의를 지배했던 생산규율, 노동윤리, 기업가 정신을 수반하지 않는다. 금융 회로가 실물 경제와 분리되는 데서 시작해 지난 몇 십 년 동안 근본적인 변화가 일어났다.

이런 분리의 단초가 된 조치는 브레턴우즈 체제를 폐기하기로 한 리처드 닉슨 미국 대통령의 자의적 결정이었다. 1971년 닉슨은 달러의 금 태환을 폐기하고 미국적 기준의 자립성을 천명하기로 결정했다. 베트남 전쟁의 결과에도 불구하고 당시 미국은 자국의 결정을 객관적이고 이론의 여지가 없는 것처럼 부과할 수 있는 신망과 힘을 가지고 있었다. 오늘날에는 그런 힘과 신망이 사라졌고, 달러 가치는 하락했으며, 시뮬라시옹 경제도 불안정한 국면에 접어들었다.

닉슨이 달러를 모든 객관적 기준으로부터 분리하겠다고 전 세계에 선언한 그 순간부터 화폐는 자신의 본질이 완전히 구현된 형태가 됐다. 즉 순전한 언어행위가 됐다. 화폐는 더 이상 상품 더미나 상당량의 금, 혹은 어떤 다른 객관적 데이터를 가리키는 지시적 기호가 아니다. 화폐는 이제 시뮬라시옹의 요소, 실물 경제와 독립적으로 자의적 과정을 작동시킬 수 있는 작인을 가리킨다. 따라서 기호자본은 완전히 불확정적인 체계이다. 금융화와 비물질화가 산업 경제의 역사에서 한 번도 본 적 없는 예측 불가능성과 우연한 요소들을 사회적 행위자들 사이의 관계에 가져온 것이다. 포드주의적 산업생산에서 상품가치는 구체적 요인, 즉 그 상품을 생산하는 데 사회적으로 필요한 시간을 기반으로 결정됐다. 기호자본주의에서는 더 이상 그렇지 않다. 상품 생산의 주된 특징이 인지적 노동일 때, 즉 주의집중, 기억, 언어, 상상의 노동일 때, 가치의 척도는 더 이상 객관적이지 않으며 고정된 지시대상을 기초로 수량화될 수 없다. 노동시간이 절대적 시금석으로서의 역할을 더 이상 할 수 없게 된 것이다.

우발적 조건들 속에서는 자의성이 법칙이 된다. 거짓말, 폭력, 부패는 더 이상 경제적 삶의 주변적인 파생물이 아니다. 이것들은 문제를 처리하는 일상적인 방법의 전체가 되고 있다. 범죄자 집단이 앞장서서 진두지휘한다. 경제권력은 더 강력한 언어 기계들을 소유한 자들의 손아귀에 있다. 미디어 환경의 지배, 소프트웨어 생산의 장악, 금융정보에 대한 통제, 이것들이 경제권력의 토대이다. 그리고 이런 권력 원천들에 대한 지배는 최선의 자원 운영방식이 승리하는 낡은 경쟁 방법에 의해서는 확립할 수 없고 거짓말, 속임수, 전쟁에 의해서만 확립될 수 있다. 범죄적이지 않고 기본적인 인권(무엇보다도 교육과 자기지식에 대한 권리, 오염되지 않은 정보영역에 대한 권리)을 침해하지 않는 경제권력은 더 이상 존재하지 않는다.

| 이탈리아의 변칙성 |

1994년, 즉 전진이탈리아(텔레비전-축구당)14)가 처음 승리를 거둔 해에 이탈리아에 들어선 정권을 규정하는 일은 이름을 붙이는 것 이상의 일이다. 20세기 이탈리아 역사의 다른 시기들과 마찬가지로, 베를루스코니 집권기는 이탈리아의 변칙성을 나타냈으며 사회적 경향을 실험하는 실험실 역할을 했다. 이탈리아가 새로운 경향의 실험실이었던 또 다른 역사상의 순간들이 있다. 포퓰리즘적이고 전체주의적인 통치 기술이 파시즘이라는 이름으로 실험됐던 1922년, 이와는 또 다른 실험이 이뤄졌던 1970년대였다.

1970년대에 전형적이지만 이례적인 상황이 발생했다. 1968년에 학생 운동은 사회 전체를 뒤바꾼 사회적 불복종, 노동에서의 자율로 특징지어지는 긴 시기를 가져왔다. 이런 사회적 자율에 대응해 권력은 국가의 주된 교파들이던 가톨릭과 스탈린주의의 동맹에 기초해 권위주의적·폐쇄적 체계를 발전시켰다. '역사적 타협'[15]이 성사되고 반대 견해를 사법적으로 탄압하던 시기가 바로 이때였다. 정권의 이런 정치적 압박과 풀뿌리 운동에 대한 탄압은 무장 단체들을 강화시키는 결과를 낳았다. 곧 테러리즘의 물결이 일어났고 알도 모로 수상에 대한 납치와 살인으로 정점에 달했다. 그런데 오늘날 이탈리아의 변칙성은 무엇일까? 어떤 의미에서 이탈리아가 새로운 권력 형태의 실험실일까? 이탈리아 정치판의 많은 사건들이 암시하는 바와 같이, 우리는 무솔리니 체제의 복권에 직면하고 있을까?

대답은 '아니'라는 것이다. 이것은 파시즘 체제가 아니다. 이 체제는 반대 견해의 억압에 기초하고 있지 않다. 침묵의 강요에 의존하고 있지도 않다. 반대로 이 체제는 잡담의 확산, 부적절한 의견과 담론, 생각·비판·반대 의견을 진부하고 우습게 만드는 것에 의존한다. 검열 사례와 비판적이고 자유로운 사유에 대한 직접적 탄압이 지금까지도 있어왔고 앞으로도 계속 존재할 테지만 이런 현상들은 엄청난 정보 과부하, 사람들의 주의력에 대한 실질적 포위공격 등(이것은 모두 회사의 우두머리들에 의한 정보 원천의 장악과 결부되어 있다)에 비하면 상대적으로 주변적인 것이다.

인구의 대부분이 소농과 시골 주민들로 이뤄져 있던 1920년대 이탈리아의 사회적 구성과 현재의 사회적 구성을 동일시할 수는 없다. 20세기 초반의 몇 십 년 동안, 파시즘의 미래주의적 모더니즘은 혁신과 사회적 진보의 요소를 도입했다. 반면 오늘날 전진이탈리아 정권은 어떤 진보의 싹도 품고 있지 않으며, 이 정권의 정치경제는 기본적으로 과거의 모든 유산을 부패시키고 있다. 파시즘이 국가의 생산적 근대화 과정을 개시했다면, 전진이탈리아 정권은 (카를로스 메넴이 아르헨티나의 경제와 사회가 붕괴하기 전 십 년 동안 했던 바와 똑같이) 그동안의 산업 발전으로 축적된 자원을 탕진했다. 방탕과 탕진을 향한 이런 돌진은 신자유주의적 예측 불가능성의 시기에 주를 이루고 있는 지구 전체의 경향과 완벽하게 조화를 이룬다.

지난 14년간의 이탈리아 상황이 보여주는 특수한 성격을 이해하려면 근대 내내 유럽의 다른 지역들과 이탈리아를 구별되게 만든 것을 찾아야 한다. 또한 이탈리아가 겪은 변모의 탈근대적 특이함을 전 세계의 생산 체계와 전지구적 정보영역 전체에서 일어난 변화라는 더 넓은 맥락에서 고려해봐야 한다. 이런 특수성을 파악하기 위해서는 반종교개혁에서부터 시작해야 하는데, 반종교개혁은 그리스도교 세계가 세계 전역을 식민화하고 근대 부르주아적 자본주의를 구축하는 데서 상이한 속도들이 존재함을 보여줬다. 반종교개혁의 영향을 강하게 받은 국가들(이탈리아, 스페인, 오스트리아, 폴란드)의 시간성은 프로테스탄트 국가들의 시간성과 다르다.

막스 베버에 따르면 고전적인 산업 발전은 프로테스탄트 정신에 의해 지탱된다. 종교개혁 이후 유럽의 부르주아지는 엄격한 윤리적·실존적 규율을 따름으로써 권력의 기반을 마련할 수 있었다. 부르주아지는 자신의 행동에 책임을 지고, 인간과 신 앞에서(그러나 무엇보다도 은행장 앞에서) 자신의 행동에 대해 해명할 수 있어야 했다. 경제적 부는 신성한 선행에 대한 세속적 확인이었다.

반대로 트렌토 공의회(1545~63년) 이후 가톨릭의 반종교개혁은 세속적인 것에 대한 종교적인 것의 우위를 복권시켰고, 성직자의 위계를 존중하는 것이 생산규율보다 훨씬 더 중요하다는 신념을 옹호했다. 가톨릭 문화의 핵심층은 생산성과 부르주아적 능률을 거부한다. 칼뱅주의가 법률의 준수에 근거했다면, 반종교개혁의 정신은 관용의 우선성과 참회의 절대적 가치를 한층 강조했다. 반종교개혁은 근대 내내 이탈리아의 사회적 상상 속에 뿌리 깊게 스며들었고, 이탈리아 역사의 결정적인 순간들마다 그 반동적인 힘을 한껏 발휘해 스스로를 드러냈다. 1799년 나폴리 혁명기에 계몽 부르주아지는 인민들이 교회의 동맹 세력인 부르봉 왕가의 권력과 공모함으로써 고립되고 패배했다. 1800년대 이래로 교회와 농민계급의 동맹은 나라의 삶을 세속화하려는 모든 시도에 대항해 교회의 문화적 헤게모니를 방어하는 반부르주아적인 보수적 힘으로 작용했다. 제2차 세계대전 이후 몇 년 동안 기독교민주당이 집권 세력이었는데, 이들은 자본주의적 근대화와 포퓰리즘적·반동적 저항 사이에서 영속적인 균형의 중재를 표방했다. 그러나 반종교개혁의 정신에서 유래한 '느슨함'을 순전히 퇴행적이고 보수적인 에너지로 본다면 잘못이다.

1970년대에 '이탈리아의 변칙성'은, 다른 곳에서는 1968년에 소진된 사회 운동들이 10년이 넘게 정치 무대를 계속 장악한 이탈리아의 특이성을 강조하기 위해 사용된 표현이었다. 1970년대에 노동자들의 저항은 대중조직화의 구조를 만들어냈고, 자본주의적 근대화에 대항한 반란에 기름을 부었다. 당시 이탈리아의 변칙성의 본질은 노동자들의 자율과 사회적 갈등의 지속에 놓여 있었다. 이탈리아는 역동적이며 (역설적으로) 진보적인 방식으로 반근대주의를 끌어안은 프롤레타리아 투쟁들의 기나긴 계절을 지났던 것이다.

이런 과정은 이전의 파시즘 정권과 연계된 인물들을 포함한 중도 우파 정부를 형성하려는 시도에 맞서 노동자들이 여러 도시에서

들고 일어났던 1960년 7월에 시작됐고, 1977년의 반권위주의적·자유지상주의적 봉기에서 정점에 이르렀다. 여러 도시와 공장에서 정부에 맞서 일어난 자율적 노동자들의 투쟁들 전반에서 우리는 한 가지 공통 요소를 발견할 수 있다. 그것은 바로 삶을 노동에 복속시키는 것에 대한 거부이다. 이 거부는 다양한 방식으로 명백히 드러난다. 우선 지중해성 게으름, 생산성이나 경제보다 관능성과 태양의 삶을 우선시 하는 것 등이 그것이다. 그 당시 이것은 공장의 리듬에 대항하는 청년들과 노동자들의 반란으로, 특유의 계획적 결근과 노동자들이 자신의 노동에 넌덜머리를 내는 것으로 표현됐다. 1967년에서 1977년까지 번성했던 노동자들의 자율 운동은 이런 불복종·저항의 태도를 '노동거부'라는 관념으로 요약했다.

    1970년대 이탈리아에서 채택될 때, 이 노동거부라는 관념은 진보적 정치 전략의 틀 안에 포함됐다. 노동자들은 모든 기계적 노동의 고된 작업과 반복을 거부했으며, 회사들이 계속 재구조화를 수행하지 않을 수 없도록 만들었다. 노동자들의 저항은 기술적·조직적 발전의 가속장치이자 인류의 진보와 해방의 요소였다.

| 노동기피자들 |

생산규율에 대한 대중적 거부의 기원에는 반칼뱅주의적 문화가 있었다. 진보를 노동규율에 근거한 것으로 보는 프로테스탄트적 관념과 달리, 자율적 반노동 정신은 (기술적이든, 문화적이든, 사회적이든 상관없이) 진보가 규율의 거부에 근거한다고 주장한다. 진보는 인간의 지력을 고된 노동과 의존성을 감소시키는 데 발휘하는 것, 게으름과 개인적 자유의 영역을 확장시키는 것에서 구성된다는 것이다.

국가의 기술적·사회적·문화적 진보는 이런 노동거부에 의해 촉진됐다. 1960년대에서 1970년대 사이에 이탈리아의 시민사회는 전무후무하게 진정으로 민주주의적인 시기를 경험했고, 공장에서의 계획적 결근이라는 가장 강도 높고 고양된 수준의 노동거부가 실천됨과 동시에 문화의 이례적인 번성을 경험했다.

자본주의적 착취에 대한 거부, 생산성 증대에 대한 반대, 노동자들의 종속에 대한 반대가 이탈리아에만 특유한 것은 분명 아니었다. 전 세계에서 노동자들이 삶을 위한 더 많은 자유시간과 임금 인상을 요구했으며, 삶을 노동에 종속시키고 노동을 이윤에 종속시키려는 주인의 의지에 맞섰다. 그러나 이탈리아에서는 이런 불복종이 남부 사람들의 노동기피자 정신과 결합해 명백하고 공공연하며 정치적으로 적실한 쟁점이 됐다. 즉 노동거부와 사회적 자율에 대한 요구, 노동규율로부터 일상생활의 자율이라는 문제를 제기한 것이다.

1970년대 말 무렵, 수만 명의 남부 이탈리아의 청년들이 미라피오리의 피아트 공장으로 몰려들었다. 그들은 자신들만의 새로운 투쟁 형태와 반노동의 입장을 가지고서 진보적인 부르주아지와 이탈리아공산당 모두에게 위협이 되는 급진주의적 실천을 수행했다. 이렇게 새로 유입된 노동자들은 노동윤리와 생산성에 대한 자부심을 조롱하진 않았지만 완전히 무시했다.

나폴리와 칼라브리아에서 온 이 젊은 노동자들은, 1799년의 사건을 특징지었고 나폴리 인민을 혁명적인 계몽 부르주아지에 대립하게 이끈 개인주의적·반근대적 포퓰리즘과 똑같은 천박한 정신을 구현했던 것일까? 부분적으로는 그렇다. 하지만 이 노동기피자 정신은 산업노동 사회가 끝나가고 있다는 새로운 깨달음의 표현이기도 했다.

이런 생각이 청년 문화 전체에 퍼져나갔고 사회 전체를 물들였다. 산업노동은 과거의 유물이었고, 기술과 사회적 지식의 발전은 노동으로부터 사회가 해방될 가능성을 열어젖혔다. 노동자 운동의 가장 급진적인 집단들은 산업노동이 이미 운명을 다했기 때문에 소외되고 반복적인 노동이 더 이상 역사적으로 정당화될 수 없다는 신념을 표현했다. 이런 생각은 1960~70년대 이탈리아 노동자 운동을 1900년대 공산주의 전통과 차별화한 가장 급진적인 혁신이었다.

20세기 근대화 시기 내내 이탈리아 좌파는 두 개의 대립되는 방향으로 압박을 받았다. 한편으로 좌파는 프로테스탄트적·산업주의적·근대적 정신으로 인해 사회의 후진성에 대한 저항 운동을 했고, 생산 체계의 수행성과 능률을 더 높이라고 요구했다. 그 대가로 노동자들에 대한 착취가 증가했고, 자유주의적 정책을 용인하게 됐다. 다른 한편으로 좌파는 반생산주의적·평등주의적·공동체주의적 정신으로 인해서 자본주의를 악마로 취급하고 (기생적인 추종자들을 만들어낸) 복지국가 형태로 피신하게 됐다. 1960~70년대에 노동자들의 자율은 전통적 좌파의 이 두 가지 기조 사이에 끼어 있었다. 노동기피의 형태를 취한 노동자들의 자율은 이탈리아 문화에 새겨져 있는 반생산주의를 구현했을 뿐 아니라 탈근대적·탈산업적 생산에서 중심 위치를 차지하게 될 창조적 잠재력을 앞서 구현한 것이었다.

노동자들의 자율은 경찰의 탄압에 의해 패배했다. 1980년대 초에는 정리해고의 물결을 앞세운 자본주의의 공세가 공장 노동계급을 타격했고, 신자유주의 이데올로기로 가는 길을 마련해줬다. 그러나 이탈리아식 자유주의는 근대 유럽에서 번성한 프로테스탄트적 자유주의 부르주아지의 전통과 닮은 것일 수 없었다.

이탈리아에서 자유주의 문화는 통치의 주류 문화가 된 적이 한 번도 없었다. 19세기에 리소르지멘토16)를 이끈 자유당도 실제로 이탈리아 부르주아지의 주류가 되지는 못했다. 19~20세기의 이탈리아 정치를 지배한 것은 국가와 교회의 타협, 산업 부르주아지와 반동적 지주들의 동맹이었다. 정치적 프로테스탄티즘의 구성요소인 자유주의 문화는 언제나 세속적 국가를 요구했지만, 늘 비주류에 머물렀다. 1900년대 초에 자유주의자 피에로 고베티17)는 이탈리아를 가톨릭의 반동적 영향력에서 해방시키는 유일한 길은 자유주의자들과 노동자 운동의 동맹뿐이라는 것을 깨달았다. 안타깝게도 그런 동맹은 결코 실현되지 못했으며, 파시즘은 안토니오 그람시가 이끈 공산주의적 노동자 운동과 고베티로 대표되는 자유주의 운동을 모두 파괴했다. 헤게모니적인 정치력으로서의 신자유주의는 1980년대에 자리를 잡았는데, 자유주의의 유산과는 아무런 관련이 없다. 사실 신자유주의는 영미적인 의미에서 초자본주의적인 경제 '자유주의'의 기치 아래 모든 사회적·문화적 반동 세력이 동맹할 것을 제안한다.

자본주의의 반격이 한창 이뤄지고 신자유주의가 국제적 승리를 구가하던 1980년대에 이탈리아는 정치 경제에서 기묘한 실험을 탄생시켰다. 노동자의 자율, 사회적 급진주의, 평등주의적·자유주의적 운동들이 패배한 이후 반프로테스탄트 윤리는 지배계급이 경제적 불법행위, 착복, 부패, 마피아를 묵인하는 것을 가능하게 했다. 베티노 크락시18)가 총리로 집권하던 시기였다. 사회주의와 현실 정치를 두루 겪은 이력에도 불구하고, 크락시는 관용과 노동기피를 특징으로 하는 반종교개혁 정신의 총아이자 신자유주의적 근대화에 대한 문화적 개방성을 대표하는 사람이었다. 크락시의 이론과 실천 속에서 근대화와 부패는 서로 모순되지 않았다. 이 경향들은 절대적으로 상호보충적이고 통합적이며 기능적이었다.

1970년대에 저 역사적 좌파(이탈리아공산당과 가톨릭 좌파)는 청년들과 노동자들의 반프로테스탄트적 노동거부 운동에 폭력으로 응답했다. 그들은 사회센터의 '대도시 인디언들'과 공장에서의 반노동 반란을 깡패들의 난동이라고 비난했다. 1980년대에 가톨릭교도들과 옛 공산주의자들은 크락시에 대항해 반란을 일으켰는데, 이는 크락시가 신자유주의를 후원하는 정책을 추구했기 때문이 아니라 부패를 묵인했기 때문이었다.

크락시는 신자유주의의 교의를 긍정함으로써 다가오게 될 것이 무엇인지를 감지했다. 1980~90년대에 신자유주의가 낡은 복지국가의 규제들을 제거함에 따라 사회가 자본가들의 공격에 대응해 구축한 방어물들이 무너졌다. 크락시는 신자유주의가 폭력, 마피아, 사기, 부패, 시뮬라시옹의 법칙이 게임의 유일한 규칙이 되는 시기를 개시했음을 속인의 냉소주의로 이해했다. 가톨릭 공산주의는 고통스러워하며 필사적으로 윤리적 문제에 매달렸다. 좌파는 사회의 방어를 파괴하고 노동자들의 임금을 삭감하며 경쟁과 흥정의 문화를 부과한 신자유주의에 반대하지 않고, 부패·부도덕함·불법성에 반대했다. 역설적이게도 좌파는 거대 자본의 문화 속에서 사라지고 있던 프로테스탄트 윤리를 옹호했다. 전통적 부르주아지가 사라지면서 약탈자 룸펜계급이 들어설 여지를 만들어주고 있었던 것이다.

| 신바로크 사회에서의 우발적 가치 |

오랫동안 가치 법칙의 위기는 부르주아 사회의 토대를 침식시켜왔

다. 부르주아지는 포스트-기계적 테크놀로지가 발전하고, 노동자들이 임금노동으로부터 점점 더 자신의 자율성을 확보해가자 일관성을 잃었다. 탈산업 경제에서는 더 이상 사회적 필요 노동시간이 가치를 결정하지 않으며, 가치의 유일한 원천도 아니다. 상품의 가치는 본질적으로 언어에 의해 결정되며, 상품의 가치를 결정하는 체제는 시뮬라시옹 체제이다. 1990년대에 신경제의 폭발적 성장은 시뮬라시옹의 경제적 힘을 보여주는 완벽한 사례였다. 자본의 가상적 흐름이 가상의 생산에 투자됐다. 그러나 이 모든 것이 분별력을 잃게 하는 환영이었다는 것을 의미하지는 않는다.

오늘날 우리는 가치들이 우연에 따라 변동하는 체제에 진입했다. 부기[회계장부]의 수학적 규칙성은 언어 전략과 심리적 함축을 갖춘 금융 게임과 광고 커뮤니케이션의 불확정성에 이미 자리를 내줬다. 경제는 본질적으로 기호적인 과정이 됐고, 의미가 할당되는 과정의 특징인 우연성을 띠게 됐다.

노동은 프랙탈화됐다. 거대한 산업독점체들이 종말을 고하면서 이제 지구 전체의 주변으로 옮겨진 새로운 노동자들이 컴퓨터 단말기들을, 즉 상품-기호의 순환 속에 있는 세포들을 닮기 시작했다. 산업사회의 정돈된 경계선들이 흐릿해지고 원자화된 작업장들로 파편화됨에 따라 인터넷 노예들은 두 가지 과정을 동시에 겪었다. 한편으로 이들의 존재 자체가 물리적으로도 문화적으로도 개인화됐다. 각자는 자신의 궤도를 따라가고 시장에서 개인으로 경쟁해야 했다. 다른 한편으로 노동자 개개인은 끊임없는 세포적 연결의 상황을 경험했다. 각 개인들은 웹에 의해 다른 노동자들과 계속 생산적으로 연결되는 세포이다. 바로 이런 상황[웹을 통한 세포적 연결의 상황]이 탈영토화되고 프랙탈의 형태를 띠며 유동적인 사회성을 보증한다. 세포는 일체의 신체적 교류를 박탈당한 새로운 조립라인이다.

시뮬라시옹과 프랙탈화는 본질적으로 바로크적 범주들이다. 탈근대로의 전환이 이뤄지면서, 산업구조의 합리적 균형이 관점들의 증식으로 바뀌었다. 『신바로크 시대』[19]라는 책에서 이탈리아의 기호학자인 오마르 칼라브레세는 1600년대에 실험됐던 미적·담론적 모델을 탈근대적 양식이 다시 가져왔다고 주장한다. 칼라브레세의 주장에 따르면, 바로크는 본질적으로 관점들의 증식이었다. 프로테스탄트적인 엄격함이 본질적이고 금욕적인 이미지들의 미학을 만들었다면, 바로크는 (그것이 국가의 형식이든, 정치 형식이든, 회계 형식이든, 건축 형식이든 아무런 상관없이) 형식들의 신성한 발생이 인간의 법률로 환원될 수 없음을 선언한다.

들뢰즈의 주장처럼, 바로크는 주름이다.[20] 이는 변동을 거듭하는 가치들의 우연적 특성에 가장 잘 부합하는 시학이다. 근대성의 거대서사가 일관성을 잃을 때, 가치 법칙은 생산성·인플레이션·언어의 끝없는 확산 속에 용해되고 정보영역은 측정할 수 없이 팽창된다. 신화들은 사회적 가상 속에서 서로 뒤얽힌다. 생산과 기호현상은 점점 더 하나의 동일한 과정이 된다. 이 과정에서 경제적 준거(가치와 필요노동시간 사이의 관계)의 위기와 기호적 지시(기호와 의미 사이의 지시관계)의 위기가 동시에 발생한다. 가치는 더 이상 노동시간을 의미할 수 없다. 맑스 시대의 노동과 달리 비물질 노동의 지속시간은 평균적인 사회적 표준으로 환원될 수 없기 때문이다. 더불어 기호와 의미의 지시관계가 사회적 소통 안에서 확연히 정지된다. 광고, 정치, 언론은 자신이 천명한 시뮬라시옹의 언어로 말한다. 아무도 공식 발표의 진실성을 믿지 않는다. 상품의 가치는 더 이상 어떤 규칙도 따르지 않는 관계를 맺으며 시뮬라시옹을 토대로 확립된다.

전통적 모델에 따른 정치 논리를 지닌 보수적 우파와 좌파는 베를루스코니의 행동을 이해할 수 없다. 이들은 공식적 언어에 대한 존중을 필수적인 것으로 생각하며 법을 충실히 지키는 것 외에 정치적 행동의 다른 맥락을 상상할 수 없다. 그러나 베를루스코니의 미디어 포퓰리즘이 보여준 힘은 다름아니라, 정치적 지위나 합법성과 연결된 금기들을 조직적으로 위반하는 데 놓여 있었다. 침울한 진지함을 가진, 오스카 루이지 스칼파로[21]나 카를로 아젤리오 참피[22] 같은 권위적 인물들은 베를루스코니가 옹호하는 탈정치적 언어의 새로운 특성이 얼마나 잘못 이해되고 있는지를 보여주는 좋은 사례이다. 엄숙한 관리들에게 가장 참을 수 없고 부아가 치미는 것은 베를루스코니가 정치적 수사와 그것의 낡은 의례들을 야비하고 체계적으로 조롱하는 일이다. 그러나 정치 '대중'을 이루고 있는 사람들(유권자들)의 엄청난 다수가 베를루스코니의 이런 조롱과 도발적인 제스처를 즐거워하고 많은 경우에 여기에 끌린다고 생각할 만한 충분한 이유가 있다. 그들은 한때 무솔리니, 크락시 등과 자신들을 동일시했던 것과 같은 방식으로, 자신들을 닮은 이 약간 미친 것 같은 총리, 악당 같은 수상과 자신들을 동일시한 것이다.

다수의 이탈리아 유권자들은 텔레비전이 무례함, 통속적이고 조잡한 암시, 즉 모호하고 공격적인 언어의 주된 전달수단이 됐을 때 텔레비전 시청자로 자라났다. 따라서 이들은 자연스럽게 베를루스코니가 자신들과 같은 문화적 주파수를 공유한다고 생각한다. 베를루스코니의 언어, 말, 몸짓에서만이 아니라 (규칙이 더 이상 억누를 수 없는 자발적 에너지의 이름으로) 규칙을 비난하는 것에서도 말이다. 위뷔 왕23) 같은 활기차고 광기어린 인물은 집단적 무책임을 빌미로 개성을 포기하는 데 익숙한 대중들에게 매우 매력적이다.

    베를루스코니의 천박한 조잡함과 정부 내에 있는 그의 건방진 연회참석자들에게 좌파는 까다로움과 대경실색으로 대응했다. 정치적 올바름의 언어가 위반되는 것을 감당하지 못했던 것이다. 그렇지만 "추문이다!"라고 외치는 것은 중도 우파 정부의 정책들에 맞서는 데 필패의 주장임이 드러났다. 사실 베를루스코니의 정치적 성공의 비밀 중 일부는 바로 과도함에 있다. 이 정부의 선언들과 행동의 과도함은 선거와 대중의 상상에서 승리를 거뒀다. 예측 가능성, 감내 가능성, 코드화된 정치행위의 틀을 초과하는 사건들은 대경실색과 분개를 일으키는 기폭제로 작용했지만, 다른 한편으로는 정부 입법, 공동재산의 낭비, 노동자들의 권리 폐지, 차별적·인종적 법률의 부과를 순탄하게 해줬다. 이런 과도함의 기술은 이제 충분한 시험을 거쳤다. 권력의 축적과 사회적 공간의 사유화에 필수적인 어떤 것을 제정하고 싶다면 당신은 크게, 아주 크게 이야기해야 한다. 가령 어떤 장관이 서투른 배우의 역할을, 미치광이의 역할을 맡아 이탈리아 해안으로 이민자를 실어오고 있는 배를 폭파시키자고 제안한다. 그 장관은 물의를 빚지만 재미있는 오락거리 또한 만들어낸다. 그리고 얼마 지나지 않아 더 온건하고 현실적인 다른 장관이 해안 지역에 대한 군사 통제를 요구하고, 그러고 나서 한 성실한 공무원이 쿠르드와 시리아에서 온 정치적 망명 요청자들을 (그들의 요구사항을 들어보거나 그들의 권리를 알아보지도 않고) 추방할 것이다. 이런 식으로 외국인 노동자들의 가장 기본적인 권리들을 짓밟는 것이 가능해진다.

베를루스코니의 언어는 진실을 부인하거나 재천명하는 것, 새로운 원칙을 단언하는 것보다 조소하는 데 더 적합해 보인다. 베를루스코니의 의도는 정치 규범의 위선을 폭로하는 것이다. 베를루스코니에게 말의 의미는 중요하지 않다. 자신이 직접 공표한 말을 바로 다음 날 신문에서 부인하는 데 익숙할 정도로 중요하지 않다. 베를루스코니는 종종 대통령의 말에 찬동하는 척한다. 그 말이 베를루스코니 자신의 행동이나 자기 정부의 입법행위들과 뻔히 모순될 때조차도 그렇게 한다. 정치적 발언은 그 가치가 떨어지고 조롱거리가 되며 일종의 쓰리카드몬테[24]에, 모든 단어가 사전에서 그것에 부여된 의미와는 정반대되는 뜻을 가질 수 있는 의미의 미로에 갇힌다. 무례함, 천박함, 얄팍한 거짓말에 분개하는 것은 효과적인 반응이 아니다. 반대로 그것은 베를루스코니와 그 정권을 강력하게 만든다. 왜냐하면 이런 수준에서는 유권자들이 정부의 평범한 대표자들보다 베를루스코니를 더 잘 이해하기 때문이다.

상식에 따르면, 정치 언어는 항상 실재를 감추고 부자와 권력자의 자의성과 오만함을 가려줄 위선적인 덮개 역할을 해왔다. 베를루스코니는 이런 위선을 역설적으로 폭로한다. 베를루스코니는 법률이 아무것도 할 수 없음을 보여주는 부자이자 권력자이다. 또한 모든 사람이 법 앞에 평등하다고 생각하는 척하는 사람들의 위선을 비웃는 부자이자 권력자이다. 모든 사람이 법 앞에 평등하지 않다는 것을 우리 모두 알고 있다. 즉 우리는, 부자와 권력자는 값비싼 변호사를 고용해 자신의 이익을 관철시키며, 인구의 대다수가 접근할 수 없는 권력의 공간을 차지할 수 있다는 것을 경험에서 알고 있다. 그러나 이것은 보통 법률 만능주의와 사법적 형식주의의 연막 뒤에 숨겨진다.

베를루스코니는 분명하게 말한다. "나는 내가 원하는 것을 행한다. 그리고 나의 의지에 자신들의 형식적인 절차를 대립시키려는 법률주의자들을 조소한다."

이제 법을 만들고 없애는 권력이 자신의 손에 놓여 있기 때문에, 베를루스코니는 그 권력을 모든 사람들에게 법의 무능함을 보여주는 데 사용한다. 험프티 덤프티처럼 베를루스코니는 단어가 무엇을 의미하는가가 아니라 누가 그 단어를 소유하는가가 중요한 문제라는 것을 알고 있다. 의미는 의미재판소가 아니라 단어의 주인에 의해 결정된다. 법률의 해석은 법원이 아닌 법률의 주인에 의해 결정된다.

정치의 구경꾼들(유권자)은 정치 언어의 위선을 폭로하는 이런 게임 안에 자신들이 들어와 있음을 알고 있는 것처럼 보인다. "임금님은 벌거벗었다!"라고 폭로하는 사람이 역설적으로 임금의 옷을 입고 있는데도 말이다. 사람들은 이 트라비첼로 왕[25]이 말하는 것을 듣고 비웃지만, 그들의 웃음에는 일종의 공모가 있다. 왕이 미소를 띠며 바로 자신이 내뱉고 있는 말의 거짓됨과 위선을 비난하고 있기 때문이다. "자, 나는 이걸 말하고 또 부인한다." 혹은 "여기에 바보는 아무도 없다."

베를루스코니의 지루한 반대자들은 권력의 신성함을 다시 확립하고자 하지만, 베를루스코니가 어떤 신성함도 필요하지 않는 권력행사로 이미 권력을 믿을 수 없는 것으로 만들어버렸다. 공식적인 권위를 잃었음에도 불구하고 베를루스코니 정부는 위반의 권위를 향유하고 있다. 이민에서부터 노동에 대한 권리와 사법제도에 이르기까지 모든 문제에 대해 법률을 제정하고, 패권적인 이해관계의 논리를 모든 곳에 관철시키며, 사회적 지출을 삭감하고, 노동계급의 부를 재산 소유자들의 것으로 전환시키는 등, 베를루스코니 정부는 위반의 이름으로 권위를 행사하고 있다. 이 정부가 입안한 그 어떤 파괴적인 법률도 의회의 반대나 민주주의적이고 유식한 체하는 공적 여론의 저항에 의해 저지되지 못했다.

| 자기경멸 |

우리는 1994년 이래로 이탈리아를 통치해온 체제에 대한 규정을 내리는 데 가까이 접근했는가? 나는 그렇다고 생각한다. 이 체제는 파시즘의 행위들(2001년 제노바에서 우리가 본 바와 같은 경찰의 무자비함, 이탈리아를 1940년에서 1945년까지 이어진 파국적인 전쟁으로 몰아넣은 무솔리니의 무책임함, 언제나 이탈리아 지식인들의 삶의 특징이었던 노예근성)을 포함한다. 또한 마피아에 고유한 특징들(공공선에 대한 경멸, 경제의 무법상태에 대한 묵인)도 가지고 있다.

그러나 이 체제를 파시즘 체제의 반복에 불과한 것으로 규정할 수는 없다. 더군다나 마피아 체제로 규정할 수도 없다. 공격적 신자유주의와 미디어 포퓰리즘이 이 체제의 결정적 특징들이다. 객관적으로 이 체제는 기호자본의 발전에 결정적인 문화적·정치적 형태들의 실험실 역할을 한다.

근대 이탈리아 역사는 리소르지멘토, 파시즘, 민주주의 공화국의 우스꽝스러운 선언들을 덜 진지하게 취급하면서 서술되어야 한다. 비열함과 쾌락주의에 대한 로렌초 발라[26)]의 애가들, 그리고 도덕성과 정치의 양립 불가능성을 단언한 니콜로 마키아벨리로부터 시작하는 새로운 역사를 쓸 수 있을 것이다. 이 역사에서는 알레산드로 만초니의 돈 아본디오[27)]나, 『위대한 전쟁』[28)]에서 비토리오 가스만과 알베르토 소르디가 분한 인물들(조국이 한 개인의 삶보다 중요하다는 것을 믿기를 언제나 거부하는 대중의 지혜를 구현한 역할)이 중심이 될 것이다. 또한 새로 쓰일 역사는 여성성, 쾌락주의, 부드러움을 특징으로 하는 지중해 문화를 고려해야 할 것이다.

프로테스탄트적 엄격함과 자기희생에 대한 거부가 이 이탈리아적 모험의 본질이며, 그것은 조국이나 일반의 이해관계를 결코 믿은 적이 없는 사람들, 또한 이런 태도로 인해 일반의 이해관계를 이윤이나 성장과 동일시하는 자본주의의 논리에 복속될 수 없는 사람들의 탄력성과 영리함이다.

이런 거부는 자신에 대한 확신의 용기를 결여하고 있었으며, 역사에서 배제된 하층계급들의 주변적인 특권으로 남았다. 공식 언어는 로마 제국을 연상시키는 수사법과 동일시됐고, 따라서 한편으로 이탈리아의 공적 담론을 지배하는 자기비하의 조건들을 만들어냈으며, 다른 한편으로 이탈리아 국가주의와 그것의 본질적 표현인 파시즘에 대한 오만하고 공허한 긍정을 위한 조건들을 만들어냈다. 이 나라의 역사와 이탈리아 국민들의 자기인식에서 중요한 맥락은 공공연히 드러나지 않는 비겁함과 자기경멸의 혼합물인데, 이는 파시즘에서 자신의 온전한 표현을 발견하는 공격성의 원천이다. 스스로를 지중해 문화의 부드러움과 여성성 위에 공격적으로 위치시키는 라틴 문화의 남성성은 비극적인 동시에 우스꽝스럽다.

비겁함은 양면적이다. 직접적으로 비겁함은 쾌락이 역사적 의무보다 우위에 있다는 쾌락주의적 의식을 나타낸다. 그러나 이런 의식은 파시즘의 비극적 소극笑劇에 구현된 제국주의 신화 및 마초 신화와 화해할 수 없다. 비겁함을 부드러움으로 받아들일 수 없고, 지중해 문화에서 여성성이 우위를 차지하는 것을 받아들일 수 없었던 이탈리아 역사는 영웅의 임무를 떠맡아 불가피하게 비극을 야기하는 소극적 인물들로 가득하며, 이 비극들의 우스꽝스러운 함의는 결코 감춰지지 않는다. 베르사유 회담에서 영국이 이탈리아의 요구사항을 들어주려 하지 않는다고 울음을 터뜨린 살란드라29) 같은 인물에 필적하는 자로는, 제1차 세계대전의 '상처뿐인 승리'를 옹호하려 했고 무모한 군사적 모험을 약속함으로써 남성적 대중들을 우쭐하게 했으며 결국 나라를 파국적인 전쟁으로 몰고 간 무솔리니가 있다.

이탈리아 문화는 오늘날 자신의 향락주의와 낮은 지위를 제국으로서의 우월한 지위를 누렸던 신화적 과거와 비교하며 자기경멸에 빠져 있다. 이탈리아인들이 이탈리아 문화의 여성적 측면을 받아들이려 하지 않기 때문에 그렇게 된 것이다. 자기경멸에 대해 있지도 않은 남성성을 긍정하는 것으로 반응하려 했을 때, 이탈리아는 파렴치하고 참으로 시시한 모험을 감행했다. 가령 1940년 늦은 봄, 아돌프 히틀러에게 이미 패배한 프랑스에 야비한 공격을 가한 것이나, 승자들을 도우려고 쫓아다니다 자신이 제공한 도움 때문에 그 승자들이 결국 패배하고 마는 꼴을 보고 마는 습관 등이 그 예이다.

자기경멸이 부드러움, 포기, 게으름에 대한 긍정적 가치평가로 바뀌는 계기는 거의 없다. 그런 계기들은 오직 이탈리아 문화가 독창적인 어떤 것을 생산했을 때, 집단적인 생산적 지성에 의해 계발된 잠재력을 집단적으로 향유하면서 지중해의 여성성을 달랬을 때뿐이었다. 1960~70년대에 사회의 지배적인 운동은 모든 제국주의적 허위를 버리고 경제적 생산성의 급박함으로부터 해방된 삶의 즐거운 속성을 기꺼이 받아들이는 쪽으로 방향을 바꿨다.

이탈리아에서 운동은 절대적 나약함, 포기, 퇴각을 선언하는 것에서 다시 시작될 수 있다. 자본주의적 성장과 국민 정체성으로부터 우리의 지력을 빼내자. 생산 경쟁으로부터 우리의 창의력과 시간을 빼내자. 수동적 사보타주의 시기를 개시하고 이탈리아의 국민 정체성이라는 우스꽝스러운 공간을 완전히 비워버리자.

4장
소진과 주체성

"우리는 현재의 무한함을 노래하고 미래라는 환영을 버린다" 1백 년 전 필리포 토마소 마리네티는 미래를 신봉한 세기의 시작을 알린 선언문을 발표했다. 그 세기는 부채와 경제적 약속에 토대를 둔 금융 체제의 위기로 인해 전복됐다. 약속은 끝났다. 미래 이후의 시대가 시작됐다.(위 사진은 비포가 관여했던 '라디오 알리체'를 다룬 영화 『느리게 일하라』[2004]의 한 장면이다).

세계 전역에서 수백만 명의 사람들이 미국의 두 번째 이라크 침공에 대항해 행진했던 2003년 2월 15일 이후 평화운동은 그 힘을 잃었으며, 기업들에 대항한 전지구적 운동 또한 그랬다.

대항지구화 운동에 합류한 사회 세력들도 흩어졌고, 세계의 풍경은 조지 W. 부시와 딕 체니가 시작한 끝없는 전쟁에 의해 물속에 잠겨버렸으며, 문화계에서는 절망이 중심 위치를 차지했다. 1999년의 시애틀 봉기 이후 3년 동안 대항지구화 운동은 지구 전역에서 시위와 미디어 행동을 조직했지만, 이 운동의 물결은 결코 윤리적 선언 너머로 나아가지 못했다. 즉 사회적 자율의 과정이 되지 못했다. 당시 매주 토요일 오후마다 거리에는 이런저런 것에 반대해 항의를 벌이는 사람들로 가득했지만 월요일 아침이면 바로 이 사람들이 사무실, 공장, 학교, 실험실 등에 앉아 기업의 규칙에 따랐다.

2003년 2월 15일의 전지구적 반전 시위 이후에는 무기력이 만연하게 됐고 에너지는 소실됐으며 사람들은 전쟁·경쟁·불안정성의 협박을 받아들일 수밖에 없었다. 그러나 핵심 문제는 일반지성, 불안정한 코그니타리아트, 노동력으로 이뤄진 사회적 계급들 일반이 왜 자신만의 자율적 공간을 창조할 수 없었는가이다. 왜 노동계급이 점증하는 착취에 반응할 수 없었는지 이해하려면 재조합적인 기호자본주의의 효과들, 노동의 불안정화의 효과들을 분석해야 한다.

이것이 내가 이 장에서 하려는 바이다. 즉 나는 사회적 유기체가 현재 겪고 있는 마비증세의 사회적·문화적 뿌리를 이해하고, 오늘날 인간의 삶과 지성에 대한 모욕에서 유래하는 비참함을 극복하고 싶다. 사유에 주어진 임무가 있다고 할 수 있다면, 사상가의 임무는 가슴에 희망을 불어넣는 것이 아니라 현실을 이해하도록 돕는 것이다. 오직 이해만이 새로운 가능성을 불러낼 수 있기 때문이다.

나는 노동의 불안정화와 그 효과에 대해 전반적으로 분석한 뒤 세계의 경제 위기로부터 출현한 새로운 상황 속으로 뛰어들 것이다. 나는 2008년 9월의 금융 위기에 뒤이은 자본주의의 진화를 서술해볼 것이다. 더 나아가 주체화의 미래, 혹은 주체화 과정이 사라진 미래를 자세히 살펴보기 위해 언어, 정서, 사회성 사이의 관계를 설명할 것이다. 그리고 이런 작업을 통해 미래에 대한 상상의 장에서 새로운 이론적 오솔길을 모색해보고자 한다.

이라크와 아프가니스탄에서 서구의 군사적 패배와 함께 금융 위기가 유발한 파국의 결과는 현재로서는 예측할 수 없다. 앞으로 다가올 10년은 권력과 부의 대규모 재분배로 특징지어질 것이다. 그러나 지금으로서는 신자유주의 이데올로기가 힘을 잃고 사회적 연대가 회복될지, 아니면 신자유주의적 탈규제의 그늘에서 성장한 범죄계급들이 점점 줄어들고 있는 자원들을 소유하기 위해 전지구적인 대량학살에 착수하면서 민족 간의 혹은 국민국가 간의 전쟁을 선동할지 예측하기가 불가능하다.

지금까지로 봐서는 두 번째 시나리오가 유력하다. 2008년 9월의 금융 위기 직후인 2009년에 전 세계의 국민국가들은 재정자원이 사회적 필요의 방향으로 가지 못하게 방향을 튼 금융계급을 구제하는 데 엄청난 양의 돈을 쏟아 부었다. 사회 전체, 특히 새로운 세대는 범죄계급을 구하는 데 돈을 지불하라고 요청받았다. 노동자들이 이런 방향을 바꿀 방도를 발견하지 못한다면 우리는 문명화된 삶의 물질적·비물질적 구조들이 점차 파괴되는 쪽으로, 사회적 풍경이 야만화되는 방향으로 갈 수밖에 없을 것이다.

| 불안정한 미래 |

(사회주의 국가들에서 불만 세력이 부상하고 서구에서 반소비주의 운동이 가시화되던 것과 연관된) 1960년대의 헤겔 르네상스에서부터 이탈리아 노동자주의 분파의 신新맑스주의 사상, 질 들뢰즈와 펠릭스 가타리의 포스트구조주의 사상, 미셸 푸코의 계보학적 작업에 이르기까지 지난 50년간 철학에서 주체와 주체성 개념은 핵심적인 것이었다. '주체'라는 말에는 두 가지 다른 개념이 포함되어 있다. 하나는 행동이고, 다른 하나는 의식성이다. 역사를 '정신'과 '실체'의 실현으로 보는 관념론적 통찰과 주체 개념을 연결해주는 내적 매개를 파악함으로써만, 우리는 현대 철학에서 주체의 복잡한 진화를 이해할 수 있다. G. W. F. 헤겔은 『정신현상학』서문에서 이렇게 말한다. "내가 이해하기로 …… 선결 문제는 진리를 **실체**로서뿐만 아니라 **주체**로서도 파악하고 표현해야만 한다는 것이다."[1] 헤겔은 이렇게도 주장한

다. "생동하는 실체야말로 참으로 **주체적인**, 다시 말하면 참으로 현실적인 존재이다. 그것은 실체가 자기 자신을 정립하는 운동이며, 나아가서는 스스로 자기를 타자화하는 가운데 자기와의 매개를 행하기 때문이다."2) 그리고 결국 이렇게 말한다. "진리는 곧 전체이다. 그러나 전체는 본질이 스스로 전개되어 완성된 것이다. 절대적인 것에 대해서 이야기한다면, 이는 본질상 **결과**로서 나타나는 것이며 **종국**에 가서야 비로소 그 참모습을 드러낸다고 해야만 하겠다. 바로 이 표현 속에는, 절대적인 것의 본성은 현실적인 주체로서 그 스스로 생성되는 것이라는 사실이 명시되어 있다."3)

의식성은 헤겔의 주체 개념에 함축되어 있다. 의식성이 행위와 행위자 사이의 매개이기 때문이다. 그런데 여기서 나는, 재조합 시대에 사회적 행위의 의식적 성격을 문제 삼고 있기 때문에 바로 행위와 의식성 사이의 관계에 대해 설명하고자 한다. 따라서 나는 여기서 '주체' 개념을 버리고(이것이 의식성을 함축하고 있기 때문이다) '행위자'라는 말을 대신 사용하고자 한다.

나는 가타리가 사용하는 의미에서의 행위자, 집단적 행위자, 특이성에 대해 이야기하는 것이며, 결국 '운동'에 대해 이야기하는 것이다. 운동은 사회적 과정이다. 요컨대 공적 공간에서 충돌하고 있는 다양한 사회적 행위자들의 정치적 통일을 가능하게 만드는 문화적 과정이다. 사회적 행위자들이 공통의 이해 기반을 찾고 공통의 목표를 위해 함께 행동할 때, 나는 운동을 본다. 즉 사회적 변형과 문화적 발전의 능동적이고 의식적인 측면을 본다. 운동은 죽은 것(자본)의 지배에 대항해 살아 있는 사회적 영역을 재구성하는 일의 주체적(의식적이고 집단적인) 측면이다.

새천년의 첫 10년이 저물어갈 무렵 나는 생애 처음으로 행위자의 부재를 인정하지 않을 수 없었다. 오늘날 행위는 보이지만 행위자는 볼 수 없다. 사회적 가시성의 장에서 행위자 없는 행동이 행해지고 있지만, 이 행동은 의식과 정동의 공간에 어떤 공통 기반도 만들어내지 못하고 있다. 행동은 사회적 생산의 무대 위에서 수행되지만 재조합을 수행하는 행위자는 무대 위가 아니라 뒤편에 있다. 과정의 의식성이 과정 자체에 속하지 않는다.

인간은 생산적 행위를 수행한다. 그러나 인간은 자신들이 행하고 있는 바를 의식하고 있는 행위자가 아니며, 의식성의 공통 공간 속에서 각자의 느낌과 생각을 결합할 수도 없어 보인다. 자본주의가 재구성의 조건을 파괴했고, 그에 따라 사회는 더 이상 새롭게 구성할 수 없게끔 되어버렸다. 사회를 새롭게 구성할 수 없게 됐다는 것은 주체화 과정이 발생할 수 없다는 것을 의미한다. 이것이 바로 미래가 자신의 열의를 잃어버린 이유이고, 사람들이 미래에 대한 믿음을 잃은 이유이다. 즉 미래는 더 이상 하나의 선택항이나 집단적이고 의식적인 행위로 보이지 않는다. 미래는 우리가 어떤 방식으로도 맞설 수 없는, 일종의 피할 수 없는 파국이다.

미래가 이 책의 주제이다. 다시 말해 나는, 자본주의적 착취에 대항한 노동자들의 투쟁과 자본주의적 지배로부터 자율적인 광범위한 사회적 영역들의 창조로 특징지어지는 지난 세기 동안 미래에 대한 상상이 어땠는지를 고찰하고자 했다. 그러나 이 책의 나머지 부분에서는 사회적 주체성의 재구성이 (외관상) 불가능하다는 관점에서 오늘날 미래에 대한 상상력의 붕괴를 살펴볼 것이다. 물론 나는 여기서 중단하고 싶지 않다. 나는 우울한 비관론자이고 싶지 않다. 그러나 오늘날의 우울한 현실 너머로 나아가는 길을 찾고 싶다면, 상황을 있는 그대로 볼 수 있어야 한다고 생각한다.

나의 관점은 2세기에 걸친 진보적이고 계몽된 역사에 의해 형성됐다. 즉 미래가 근대의 약속들을 실현시켜주리라 늘 확신해온 세대의 관점, 그런 시대의 관점이 나의 관점이다. 그런데 이는 과거와 미래에 관한 상상과 관련해 내게 문제가 있다는 뜻이다. 내가 시간을 상상하고 이야기하는 방식은 역사가 지난 2백 년간 전개되어온 방식과 연결되어 있다. 그러나 신자유주의 이데올로기와 연결된 디지털적 변이가 인간이 그 자신의 사회적 환경과 맺고 있는 관계, 그리고 시간에 대한 인식을 완전히 새롭게 재구성했다. 우리는 더 이상 점진적 발전의 틀 안에서 집단적인 시간의 흐름을 생각할 수 없다.

물론 나는 자본주의의 반격과 미디어 식민화의 시대에 진보적 과정이 멈췄음을 잘 알고 있다. 그러나 나는 이것을 일시적인 정지로 인식하지 않을 수 없다. 나는 나의 정치적·문화적 에너지를, 나의 문화적 성장기에 영원하다고 생각했던 문명의 질서를 복구하고 예전의 진보적 역사 리듬을 되가져오는 데 모두 쏟아 부어야 한다는 생각을 멈출 수 없다. 이런 태도는 내 눈을 가리고 나를 잘못된 방향으로 이끌고 있으며, 사회적 상상력의 저 깊숙한 구조 안에서 실제로 무슨 일이 벌어지고 있는지 이해하지 못하게 방해하고 있다.

역사에 대한 진보적 시간관은 편견이며 이 편견은 내게, 과거 문명의 역사로 돌아가기 위해 무엇인가 할 수 있다는 잘못된 인상을 주며 나를 잘못된 길로 밀어 넣는다. 그러나 할 수 있는 것은 아무것도 없다. 내가 지닌 시대구분의 틀이 바뀌어야 하기 때문이다. 진보주의 이데올로기는 인류의 역사가 본질적으로 이성의 점진적 실현의 역사라는 관념론적 전제에 기반을 둔 것이었다. 이제 우리는 이성의 실현과는 아무런 상관이 없으며 진화론적·진보주의적 상과도 아무런 관련이 없는 현실을 마주하고 있다. 진화는 진보적이지 않다.

진보주의적 상은 진화가 인간 지향적이라는 관념에 기초한다. 그러나 오늘날 진화는 인간 지향적이지 않다. 진화는 인간 지향적인 문명의 한계 너머로 나아갔다. 진화의 과정이, 인간이 알거나 통제할 수 있는 것의 한계를 초월했기 때문이다.

노동과 주체화에 관한 논쟁에 최근 도입된 두 가지 개념에 초점을 맞춰보자. '재구성'과 '재조합'이라는 개념이 그것이다. 재구성이라는 개념은 이탈리아 노동자주의의 이론적 실험실에서 유래한 것이다. 한편, 재조합 개념은 아서 크로커와 마이클 와인슈타인,[4] 크리티컬아트앙상블[5]이 새로운 테크놀로지(즉 정보과학과 생명공학)의 인식론을 규정하기 위해 제시한 개념이다. 나는 이 개념들을 네트워크 형태의 지구화 시대의 노동조직화에 적용하고자 한다.

나는 **재조합**을 디지털 환경에서 이뤄지는 노동 과정의 기술적 형식으로 규정한다. 그리고 **재구성**을 노동의 단편들이 의식적 주체성이 될 수 있도록 하는 사회적·문화적 과정으로 규정한다. 나의 중심 테제는 다음과 같다. 노동 과정의 재조합적 형식이 착취의 토대 자체를 뒤바꿔 놓았고, 일체의 사회적인 의식적 재구성이 불가능해 보이는 방식으로 사회적 풍경 역시 뒤바꿔 놓았다.

우리는 문제의 정치적 측면에서 시작할 수 있다. 지난 20년 동안 전 세계 좌파의 패배는 사회주의 국가의 붕괴와 뒤이은 공산당의 해체로 종종 설명됐다. 그러나 나는 사회적·정치적 패배의 원인을 노동조직화의 변화에서, 그리고 미디어가 사회적 정신을 식민화한 데서 생긴 문화적 변이에서 찾아야 한다고 생각한다. 최근 몇 십 년간 정치적 좌파의 분열이 문제였으며, 유럽 국가들의 선거에서 좌파 정당이 패배한 것은 이런 위기의 징후였다. 그러나 나는 진보 운동의 근본적인 문제는 이 운동들의 문화적 무능력, 즉 노동의 사회적 재구성 과정을 개시할 수 없다는 점이라고 생각한다.

사회적 구성은 상상과 문화적 흐름을 융합함으로써 사회적 신체를 통일하는 문화적 과정이다. 구성 개념은 원래 정치 어휘 사전에서 온 것이 아니라 화학에서 왔다. 사회적 구성의 과정에서 연대의 물질적 발생, 혹은 그 부재를 발견할 수 있다. 구성 개념은 이탈리아공산당의 헤겔주의적 역사주의의 교조적 견해에 대립해, 1960~70년대 이탈리아의 신맑스주의적 이론 지형(마리오 트론티, 세르지오 볼로냐, 안토니오 네그리) 속에서 다듬어졌다.

이탈리아 노동자주의의 어법으로 말해보면 노동계급 자율의 뿌리, 즉 착취에 맞서 조직화할 수 있는 노동계급의 능력은 사회구조의 문화적 구성요소들의 융합 안에서 찾아져야 한다. 신화, 이데올로기, 미디어, 광고. 이 힘들이 사회의 구성에 영향을 미치고 있다. 사회적 노동의 다양한 부문들이 감수성과 이해의 공통 기반을 발견하고 착취자들에 맞서 연대할 때에는 이것들이 재구성의 효과를 만들어낼 수 있다. 자본주의적인 기술적·이데올로기적 조치들이 우정의 감정, 노동조직화의 기구들, 사회의 공감 능력을 파괴할 때에는 이것들이 해체의 효과를 만들어낼 수 있다.

1960~70년대에 세계 사회는 자본의 지배로부터 노동자 운동의 자율을 가능케 한 내적 재구성의 과정을 겪었다. 그러나 마가렛 대처와 로널드 레이건의 승리 이후, 자본의 반격이 조직화된 노동력을

강타하고 공장들을 분산시켰으며, 상업적 미디어의 흐름들로 사회적 두뇌를 침략하고, 마침내는 노동의 국제적 순환을 신경으로 연결된 무수한 초소형 파편들의 바다로 바꿔놓았다.

구성의 관념은 가타리의 주체화 개념과 매우 가깝다. 가타리는 주체에 대해 낡은 헤겔적-변증법적 방식으로 이야기해서는 안 된다고 말한다. 주체는 처음부터 싸우고 승리할 수 있는 이상적 힘으로 존재하지 않는다. 역사에는 주체가 없다. 비참과 죽음에서 빠져나가기 위해 분투하는 여성들과 남성들, 가난한 자, 나약한 유기체들이 있을 뿐이다. 욕망을 표현하고 뿌리줄기를 만들어내는 의식적이고 감각적인 유기체들이 있는 것이다. 사회적 분자들이 가타리가 말하는 바와 같은 '리토르넬로'를 공유할 수 있을 때 이들은 공통의 이해, 공통의 감수성을 발견하고 주체처럼 행동할 수 있을 것이다.

불안정성은 노동시장의 탈규제를 의미할 뿐 아니라 공동체의 해체 또한 의미한다. 전지구적 네트워크 안에서 흐르는 정보노동의 연속적 흐름은 자본의 가치증식의 일반적 요소이지만, 이 흐름이 집단적 신체의 의식적 행동으로 주체화되거나 응고될 수는 없다. 이것이 바로 노동력이 명백히 재구성될 수 없게 된 이유이다. 전 세계 노동자들의 연대는 지난 세기 동안 민주주의의 주요 기반이었으며 노동자들의 인권을 보증해주는 유일한 기제였다. 그러나 오늘날 전 세계 노동자들의 연대는 재조합적 노동의 새로운 분업과 파편화에 의해 파괴되어 더 이상 존재하지 않는다.

이민자들, 인지노동자들, 불안정 노동자들은 동일하게 취약한 조건을 각기 다른 정도로 가지고 있다. 그러나 이들은 연대 투쟁의 공통 기반을 발견할 수 없다. 이처럼 노동의 재구성이 명백하게 불가

리토르넬로: 가타리와 비포의 경우

리토르넬로(Ritornello)란 원래 바로크 시대의 합주협주곡에서 사용되던 '반복악구' 형식을 지칭하는 음악 용어이다. 흔히 "A-b-A'-c-A"……A"의 형식을 띤다. 들뢰즈와 가타리는 이 음악 용어를 전유해 '반복 속의 차이'를 이렇게 설명한다. "어둠 속에 한 아이가 있다. 무섭기는 하지만 낮은 목소리로 노래를 흥얼거리며 마음을 달래보려 한다. 모름지기 이런 노래는 안정되고 고요한 중심의 스케치로서 카오스의 한가운데서 안정과 고요함을 가져다 준다"(「1837년: 리토르넬로에 대하여」, 『천 개의 고원』[1980]).

이렇듯 리토르넬로와 같이 반복되는 아이의 노래소리는 부를 때마다 조금씩 달라지겠지만 무한히 반복됨으로써(무한한 왕복, 혹은 영원회귀) 카오스의 와중에 어떤 질서나 일관성, 즉 코스모스를 부여해준다. 또한 그럼으로써 아이는 무서운 어둠 속에서도 발걸음을 멈추지 않고 계속 앞으로 나아갈 수 있다("이 노래 자체가 이미 하나의 도약이다").

이렇게 보면 비포 역시 자기 나름대로의 리토르넬로를 이미 실행 중이라고 할 수 있다. 비포는 가타리(그리고 들뢰즈, 보드리야르 같은 또 다른 사유의 친구들)의 사유를 자기 식대로 되풀이함으로써 어둠과도 같은 엄혹한 현실 속에서 계속 앞으로 나아가고 있으니까.

능해진 것은 생산과정의 디지털화, 이에 따른 노동의 프랙탈화와 불안정화의 효과이다.

전지구적 디지털 네트워크 안에서 노동은 재조합 기계가 수집하는 신경 에너지 다발로 변형된다. 이런 의미에서 나는 노동이 기술-금융 네트워크에 의해 프랙탈화되고 재조합된다고 말하는 것이다. 노동자들은 모든 개별적 일관성을 박탈당한다. 엄밀히 말해서 노동자들은 더 이상 존재하지 않는다. 노동자들의 시간이 존재할 뿐이다. 즉 일시적인 월급을 대가로, 연결하고 생산하는 데 영원히 이용 가능한 상태에 놓인 노동자들의 시간이 존재할 뿐이다.

'원자화된 시간'에 대한 맑스의 예언이 실현됐다. 네트워크화된 생산 과정에서 우리는 더 이상 노동하는 사람들을 찾아볼 수 없으며, '네트영역'에서 이용 가능한 추상적이고 탈인격화되어 있으며 프랙탈 같은 시간원자들만 발견할 수 있다. 노동력이 재구성될 수 없고, 스스로를 동일한 사회적 이해관계와 동일한 문화적 기대를 공유하는 감각적이고 감수성을 가진 존재들의 공동체로 인식하지 못하게 된 이유가 바로 여기에 있다.

과연 이처럼 새로운 조건 속에서 (우리가 지금까지 집단적 주체화 과정이라고 불러왔던) 재구성 과정이 여전히 가능할까? 인지노동의 생산력은 재조합 네트워크의 탄생으로 증대됐다. 맑스가 『정치경제학 비판 요강』에서 언급한 바 있던 '일반지성'은 지식이 가진, 가치 생산적 힘으로 작용할 수 있는 역량이다. 디지털 기계들의 도입 덕분에 자본은 일반 두뇌의 산물을 자본의 기계 체계 안으로 통합할 수 있었다. 그러나 살아 있는 앎의 과정은 여전히 개별 과학자들과 기술자들의 정신 속에 머무를 수밖에 없다.

디지털 네트워크 안에서 우리는 전혀 다른 실재와 맞닥뜨리고 있다. 이 새로운 실재에서는 개개인들의 살아 있는 두뇌가 네트워크상에서의 생산 과정 내부로 흡수(포섭)되며, 기술언어적 자동작용 체계에 종속된다. 재조합은 이런 개별 두뇌들의 활동을 추상적인 생산 연속체로 변형시키는 (정보적·삶정치적) 기법이다. 개별 두뇌는 오로지 이런 재조합의 형식을 통해서만, 즉 시공간에 산개해 있지만 인터넷 안에서 기능적으로 통합되어 있는 인지노동의 파편들을 기능적으로 재조합함으로써만 효과적으로 작용할 수 있다.

상호작동이 네트워크의 일반적 목표이며, 연결을 위해서는 산 노동 시간의 재조합된 파편들이 호환 가능하게 되어야 한다.

컴퓨터들이 서로 소통하게 만드는 데서 핵심 문제는 당연히 공존 가능성이다. 네트워크가 점점 커지면 커질수록 공존 불가능성을 극복해야 한다. …… 일단 공존 불가능성이라는 문제가 나타나면, 그것은 새로운 기술적·사회적 교섭을 요구하는 '변화의 기폭제'가 된다. 그러나 일반적으로는 서로 다른 층들 사이에서, 혹은 그 위에서 작동함으로써 컴퓨터들이 하나의 공통적 틀 안에서 공존할 수 있게 만들어줄 새로운 프로토콜이나 수준이 도입된다.[6]

살아 있는 사유와 활동의 특이성을 제거하는 것은 네트워크에의 접근을 위해서 필수적이다. 전지구적 네트워크 안에 '노동하는 개인들'은 없다. 무한한 뇌 덩굴, 프랙탈 모양의 이용 가능한 신경 에너지 세포들로 이뤄진 끊임없이 변하는 모자이크가 있을 뿐이다. 개인은 가치화 과정의 잔여물(따라서 불안정한 것)일 따름이다.

주체화라는 관점에서 보면, 인지노동의 생산적·기능적 잠재력, 즉 상호작동 가능성은 인지노동의 사회적·정치적 재구성 가능성에 반비례하는 것으로 보인다. 집단적 두뇌는 인터넷의 영역에서 기능적으로 재조합된다. 그러나 사회적이고 정동적인 수준에서 사회적 두뇌는 재구성할 수 없어 보인다. 즉 공동의 행동 전략을 발견할 수도, 공통의 서사를 창조하거나 연대할 수도 없어 보인다. 따라서 일반지성의 생산적 잠재력이 확장되는 것과 동시에, 의식적 주체성으로 재구성될 수 없고 의식적·집단적으로 행동할 수도 없는 집단적 두뇌의 분열증적 파편화가 일어난다.

근대 동안 산업 노동력은 개인들, 즉 임무를 수행할 수 있는 개별적 능력의 담지자들이자 신체적 욕구와 (노동조합을 만들고 협상하고 파업할 권리 같은) 정치적 권리의 담지자들로 구성됐다. 오늘날의 노동력은 신경 에너지 덩굴, 세포들의 재조합에 활용 가능한 탈인격화된 시간의 덩굴로 묘사될 수 있다. 이 시간은 프랙탈화되고, 공존 가능하게 되어 있으며, 따라서 재조합 가능한 상태로 있다. 상호작동하기 위해 개인의 정신은 네트워크화된 정신의 세포, 즉 공존 가능한 프랙탈이 되어야만 한다. 이는 기술적 변이뿐만 아니라 살아 있는 정신의 심리적 변이 또한 함축한다.

크리스티앙 마라치가 자신의 책[7]에서 설명했듯이, 언어와 자본의 관계는 더욱 밀접해진다. 언어가 경제적 자원이자 생산력이며 시장이 된다. 이것이 내가 기호자본에 대해 이야기하는 이유이다. 즉 기호의 영역과 생산의 영역이 일치하는 경향이 있는 것이다.

언어는 기술적인 동시에 정신적인 변이를 겪는다. 지그문트 프로이트가 말한 바와 같이 인간의 정신에서 언어에 대한 접근은 애정, 특히 어머니의 신체와 많은 관련이 있다. 정보영역이 정보자극으로 가득차고 어머니의 현존이 매우 불충분하게 될 때 어머니와 아이의 언어적 관계에는 어떤 일이 일어날까? 1977년에 출판된 『보여주고 말하는 기계』에서 미국의 사회학자 로즈 골드센은 우리가 어머니보다 기계로부터 더 많은 말을 배우게 될 인류를 낳고 있다고 주장했다.[8] 2000년에서 2009년까지 이런 세대가 사회의 활동 무대를 차지했고, 디지털 흐름과 호환될 준비를 하고 있다.

새로운 세대에게 언어에 대한 접근은 무생물적 연결과 점점 더 많은 관련을 가지고, 어머니의 신체와는 점점 덜 관련된다. 『어머니의 상징질서』에서 루이자 무라로는 기표와 기의, 기호와 의미, 말과 애정 사이의 친밀한 관계를 탐구한다.[9] 나는 어머니를 믿기 때문에 '물'이라는 단어의 의미를 믿으며, '물'이라는 기표와 액체 사이의 관계를 인정한다. 어머니가 기표와 기의 사이의 관계를 보증했다. 이 관계가 깨졌을 때, 즉 언어에 대한 접근이 신체와 애정으로부터 분리되어 감정 없이 교환되는 기계적 부분들 간의 한낱 상호작동으로 환원될 때 무슨 일이 일어나는가? 언어가 불안정하고 허약해지며, 단어의 감정적 의미를 파악할 수 없게 된다. 실제로 현재 사회적 영역으로 들어가고 있는 세대는 감정과 언어적 교류를 연결하는 데 취약하고 거의 적합하지 않아 보인다. 소통을 위한 도구들의 엄청난 증식, 정보영역에서 발생한 디지털의 포화는 개인들 간의 신체적 상호작용이 이뤄질 공간과 시간을 엄청나게 감소시켰다.

매일 아침 지하철에 앉아 있는 사람들을 생각해보자. 그들은 도시의 산업지대와 금융지대로, 불안정한 조건들 속에서 노동이 이뤄지는 직장을 향해 가고 있는 불안정 노동자들이다. 모두 헤드폰을 쓰고 있고, 모두 자신의 휴대용 기기들을 들여다보고 있다. 모두 혼자 조용히 앉아 있으며, 바로 옆에 앉아 있는 사람들을 결코 바라보지도 않고, 그들에게 이야기를 건네거나 미소를 짓지도 않으며, 어떤 종류의 신호를 교환하지도 않는다. 그들은 보편적인 전기 흐름과의 외로운 관계 속에서 홀로 여행하고 있다. 이들의 인지적·정동적 구조는 이들을 탈특이화 과정에 완벽하게 적합한 대상으로 만들었다. 이들은 그 전에 먼저 비워지고 감각적 공감 능력을 상실하며 추상적 프랙탈 연결 능력의 운반체로 변형되어서, 상호작동하는 체계에 잘 들어맞고 공존 가능한 부분들이 된다. 신경의 공격과 기호자본주의가 부과하는 착취, 감수성을 가진 신체·정신과 기능적 실존 사이의 분리로 고통 받고 있는데도 불구하고, 이들은 인간적인 소통과 연대를 할 수 없어 보인다. 요컨대 이들은 그 어떤 의식적인 집단적 주체화 과정도 시작할 수 없어 보인다.

정보영역은 감수성을 가진 유기체를 둘러싼 의식적 기호들의 차원이다. 감수성은 유기체와 세계 사이의 인터페이스이다. 구체적으로는 이 감수성을, 말로 표현될 수 없는 것의 의미를 이해하는 능력으로, 즉 감각과 언어 사이의 연결 지점으로 볼 수 있을 것이다. 정보영역에 의한 정신의 변이가 일어나는 곳은 판단이라기보다 감수성이다. 인식의 변화는 인식하는 유기체를 둘러싼 기술적 환경과 관련된다. 근대 이전에는 느린 전송 체제가 정보영역, 인간의 정신적 시간, 사건과 신호에 대한 인간의 기대를 특징지었다. 기호 전송의 가속화와 정보 원천들의 확산은 살아 있는 시간에 대한 인식을 변형시켰다. 정보영역은 더욱 빠르고 빽빽하게 됐으며, 감수성은 정보자극의 흐름에 점점 더 노출되어버렸다. 전기 신호들의 강화로 인해 감수성은 그 속도를 공황 수준에까지 증가시킨 현기증 나는 모의 시뮬라시옹 속으로 끌려들어갔다.

타자와 타자의 몸에 대한 인식 또한 새롭게 형성됐다. 압력, 가속, 자동화가 몸짓과 자세에 영향을 미치고 공간 속에 존재하는 몸들의 전체 배치와 상호작용에 영향을 미친다. 공간적 배열에 대한 사회적 관심의 기초에는 에로티시즘을 정교화하고 숨기고 흥분시키고 억누르려는 노력이 놓여 있다. 공간의 사회적 배열이 사무실이나 학교에서 나란히 앉아 있거나 거리에서 만나는 몸들의 배치를 바꾸는 데 개입한다. 사회는 또한 에로티시즘과 몸들의 순환을 관리하는 방식에 따라 다양한 정도의 긴장과 공격성을 경험한다.

문명의 역사 내내, 인식은 인공적인 이미지 체제와 재현 기법에 의해 주조됐다. 디지털 기술을 통해서 이미지는 현기증 날 정도로 확산되기 시작했으며, 우리의 상상 능력은 가속의 소용돌이를 겪고 있다. 이미지를, 물질이 우리의 시각적 주의에 남긴 경험적 정보의 신체적 인식이라고 생각해서는 안 된다. 이미지는 오히려 반半의식적인 정교화의 효과이다. 우리가 이미지를 받아들이고 정교화하는 기술적 양태가 상상계의 형성에 작용한다. 그 다음으로 이 상상계가 상상력을, 즉 우리가 이미지를 생산하고 세계를 상상하고 따라서 이 상상을 실제 삶 속에서 가능하게 만드는 활동을 형성한다. 우리가 마음대로 이용할 수 있는 이미지들의 목록이 상상력을 통해 우리가 세계에 투사하고 만들어내고 건설하고 거주할 수 있는 삶의 형태들과 사건들을 한계짓고 강화하고 증폭하며 구획짓는다.

기술소통적이고 심리인지적인 변이들은 유기체나 유기체의 생태계만큼이나 상호의존적이다. 의식적 유기체는 또한 감각적이다. 즉 의식적 유기체는 한 다발의 감각 수용기들이다. 정보영역은 점점 더 텔레비전 채널을 이리저리 바꾸는 것과 같아지고, 비선형이며, 매우 혼란스러운 흐름으로 변형된다. 사회적 무의식은 정보영역의 이런 변형에 쉽게 적응하지 못한다. 욕망의 사회적 투입은 정체성의 핵을 둘러싸고 조직되는데, 이 정체성이 사방으로 도망치거나 녹아 없어지고 있기 때문이다.

이런 기호의 확산에 의해 갑자기 일깨워지고, 근대의 비판적·훈육적 정신이 한때 가지고 있었던 여과기를 빼앗긴 의식적 유기체는 공황으로 반응한다. 디지털 기술의 소통적 힘은 사회적으로 가용한 주의집중 시간에 비해 과도하게 많은 정보를 생산한다. 감수성은 어떻게 재규정되고 어떻게 과도한 자극에 적응할까?

내 생각에 기호자본주의적 가속화와 신경 에너지의 과도한 착취는 소진을 불러온다. 신경쇠약, 정신병리적 증상, 공황, 우울, 자살의 유행. "거대한 전투, 즉 경쟁하는 정신이상자들 사이의 다윈주의적 투쟁이 이제 막 시작되려 한다."[10] 가상계급의 정신적 파국에 대해 쓴 『수퍼-칸느』에서 J. G. 발라드는 일찌감치 이렇게 말한다.

| 소진: 장 보드리야르 다시 읽기 |

소진 개념은 로마클럽의 보고서인 『성장의 한계』의 출간과 함께 1970년대에 공적 담론의 장에 들어왔다.

> MIT에 기반을 둔 시스템 분석팀의 지도 아래 …… 이 보고서는 포드주의적 제조업이 돌이킬 수 없는 쇠퇴의 시기에 진입했다는 일반적 합의를 표현했다. 그러나 이 보고서는 분석에 명백히 새로운 어

떤 것을 덧붙이기도 했다. 가까운 장래에 위기가 발생한다면, 그 위기는 전통적인 경제적 관점에서 측정될 수 있는 위기(즉 생산성이나 경제성장률에서의 위기)가 아니라 전체 재생산 영역의 위기가 되리라는 것이었다. 로마클럽에게 중요한 것은 지구생물권의 지속적인 재생산과 이 땅 위에서의 생명의 미래였다. 따라서 위기가 임박했다는 가장 가시적인 신호들은 점증하는 오염 수준에서부터 기근과 생물종 멸종 속도의 증가에 이르기까지, 모든 종류의 생태적 불균형, 소진, 붕괴에서 발견될 수 있었다.11)

로마클럽의 보고서는 사회적 정신의 신경 에너지에 대한 과잉 착취의 위험이 아니라 물리적 자원을 언급한다. 그러나 이 보고서는 엄청난 혼란을 불러일으켰다. 무한한 성장이 본질적으로 불가능하다는 것이 처음으로 폭로됐기 때문이다. 멜린다 쿠퍼는 자신의 주목할 만한 책에서 소진 개념을 생물학 및 정신 에너지 분야와 관련짓는다. 쿠퍼는 다음과 같이 쓰고 있다.

20년이 지난 뒤, 더욱 정교해진 모델링 도구를 갖춘 동일한 팀이 미래에 대해 좀 더 많은 함의를 가지는 예측을 내놓았다. 그들은 이제 성장의 한계는 공간보다 시간을 닮았다고 주장했다. 이는 우리가 석유 같은 필수 자원의 실질적인 고갈을 알아차리기 훨씬 전에 이런 자원이 지속 가능하게 소비될 수 있는 기준점을 이미 넘어버렸을지 모른다는 것을 의미한다. 사실, 이 보고서의 저자에 따르면, 우리가 유예된 위기상태 속에서 이미 우리의 한계를 넘어 살아가고 있다는 것, 미래가 부메랑처럼 돌아와 우리 눈앞에서 맞닥뜨리게 되기를 순진하게 기다리면서 살아가고 있다는 것은 매우 개연성 있는 이야기이다. 시간은 실제로 세계 모델의 궁극적인 한계이다.12)

시간은 정신 안에 있다. 성장의 본질적 한계는 정신이 시간(사이버시간)을 특정 지점 너머로 연장할 수 없다는 것이다. 나는 우리가 여기서 결정적인 지점을 이야기하고 있다고 생각한다. 재구성 과정, 즉 의식적·집단적 주체화 과정은 여기서 새로운 (역설적) 경로를 발견한다. 근대의 급진적 사유는 주체화를 언제나 활기 넘치는 과정으로 봐왔다. 혁명의 시대에는 동원, 사회적 욕망과 정치적 행동주의, 표현, 참여가 의식적·집단적 주체화의 양식들이었다. 그러나 우리 시대에 에너지는 고갈되고 있으며, 근대 사회의 동학에 그 영혼을 주었던 욕망은 (1976년에 발표한 『상징적 교환과 죽음』에서 보드리야르가 이미 주장한 바 있듯이) 가상화와 금융게임의 블랙홀에 빠져버렸다. 이 책에서 보드리야르는 자본주의의 초과실재적 단계와 시뮬라시옹 논리의 부흥을 분석한다.

스펙터클의 종말은 차라리 광고나 사진 같은 또 다른 복제 매체를 통해 실재를 붕괴시켜 초과실재로 만들어버리고, 실제적인 것을 세세하게 반복하는 것과 더불어 일어난다. 한 매체에서 다른 매체로 복제됨으로써 실재적인 것은 불안정해진다. 즉 실재적인 것은 죽음의 알레고리가 된다. 그러나 실재적인 것은 그 자신의 파괴로부터 힘을 끌어내기도 한다. 그리하여 그 자체로 실재적인 것, 더 이상 재현의 대상이 아닌 잃어버린 대상의 물신, 그러나 부인否認과 의례적 절멸의 황홀경이 된다. 즉 초과실재가 된다.13)

현실원칙은 가치 법칙의 특정 단계에 상응한다. 오늘날 체계 전체는 불확정성에게 잠식당했고, 모든 실재는 코드와 시뮬라시옹의 초과실재에 의해 흡수됐다. 이제 우리를 지배하는 것은 저 낡은 현실원칙이 아니라 시뮬라시옹의 원리이다. 우리는 그 목적성이 사라진 형식들을 **먹고 산다**. 더 이상 이데올로기는 없고 오직 시뮬라크라만 있다. 따라서 우리는 현재 시스템의 헤게모니와 마법을 파악하기 위해 가치 법칙의 계보 전체와 그것의 시뮬라크라를 재구축해야 한다. 즉 가치의 구조적 혁명이 필요하다. 이 계보는 정치경제학을 포괄해야 하는데, 여기서 정치경제학은 의식적으로든 무의식적으로든 만사를 실재적인 것(생산의 실재적인 것, 기호작용의 실재적인 것)에 내거는 [다른] 모든 것처럼, 제2계열의 시뮬라크라로 나타날 것이다.

자본은 더 이상 정치경제학의 질서에 속하지 않고, 자신을 시뮬레이션한 모델로서의 정치경제학과 함께 작동한다. 상품의 가치 법칙이라는 장치 전체가 구조의 가치 법칙이라는 더 큰 장치에 흡수되어 재활용됨으로써 제3계열의 시뮬라크라의 일부가 된다. 따라서 정치경제학은 장치의 한계 안에서 **두 번째 삶**, 즉 영원성을 보장받는다. 여기서 정치경제학은 그 자체의 엄밀한 확정성을 모두 잃지만, 시뮬라시옹을 위한 참조 체계로서 유효한 현존을 유지한다.14)

시뮬라시옹은 자본주의적 성장의 새로운 공재共在의 평면이다. 예컨대 금융 투기는 착취의 영역을 물질적 생산의 영역으로부터 기대, 욕망, 비물질 노동의 영역으로 옮겨놓았다. 시뮬라시옹 과정(사이버 공간)은 주목 시장에서 어느 곳이든 돌아다니는 기호들을 발산하며 어떤 한계도 없이 확산되고 있다. 기호자본주의의 초과실재에서는

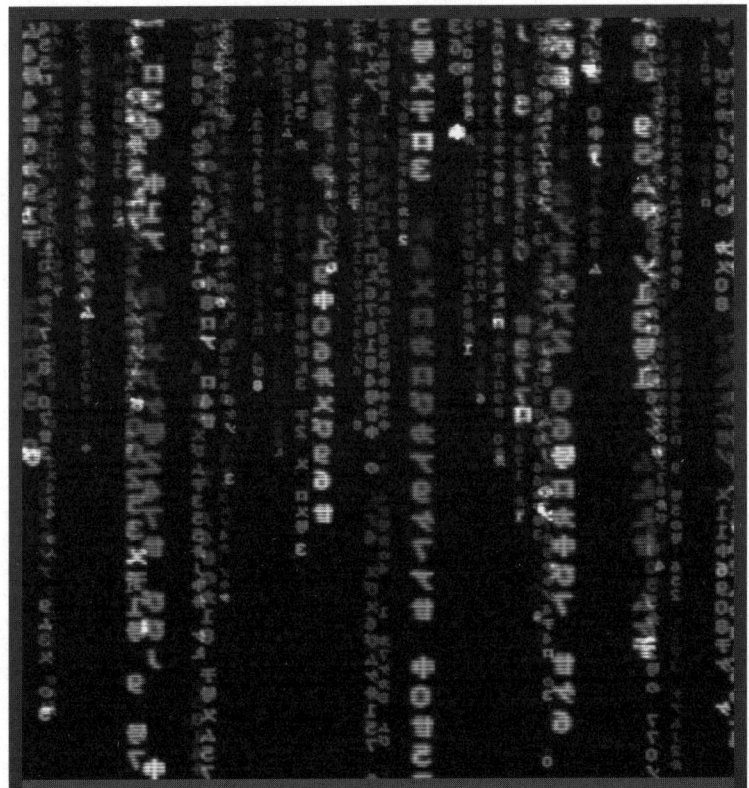

공재의 평면, 절대적인 생성의 지평

일체의 '변환'('되기') 혹은 '발생'이 가능한 형이상학적 지평을 가리켜 들뢰즈와 가타리는 'Plan de consistance'라 불렀다. 이 개념은 연구자들에 따라 '일관성의 구도,' '일관성의 평면,' '고른판,' '혼효면' 등으로 다양하게 옮겨진다. 그러나 들뢰즈와 가타리는 『천 개의 고원』의 11장(「1837년: 리토르넬로에 대하여」)에서 'consistance'의 문제란 결국 이질적인 요소들의 '한데 모아두기'(tenir-ensemble)의 문제라고 말한다. 즉 'consistance'란 영토적 배치의 구성요소들이 한데 모이는 방식과 관련되는데, 그 방식에 따라 또 다른 배치로의 이행이 이뤄지거나 서로 다른 배치들과의 연계가 일어날 수도 있다.

이런 용법을 감안할 때 'consistance'란 '여러 요소들의 함께 있음'이라는 의미에 가깝다. 그러므로 여기서는 'consistance'를 '공재'(共在)로, 'Plan de consistance'를 '공재의 평면'으로 옮긴다. 이런 점에서 비포가 시뮬라시옹을 "자본주의적 성장의 새로운 공재의 평면"이라고 부른 이유는 오늘날의 기호자본주의에서는 시뮬라시옹 자체가, 모든 이질적인 것들이 0과 1(즉 디지털)로 환원되어 한데 모이는 매끈한 매트릭스(평면!)에서 그것들을 새롭게 배치하고 연결짓는 추상적 지평이기 때문이라고 이해할 수 있을 것이다.

두뇌가 시장이다. 그리고 두뇌는 무한하지 않다. 두뇌는 무한정 팽창하거나 가속될 수 없다.

집단적 주체화(즉 사회적 재구성)는 시간의 차원에서 일어나는 공통의 언어-정동의 발전을 함축한다. 시간에 대한 기호자본주의적 가속화는 감각이 기호-흐름을 처리할 수 있는 사회적 가능성을 파괴했다. 정보영역에서 시뮬라크라의 확산은 주목과 상상력의 공간이 포화상태에 이르게 만들었다. 광고와 자극적인 과잉 표현들(가령 "저스트 두 잇")은 사회의 정신적 에너지를 끝없이 출렁이게 만들었다. 소진이 뒤따라 일어났고, 소진만이 유일한 탈출구였다.

아무것도, 심지어 시스템조차도 상징적 책임을 피할 수 없다. 그리고 자본에게 파국의 유일한 가능성은 오직 이 덫 안에 놓여 있다. 전갈이 죽음의 위협에 둘러싸였을 때 그렇게 하듯이 시스템은 자기 자신을 공격한다. 체면을 구기고 싶지 않다면 죽음일 수밖에 없는 것에 응하라는 요구를 받았기 때문이다. 시스템은 **죽음과 자살의 증가된 위협에 대한 응답으로 반드시 자살해야만** 한다.

따라서 인질들이 잡힌다. 희생자의 무고함에 대한 모든 도덕적 고려가 배제되는 상징적 혹은 희생적 차원에서 인질은 테러리스트의 대체물, 테러리스트의 분신이 된다. 즉 인질의 죽음은 테러리스트의 죽음을 대신한 것이 된다. 그때부터 인질과 테러리스트는 동일한 희생적 행동 속에서 구별할 수 없게 된다.15)

이 인상적인 구절에서 보드리야르는 근대의 변증법(혁명과 권력의 변증법, 노동운동과 자본주의 지배의 변증법)의 종말을 그리고 있으며, 죽음이라는 희생적 선물(그리고 자살)을 특징으로 하는 새로운 형태의 행동이 도래할 것임을 예언하고 있다. 역사상 가장 커다란 영향을 미친 테러로 세계무역센터가 파괴되고 난 뒤, 보드리야르는 『테러리즘의 정신』이라는 제목의 짧은 책을 썼다. 이 책에서 보드리야르는 자신의 예언으로 돌아가 파국의 시대가 도래했음을 인정한다. 코드가 적이 될 때, 유일한 전략은 파국적일 수밖에 없다.

> 이로부터 악을 몰아내 공포증을 떨쳐내려는 망상이 생겨난다. 악은 욕망의 모호한 대상처럼 어디에나 존재하기 때문이다. 테러분자들과 우리 사이의 이런 깊은 공모가 없었다면, 이 사건은 그렇게 큰 반향을 일으키지 못했을 것이다. 상징적 전략의 면에서 테러분자들은 이 암묵적인 공모에 기대를 걸 수 있음을 알고 있었을 것이다.16)

이것은 유산을 빼앗기고 착취당한 사람들, 어쩌다 전지구적 질서의 아래쪽에 속하게 된 사람들이 지배적인 전지구적 권력에게 갖는 증오보다 훨씬 더 멀리 나아간다. 이 악의에 찬 욕망은 바로 이 질서의 이익을 나눠먹는 사람들의 가슴 속에 존재한다. 모든 명확한 질서와 모든 명확한 권력에 대한 알레르기는 행복하게도 보편적이고, 세계무역센터는 그것의 바로 그 이중성(말 그대로 쌍둥이 모양)에서 이 명확한 질서를 완벽하게 구현했던 것이다.

이제 죽음이나 파괴의 충동도, 역효과도 필요 없다. 이는 논리적으로 피할 수 없는 준엄한 사실로서, 힘의 잠재적인 상승이 그것을 파괴하려는 의지를 자극한 것이다. 힘의 잠재적인 상승은 자기파괴와 공모

관계에 있다. 세계무역센터가 무너지는 순간, 그 빌딩은 마치 가미가제 특공기의 자살 테러에 대해 자살로서 대응하는 것 같았다. "신도 그 자신에게는 전쟁을 선포할 수 없다"고들 했다. 그러나 상황은 정반대였다. 신의 위치에서 (신의 전능함과 절대적인 도덕의 정당성을 지닌) 서방은 자살로 이끌렸고, 그 자신에게 전쟁을 선포했다.[17]

나는 보드리야르의 파국적 전망 속에서 주체성을 사유하는 새로운 방식을 본다. 20세기의 혁명 이론들에 생명을 불어넣은 활기찬 주체화의 전도, 우울과 소진에 근거한 내파적 전복 이론의 개시를.

행동주의자의 관점에서 보면, 소진은 자본주의가 예비해 놓은 지독한 운명을 사회적 몸이 빠져나가지 못하는 무능력이다. 즉 한때 민주주의와 정치투쟁을 고무시켰던 사회적 에너지의 둔화로 보인다. 그러나 소진이 (물러나기와 삶과 소비에 대한 소박한 기대에 기반을 둔) '무위'의 문명을 향한 느린 운동의 시작이 될 수도 있다. 급진주의가 행동주의적 방식을 버리고 수동성의 방식을 채택할 수도 있다. 급진적 수동성은 신자유주의 정치가 강요하는 쉼 없는 생산성의 풍조를 분명 위협할 것이다.

모든 거품의 어머니격인 노동의 거품이 결국 꺼질 것이다. 우리는 지난 3~4세기 동안 너무 많이 노동했고, 최근 30여 년 동안은 터무니없을 만큼 지나치게 노동해왔다. 근래의 우울함은 경쟁, 소비주의적 충동, 노동에 대한 의존을 대거 포기하는 일의 시작일 수 있다. 실제로 2000년부터 2010년까지 일어난 지정학적 투쟁(서구의 지배와 이슬람의 지하드 사이의 투쟁)을 생각해보면, 우리는 가장 강력한 무기가 자살이었음을 알게 된다. 9·11이 이런 자살 전쟁의 가장 인상적인 행위였지만, 이외에도 수천 명의 사람들이 미국의 군사 헤게모니를 파괴하기 위해 자신의 목숨을 던졌다. 그리고 이들은 서구 세계를 편집증적 안보의 벙커에 숨어들게 만들었고, 이라크와 아프가니스탄에서 서구의 최첨단 무기들을 패배시킴으로써 승리했다.

자살 폭탄 테러는 이슬람교도들에만 국한된 것이 아니었다. 자살은 도처에서 정치적 행동의 형태가 됐다. 인도 농부들이 신자유주의 정치에 대항해 자살했다. 프랑스에서는 푸조 공장과 프랑스텔레콤 사무실에서 수백 명의 노동자들과 피고용자들이 착취에 대항해 목숨을 던졌다. 이탈리아에서는 2009년 경기침체로 1백만여 개의 일자리가 사라지게 되자 실업의 공포에 시달리던 많은 노동자들이 공장 지붕에 올라가 자살하겠다고 위협을 가했다. 이런 내파적 경향이 죽음, 살해, 자살로부터 새로운 종류의 자율, 새로운 사회적 창의성, 새로운 삶으로 그 방향을 바꾸는 것이 가능할까?

나는 우리가 소진으로부터 시작할 때에만, 물러나기의 창조적 측면을 강조할 때에만 이것이 가능하다고 생각한다. 삶과 화폐의 교환은 폐기될 수 있으며, 소진은 경제적 교환의 영역으로부터 노도와 같이 물러남으로써 바뀔 수 있다. 그 순간 새로운 리토르넬로가 출현할 수 있으며, 경제성장의 법칙을 일소할 수 있을 것이다. 일반지성의 자기조직화는 축적과 성장의 법칙을 폐기할 수 있으며, 집단지성이 오직 공통선에만 복무하는 새로운 연쇄를 시작할 수 있을 것이다.

| 죽음의 경제(네크로노미) |

전지구적 경기침체는 공식적으로 2008년 9월에 시작되어 2009년 여름까지 지속됐다. 2009년 여름 이후 각종 미디어, 정치 성명서, 경제 대담 등에서 말했던 공식적 진실은 **경기회복**이었다. 주식 시장의 지표들이 오르기 시작했고, 은행들은 다시 경영진들에게 거액의 보너스를 지급하기 시작했다.

한편 도처에서 실업률이 폭발적으로 증가했고, 임금은 삭감됐으며, 복지는 축소되고, 내년[2012년]에는 9천만 명 이상의 인구가 빈곤층으로 편입될 것이라는 예측이 나온다. 이것이 진정 경기회복인가? (경기회복은 '실물 경제'의 회복이라는 존 메이너드 케인즈의 말에 따라) 조건반사적으로 대답해보자면 '아니다.' 이것은 경기회복이 아니다. 자본주의는 금융적 수단만으로 회복될 수 없다.

우리의 전망이 재구성되어야 한다. 금융은 더 이상 자본주의 성장의 도구에 불과한 것이 아니다. 마라치가 『소진된 금융』[18]과 최근의 다른 저작들에서 설명했듯이, 자본주의가 금융화됨에 따라 금융은 축적의 기반 자체가 됐다.

기호자본주의의 영역에서 금융 기호들은 특정한 지시대상을 가리키는 기표에 불과한 것이 아니다. 기호와 지시대상 사이의 구별은 끝났다. 기호가 사물이고 상품이며 과정이다. '실물' 경제와 금융적 예측은 더 이상 구별되는 영역이 아니다. 부가 산업생산의 영역에서 창조되고 금융은 물질적 생산 분야에서 자본 투자의 유동성을 위한 도구에 불과했던 과거에, 경기회복은 금융의 영역에 국한될 수 없었다. 경기회복에는 고용과 수요[고용과 수요의 회복] 또한 필요했던 것이다. 산업자본주의는 사회가 성장하지 않으면 성장할 수 없었다. 이와 달리 오늘날 우리는 금융자본주의가 사회의 회복 없이도 회복되고 번영할 수 있다는 생각을 받아들여야만 한다. 사회적 삶은 나머지 것, 가외의 것, 무관한 것이 됐다.

금융의 순환은 에너지·자원·미래를 빨아들임으로써 사회적 환경의 피를 모조리 말리고 있다. 그리고 아무것도 다시 내놓지 않는다. 자본의 금융적 가치증식 과정의 회복은 물질적 생산 및 사회적 수요의 순환과 완전히 분리되어 일어난다. 금융자본주의는 사회적 삶으로부터의 자율을 이뤘다.

동일한 문제의 정치적 측면을 생각해보자. 오래 전 사회가 불황의 타격으로 고통을 받을 때, 노동자들은 국가를 상대로 수요 증대에 개입하라고 강요하며 파업, 투쟁, 정치적 조직화로 대응했다. 산업의 성장에는 대량소비와 사회적 안정이 필요했다. 그러나 이와 대조적으로 작금의 위기에서 주목할 만한 것은 노동자들의 광범위한 수동성, 즉 연합을 조직하지 못하는 무능력이다. 유럽에서는 좌파 정당과 노동 운동의 붕괴가 유행처럼 번지고 있다. 미국에서는 버락 오바마가 인종주의적·포퓰리즘적 군중에게 매일 공격받지만, 진보적인 사회 운동은 전혀 출현하고 있지 않다. 서브프라임의 협잡 이래로 미국에서는 수백만 건의 유질流質 처분이 있었지만, 그 어떤 조직적 대응도 나타나지 않았다. 사람들은 홀로 고통 받고 울부짖는다.

과거 산업자본주의 시대에 노동계급은 정확히 식별되는 공격 대상에 맞서 싸울 수 있었다. 공장이나 고용인들의 노동생산물 같은 물질적인 것을 소유한 사장, 기업가에 맞서서 말이다. 오늘날 사장은 사라졌다. 사장은 수십억의 금융 부문들로 파편화되고, 전 세계에 산재한 수백만의 금융 에이전트들로 분산됐다. 노동자들 자체가 재조합적 금융자본의 일부이다. 노동자들은 연기금 투자에서 미래의 수입을 기대하고 있다. 노동자들은 자신의 노동을 착취하는 기업의 스톡옵션을 소유한다. 노동자들은 거미줄에 걸린 파리처럼 매달려 있다.

움직이면 거미줄에 더욱 옥죄이게 될 것이다. 그러나 움직이지 않는다면 거미가 생명을 앗아갈 것이다. 사회는 썩고 무너지고 괴로움으로 몸부림칠지도 모른다. 그러나 이것이 자본주의의 정치적·경제적 안정성에 영향을 주지는 않을 것이다. 경제의 회복이라 불리는 것은 사회의 황폐화의 새로운 판이다.

따라서 경기침체는 끝났고, 자본주의는 회복되고 있다. 그런데도 실업률은 치솟고 비참은 널리 확산되고 있다. 이는 금융자본주의가 사회로부터 자율적이라는 것을 의미한다. 이제 자본주의에게는 노동자들이 필요 없다. 오직 저임금을 받고 불안정하며 탈인격화된 세포 형태의 노동 프랙탈들만이 필요할 뿐이다. 네트워크에 의해 재조합된 비인격적 신경 에너지의 파편들을. 위기는 기술적 변화와 인간 노동의 기계로의 대체를 밀어붙일 것이다. 고용률은 미래에도 오르지 않겠지만, 생산성은 증가할 것이다. 점점 더 적은 수의 노동자들이 점점 더 많이 생산하기 위해 초과노동을 강요받을 것이다.

진짜 거품은 노동의 거품이다. 우리는 너무 많이 노동해왔다. 우리는 지금도 너무 많이 노동하고 있다. 인류는 더 많은 재화가 아니라 지금 있는 재화의 재분배, 기술의 현명한 활용과 전 세계 노동자들이 노동에 바치는 시간의 감소가 필요하다. 사회적 에너지가 노동에 대한 의존으로부터 해방되어야 하며 사회적 정서, 교육, 치료의 분야에 되돌려져야 한다.

우리는 자율이라는 개념을 진지하게 받아들여야 한다. 현재의 조건에서 자율은 경제 법칙이 지배하는 영역으로부터의 탈주를 의미한다. 즉 **경제-바깥**Out-onomy, 경제적 교환 부문의 폐기, 지식의 자기조직화, 더 이상 경제적 문화와 기대에 의존하지 않는 사회적 삶 안에서의 생산(물물교환, 시간과 능력의 자유로운 교환, 식량 자립, 도시의 영토들을 점령하기, 자기방위의 조직화) 등.

2008년 9월 이후 전 세계 경제를 뒤흔든 엄청난 붕괴가 세계사의 새로운 국면을 열었다. 깜짝 놀라고 당황한 가운데 몇 달이 지나고 나서 각종 미디어, 정치기구들, 경제학자들은 스스로를 위안하는 주문을 되뇌기 시작했다. 곧 회복될 것이라고. 다음에 무슨 일이 일어날지 알 수 없지만, 나는 현 상황에서 회복이라는 말은 거의 아무것도 의미하지 않는다고 생각한다. 내 생각에 분명한 것은, 신자유주의 이데올로기가 폐기되지 않는다면, 성장 신화가 새로운 서사로 대체되지 않는다면 노동자들은 절대 회복될 수 없을 것이라는 점이다. 모든 곳에서 실업률이 증가하고 있고 임금은 떨어지고 있다. 그리고 은행들을 구제하기 위해 잔뜩 쌓인 부채가 사회의 미래를 짓누르고 있다.

그 어느 때보다도 훨씬 더 경제적 합리성은 사회적 합리성과 반목하고 있다. 경제학은 위기에 대한 해결책이 될 수 없다. 경제학은 오히려 문제의 원천이다. 2009년 7월 18일자『이코노미스트』의 1면 머릿기사는 "경제학에 무슨 문제가 생겼는가?"[19]였다. 이 기사는 경제학적 지식과 경제학이라는 전문 분야의 위기를 물 타기 하려는 시도였다. 신자유주의 경제학자들에게 성장·이윤·경쟁이라는 중심적 교조는 의문에 부쳐질 수 없다. 이것이 시장의 완벽한 수학적 합리성과 동일시되기 때문이다. 또한 시장의 내적 합리성에 대한 믿음은 신자유주의의 경제신학에서 핵심적인 것이다.

그러나 사회적 삶을 경제적 가치들의 합리적 교환으로 환원하는 것은 과학과 아무런 관계도 없는 강박이다. 이는 인간을 계산기와 동일시하려는, 화폐가 사회적 행위의 유일한 동기가 되는 그런 방식으

야성적 충동, 디지털 네트워크를 만나다

자신의 주저인 『고용, 이자 및 화폐의 일반이론』(1936)에서 케인즈는 경제를 움직이는 심리적 요인, 즉 인간의 예측 불가능한 비경제적 본성을 '야성적 충동'(animal spirits)이라 불렀다. "우리의 적극적인 행위 대부분은 …… 수학적 기대치에 의존하기보다는 오히려 자생적인 낙관에 의존한다. 이런 인간 본성의 특징으로 말미암은 경제적 불안정성도 존재한다. 장래의 긴 세월에 걸쳐 그 완전한 결과가 나오는 어떤 일을 적극적으로 행하고자 하는 우리의 결정은 대부분 오직 야성적 충동의 결과로 이뤄질 수 있을 뿐이다. 수량적 이익에 수량적 확률을 곱해서 얻은 가중 평균의 소산으로서가 아니라, 가만히 있기보다는 행동하려는 자생적 충동의 결과로서만 말이다." 따라서 야성적 충동은 경제의 정상 상태를 유지하기 위해서는 충분히 이해해서 억눌러야 할 것이었다.

파스퀴넬리는 이런 '야성적 충동' 개념을 통해 오늘날 '공통적인 것'(the common)을 무조건적으로 찬양하는 태도를 비판한다. 가령 네트상에서의 자유문화(Free Culture)를 비롯해 크리에이티브커먼즈, P2P, 창조성 등에 대한 낙관적 숭배는 '공통적인 것'의 비합리적이고 반사회적인 충동, 즉 '야성적 충동'을 간과한 디지털 페티시즘일 뿐이라는 것이다. 왜냐하면 콘텐츠의 자유로운 공유가 그것을 가능케 한 디지털 네트워크에 기생하는 자들에 의해 또 다른 형태의 착취 기반이 될 수도 있다는 사실을 은폐하기 때문이다.

로 행동과 인식을 형성하려는 정치적 전략이다. 그러나 이것은 사회적 동학, 인간관계의 갈등, 병리, 비합리성에 대한 정확한 묘사가 아니다. 이는 푸코가 1979~80년 콜레주드프랑스 강의 『생명관리정치의 탄생』[20]에서 서술한 호모 칼큘란스(계산적 인간)[즉 호모 에코노미쿠스]라는 인류학적 유형을 만들어내기 위한 시도이다.

인간을 계산장치로 보는 이런 시도는 문화를 황폐화했고, 결국 그 자신이 흠결 있는 가정들에 근거하고 있음을 보여줬다. 인간은 계산한다. 그러나 그 계산은 완벽하게 합리적이지 않다. 재화의 가치가 객관적 이성에 의해 결정되는 것이 아니라 케인즈가 '야성적 충동'[21]이라 부른 것에 영향을 받기 때문이다. 동명의 책에서 조지 애커로프와 로버트 쉴러는 시장의 합리성은 그 자체로 완벽하지 않다는 케인즈의 전제를 되풀이하며 "중요한 경제적 사건들의 원인이 대체로 그 본성상 정신적인 것이라는 사실을 직시하지 않는다면 그 사건들을 절대 이해하지 못할 것이다"[22]라고 썼다. 애커로프와 쉴러는 신자유주의적 사유의 위기를 인정하지만 이들의 비판은 충분히 근본적이지 않으며, 경제적 에피스테메의 정당성을 건드리지 않는다.

『야성적 충동』은 마테오 파스퀴넬리가 발표한 책의 제목이기도 하다. 이 책에서 파스퀴넬리는 몸, 숫자, 기생물에 대해 다루며, 애커로프와 쉴러보다 위기의 근원을 훨씬 더 깊이 이해한다. "인지자본주의는 [지식의 사회적 네트워크에 들러붙는] 기생물의 형태로 나타난다. 즉 인지자본주의는 사회적 지식을 지배하고 그 해방적 잠재력을 억누른다."[23] "컴퓨터 화면 너머에서 불안정 노동자들과 프리랜서들은, '자유로운 노동'과 경쟁이 어떻게 점점 더 자신의 일상을 게걸스레 먹어치우는지를 경험한다."[24]

파스퀴넬리는 문제의 핵심으로 들어간다. 요컨대 사회적 생산의 가상화가 살아 있는 관계들의 필요조건들을 파괴하며, 인지노동자들의 살아 있는 에너지를 흡수하고 무력화시킴으로써 기생물의 확산을 초래했다는 것이다. 경제의 침체는 금융적 광기의 효과일 뿐 아니라 사회적 장의 활력이 박탈된 효과이기도 하다. 경제 체제의 붕괴가 지난 2백여 년간 정치를 이끌어온 경제적 인식론의 붕괴이기도 한 이유가 여기에 있다.

경제학은 위기의 깊이를 이해할 수 없다. 금융적 교환의 위기 아래에는 상징적 교환의 위기가 있기 때문이다. 공황·우울·자살 등의 정신병 폭탄, 욕망과 사회적 공감의 일반적 쇠퇴 말이다. 붕괴로부터 일어서는 문제는 너무나 근본적인 것이어서 이에 대한 대답은 경제적 개념의 틀 안에서 찾을 수 없다.

게다가 우리는 경제학이 진정 과학인지 물어봐야 한다. '과학'이라는 말이 대상을 이해하고 서술하기 위한 개념들의 창조를 의미한다면, 경제학은 전혀 과학이 아니다. 경제학의 대상은 실존하지 않는다. 경제학의 대상들(희소성, 임금 노동, 이윤)은 경제적 에피스테메의 수행적 행동 이전이나 그 바깥에 실존하지 않는 것이다. 노동이 인간의 활동으로부터 분리되어 바로 그 인간의 활동과 대립할 때에야, 노동이 자본주의적 통치의 지배에 예속될 때에야 비로소 생산, 소비, 일상생활이 경제 담론의 일부가 된다.

경제학의 대상은 개념의 활동보다 먼저 존재하지 않으며, 사실 경제학적 설명은 규범적이다. 이런 의미에서 경제학은 일종의 테크닉, 세계의 기호화이며, 하나의 신화이자 이야기이다. 경제학은 하나의 제안이고 하나의 정언명령이다.

화폐가 사건을 일으킨다. 화폐는 세계에서 일어나는 행동의 원천이고, 우리가 욕망을 투여하는 아마 유일한 권력일 것이다. 삶이 화폐에 의존하는 것처럼 보인다. 우리 안의 모든 것이 그렇지 않다고, 그럴 수 없다고 말하고 싶어 한다. 하지만 전능한 달러가 명령권을 잡았다. 이 사실이 더 많이 부인될수록 달러는 더욱 더 전능한 것으로 나타난다. 아마 다른 모든 측면에서, 다른 모든 가치에서 이미 파산이 선고됐을 것이다. 화폐에게 어떤 신성한 신격의 힘을 부여하면서, 이 점을 인정하라고 요구하면서 말이다. 경제학은 더 이상 화폐더러 행동하라고 설득하지 않는다. 숫자들은 이 야수를 가만히 누워 있게 하거나, 조용히 있게 하거나, 앞발을 들고 일어나 재주를 부리도록 만들 수 없다. 기껏해야 경제학은 이 야수를 멈춰 놓기 위해 고안된 하나의 증상, 화폐의 노이로제일 뿐이다. …… 따라서 경제학은 정신병리학의 언어를 공유한다. 인플레이션, 디프레션, 최저치와 최고치, 불황과 호황, 투자와 손실 등.25)

영국의 인클로저 시대부터 경제의 과정은 결핍을 생산하는 과정(결핍화)이었다. 인클로저의 의도는 생존의 기본 수단이던 토지를 부족하게 만들어, 이제껏 가족의 식량을 경작할 수 있었던 사람들이 프롤레타리아트, 그 다음에는 산업 임금노동자가 될 수밖에 없도록 만드는 것이었다. 자본주의는 욕구의 인위적 창조에 기반을 두며, 경제학은 본질적으로 시간·삶·식량을 부족하게 만드는 테크닉이다. 결핍의 조건 아래에서 인류는 착취와 이윤 지향적 활동의 영역에 종속된다. 토지를 부족하게 만든 (인클로저) 이후 자본주의는 목숨과 몸뚱이밖에 가진 것 없는 사람들로 하여금 각자의 삶시간을 자본에게 내

주도록 강요하면서, 시간 자체를 결핍되게 만들었다. 이제 성장에 대한 자본주의적 강박은 물과 공기를 부족하게 만들고 있다.

경제학은 예언의 과학이 아니다. 경제학은 결핍과 욕구를 생산하고 충족시키고 악화시키는 테크닉이다. 이런 이유로 맑스는 경제학에 대해 이야기하지 않고 정치경제학을 이야기했다. 경제학의 궁핍화 기술은 부를 소유 및 획득과 동일시하고, 시간을 내주는 것에 삶의 가능성을 복속시키고, 인간의 활동을 임금노동으로 변형시키는 서사와 신화에 기반을 둔다.

최근 몇 십 년 동안 기술적 변화는 경제학의 토대 자체를 천천히 침식해왔다. 물질적 대상들을 생산하는 영역이 비물질적 재화를 생산하는 기호자본주의로 전환되면서, 경제학의 개념들은 그 토대와 정당성을 점점 잃고 있다. 경제학의 기본 범주들이 완전히 인위적인 것이 되고 있는 것이다.

존 로크의 저작에서 읽을 수 있듯이, 사적 소유에 대한 이론적 정당화는 배타적 소비에 대한 욕구에 근거한다. 누군가가 너의 사과를 먹어치울 위험을 피하고 싶다면 사과는 사유화되어야 한다. 그러나 재화가 비물질적이고 아무런 비용을 들이지 않고도 무한히 복제할 수 있다면? 생산 과정의 디지털화와 비물질화 덕분에 사적 소유라는 노모스는 자신의 기반과 존재 이유를 잃었고, 오직 무력에 의해서만 부과될 수 있게 됐다. 게다가 임금의 토대 자체, 즉 생산에 필요한 시간과 생산물의 가치 사이의 관계가 사라지고 있다. 생산의 비물질화와 인지화는 가치를 생산하는 데 필요한 평균 시간의 측정을 거의 불가능하게 만든다. 시간과 가치가 동일한 기준으로 측정될 수 없게 됐고, 폭력이 가격과 임금을 결정할 수 있는 유일한 법칙이 됐다.

사회적 생산에 대한 전 세계적 탈규제에 길을 열어준 신자유주의 학파는 경제적 교환에 있어서의 합리적 예측이라는 신화를 조장했으며, 특히 노동시장과 관련해 자기조절적 시장이라는 관념을 요란하게 떠들고 다녔다. 그러나 자기조절은 거짓말이다. 전지구적 자본주의는 착취를 증대하고 사회복지를 파괴하기 위해서 국제통화기금이나 세계무역기구 같은 정치기구들을 이용했다. 이 기구들의 정치적 결정을 군사력으로 강제한 것은 말할 것도 없다. 시장은 자기조절되기는커녕 군사적으로 조절된다.

시장에 대한 완벽한 지식을 기반으로 성실히 경쟁하는 자유로운 개인들의 신화도 거짓말이다. 현실의 인간들은 완벽하고 합리적인 계산기가 아니다. 합리적 예측의 신화도 부동산 모기지 거품의 폭발 이후 결국 무너졌다. 합리적 예측 이론은 신자유주의적 사유의 핵심이다. 이 이론에 따르면 경제 주체들은 판매와 구매를 함에 있어 완벽하게 합리적인 방식으로 최상의 거래를 자유롭게 선택한다고 가정된다. 그러나 투자기관들이 저지른 사기 행각은 미국인들 수백만 명의 삶을 망가뜨렸고, 이 이론이 협잡임을 드러냈다.

경제적 교환은 합리적 게임으로 설명될 수 없다. 비합리적 요소들이 사회적 삶 일반에서 결정적 역할을 하기 때문이다. 속임수, 허위 정보, 심리적 조작은 예외가 아니라 광고주, 금융 에이전트, 경제 컨설턴트들이 사용하는 전문적 도구들이다.

사회적 관계들이 수학적 관점으로 설명될 수 있다는 관념에는 신화적 힘이 있다. 그러나 그것은 과학이 아니며, 자연 법칙과도 별 상관이 없다. 이론의 실패에도 불구하고 신자유주의 정치는 여전히 전지구적 기계장치를 통제하고 있다. 권력을 장악한 범죄계급이 물러날 생각이 없고, 사회적 두뇌는 재구성 능력이 없으며 자기조직화로 나아갈 수 있는 길을 찾지도 못했기 때문이다. 나는 2009년 9월 6일자 『뉴욕타임스』에서 아래와 같은 글을 읽었다.

지난 해 모기지 사업이 붕괴된 이후 월스트리트의 투자은행들은 돈을 벌 획기적인 아이디어를 찾기 시작했다. 그리고 마침내 그런 아이디어를 찾는 데 성공한 것으로 보인다.

은행들이 '생명보험 전매권'을 사들일 계획이다. 생명보험 전매란 보험계약자인 환자나 노인이 이를테면 자신의 기대수명에 따라 현금을 받고 자신의 생명보험증권을 파는 것이다. 예컨대 백만 달러짜리 생명보험증권을 [해약 환급금보다 액수가 좀 더 높은] 현금 40만 달러에 파는 식이다. 이후에 은행들은 이렇게 사들인 생명보험증권을 수백, 수천 개씩 묶어 채권으로 만듦으로써 월스트리트의 은어로 '유동화'할 계획이다. 은행은 이 채권들을 거대 연기금처럼 투자자들에게 되팔 예정이며, 투자자들은 보험계약자가 사망시 보험금을 수령하게 된다.

보험계약자가 빨리 죽으면 죽을수록 돌아오는 돈은 더 커진다. 반대로 피보험자가 예상보다 오래 살게 되면 투자자들은 얼마 안 되는 돈만을 회수하거나 심지어 돈을 잃을 수 있다.26)

내가 생명보험을 든다고 상상해보자. 아마 이런 짓은 절대로 하지 않겠지만. 보험회사는 당연히 내가 죽어서 나의 가족에게 많은 돈을 지불하기보다, 내가 오랫동안 보험료를 낼 수 있도록 오래 살기를 바랄 것이다. 그러나 어떤 깨인 금융 전문가가 보험사를 보험에 들도록 하는 멋진 생각을 가지고 있다고 해보자. 그 전문가는 리스크를 사들이고 내가 일찍 죽는 데 투자한다. 이 이야기가 어떻게 끝날지 추측하기 위해 필립 K. 딕의 상상력이 필요하지는 않을 것이다. 금융 에이전트들은 밤사이에 나를 죽이고 싶어질 것이다.

회복에 대한 이야기는 네크로노미, 즉 죽음의 경제에 근거한다. 자본주의는 언제나 전쟁, 살육, 집단학살로부터 이익을 얻어왔으므로 이것이 새로운 것은 아니다. 그러나 이런 등식이 이제는 분명해지고 있다. 죽음은 약속이고 투자이자 희망이다. 죽음이야말로 자본주의가 확보할 수 있는 최선의 미래이다.

투기의 논리는 근대 후기에 지배적이었던 스펙터클의 논리와 다르다. 스펙터클은 삶의 거울화, 삶을 스펙터클한 축적의 거울 안으로 이전하는 것이었다. 투기는 미래를 금융의 거울에 종속시키는 것이며 현재의 삶을 미래의 돈으로 대체하는 것이다. 그런데 미래의 돈은 결코 오지 않을 것이다. 죽음이 먼저 당도할 것이기 때문이다.

전지구적 경기침체의 첫해로부터 우리가 배워야 할 교훈은 슬프다. 신자유주의적 어리석음은 사라지지 않을 것이고, 금융의 무모한 도박꾼들은 투기를 멈추지 않을 것이며, 기업들은 착취를 그치지 않고, 대개 기업의 로비로 통제되는 정치계급은 최후의 일격으로부터 사회를 보호해 줄 의지가 없거나 능력이 없다.

1996년에 발라드는 "가장 완벽한 범죄는 희생자가 자신이 희생자가 되기를 자처했거나 자신이 희생자라는 사실을 알지 못하는 범죄"[27]라고 썼다. 민주주의는 경제를 장악한 범죄계급을 저지할 수 없어 보인다. 더 이상 정치적 견해의 영역에서 결정이 내려지지 않고, 접근 불가능한 경제적 자동작용의 영역에서 결정이 내려지기 때문이다. 경제는 결정을 내리는 기본 기준으로 선언됐고, 경제학자들은 성장에 대한 자본주의적 강박과 경제를 의도적으로 동일시해왔다. 정치적 선택을 위한 그 어떤 여지도 남아 있지 않다. 기업의 원리가 언어와 상상력의 기술적 구조 안에 각인되어 있기 때문이다.

| **특이성의 봉기** |

흔히 행동주의는 주체화 과정을 저항의 관점에서 생각해왔다. 푸코에게 헌정한 책에서 들뢰즈는 주체성을 논하며 주체화 과정과 저항을 동일시한다. "삶이란 힘이 가진 이런 저항 능력이 아니겠는가?"[28] 나는 이런 질문을 던질 때라고 생각한다. 고삐 풀린 자본주의의 파괴적 효과에 사회가 더 이상 저항할 수 없다면 어떻게 할 것인가? 금융 축적의 파괴적 힘에 사회가 더 이상 저항할 수 없다면 어떻게 해야 할 것인가? 주체를 저항과 동일시하는 것은 어떤 의미에서 위험하다. 들뢰즈 자신도 썼듯이 탈출할 때 우리는 그저 빠져나가기만 하는 것이 아니라 새로운 무기 또한 찾고 있는 것이기 때문이다.

우리는 자율과 저항을 구분해야 한다. 그리고 만일 우리가 그렇게 하고 싶다면 욕망과 에너지를 구분해야 한다. 현대 자본주의의 지배적인 주안점은 에너지였다. 다시 말해서 생산하고 경쟁하고 지배할 수 있는 능력이었다. 파우스트부터 미래주의자들에 이르기까지 일종의 에너지 숭배Energolatria가 서구 문화계를 지배해왔다. 힘의 이용 가능성을 끝없이 증대시키는 것이 그 교의였다. 이제 우리는 에너지가 무한하지 않다는 것을 안다. 서구의 사회적 정신에서 에너지가 사라지고 있다. 나는 우리가 자율의 개념과 실천을 이런 관점에서 다시 구성해야 한다고 생각한다. 사회적 신체는 자본의 난폭한 주장에 맞서 자신의 권리들을 새로이 긍정할 수 없다. 권리들의 추구는 힘의 행사와 분리될 수 없기 때문이다.

힘이 막강했던 1960~70년대의 노동자들은 자신들의 권리를 요구하거나 평화 시위를 벌여 자신들의 의지를 보이는 데 그치지 않았다. 그들은 노동을 거부하고, 부를 재분배하고, 재화와 서비스와 공간을 나누면서 연대해 행동했다. 자본가들 쪽에서도 부탁하거나 설명하는 데 그치지 않는다. 그저 자신들의 바람을 공표하기만 하지 않는다. 자본가들은 자신들이 바라는 것들을 법제화한다. 자본가들은 사건이 일어나게 만들고, 투자하거나 회수하며, 배치를 바꾸거나 파괴하고 건설한다. 자본과 사회의 관계에서는 오직 힘만이 자율을 가능케 한다. 그러나 힘이란 무엇인가? 오늘날 힘이란 무엇인가?

욕망과 에너지의 동일시는 힘과 폭력을 동일시하게 만들었다. 이는 1970~80년대에 이탈리아 운동에서 매우 좋지 않게 드러났다. 우리는 에너지와 욕망을 구별해야 한다. 에너지는 쇠락하고 있지만 욕망은 구해야 한다. 이와 마찬가지로 우리는 힘과 폭력을 구별해야 한다. 폭력으로 싸우는 힘은 오늘날 자기파괴적이거나 쓸모가 없다. 활동가들이 블랙워터, 핼리버턴, 첩보기관, 마피아 같은 전문적 살인조직들에 맞서 싸우는 것을 어떻게 생각할 수 있겠는가?

권력에 맞선 투쟁에서 오직 자살만이 효과적이었음이 판명됐다. 실제로 자살은 현대사에서 결정적인 것이 됐다. 다중의 어두운 면이 여기서 죽음의 외로움과 만난다. 활동가 문화는 분노의 문화가 될 위험을 피해야만 한다. 자본주의가 사회의 역사에 새겨 넣은 파국적 흐름을 되돌릴 수 없다는 사실을 인정하는 것이, 사회를 단념하는 것을 의미하지는 않는다. 반대로 우리는 오늘날 새로운 문화적 과제를 가지고 있다. 편안한 영혼을 가지고 피할 수 없는 삶을 살아내는 것이 그것이다. 경제의 현장으로부터 대거 물러나기, 떨어져 나오기, 탈주하기, 정치판의 쇼에 참여하지 않기를 호소하는 것도 한 방법이다. 사회적 변형의 결정적 주안점은 창조적인 특이성이다. 특이성들이 존재한다고 해서 그것을 곧 구원에 이르는 개인적 길로 생각해서는 안 된다. 특이성들은 전염적 힘이기 때문이다.

2008년 미국인들의 희망과 정치적 에너지를 움직였던 세 단어, 즉 오바마 선거캠프의 슬로건인 "Yes, We Can"은 오바마가 당선되고 겨우 일 년이 지났을 때 껄끄러운 메아리로 돌아왔다. 이 말은 약속이라기보다는 귀신 쫓는 주문에 더 가깝게 들린다. "그래, 우린 할 수 있어"라는 말은 프로이트적 의미에서의 실수, 즉 집단적 무의식에서 오는 신호로, 사실 우리는 **할 수 없다**는 숨겨진 직관의 변용으로 읽힌다. 오바마의 이 만트라는 미국 국민들 중 최상 부분의 에너지를 그러모았고, 미국의 문화적 유산 중 최상의 부분을 한데 모았다.

그러나 결과는 어땠는가? 지금까지 오바마는 전지구적 환경 파괴, 체니-부시 콤비가 야기한 지정학적 재앙의 결과들, 기업(예컨대 사적 건강보험사들)의 이해를 부과하는 강력한 로비의 효과들에 대처하지 못했다. 생태적 재앙, 지정학적 위협, 신자유주의의 금융정치가 촉발한 경제 붕괴를 생각해보면, 돌이킬 수 없는 흐름들이 이 세계의 기계 안에서 이미 작동 중이라는 느낌을 떨치기 힘들다. 정치적 의지는 범죄계급의 경제권력 앞에서 마비된 것처럼 보인다.

근대 사회 문명의 시대는 무너지기 직전인 듯한데, 사회가 어떻게 반응할 수 있을지를 상상하기는 어렵다. 근대 문명은 자본주의적 노동 착취와 사회적 갈등의 정치적 조절을 수렴하고 통합하는 데 그 토대를 두었다. 계몽주의와 사회주의의 후계자인 규제자로서의 국가는 인권의 보증인이자 사회적 균형의 교섭자였다. 노동과 자본 사이의(그리고 자본가계급 자체 내의) 격렬한 계급투쟁이 끝난 뒤 금융계급이 법적 규제를 파괴하고 사회적 구성을 변형시킴으로써 권력을 장악했을 때, 근대 문명의 체계 전체가 허물어지기 시작했다.

사회진화론의 이데올로기가 강자의 법칙을 폭력적으로 부과하는 것을 정당화했고, 민주주의의 토대 자체가 돌무더기로 환원됐다. 관용·문화·인간적 감정에 대한 파괴가 가속화되자 축적 과정은 전례 없이 촉진됐고, 20세기의 마지막 20년 내내 경제 성장의 속도와 범위도 증대됐다. 그러나 이것은 새로운 세기에 들어와서 진행 중인, 인간 사회를 적으로 삼은 전쟁의 전제들 또한 만들어냈다.

사회와의 전쟁은 두 가지 수준에서 벌어졌다. 경제의 수준에서 이 전쟁은 사유화라는 이름으로 자행됐으며 생물학적·정동적·언어적 영역의 모든 단편과 모든 세포가 이윤기계로 전환되어야 한다는 관념에 기초한다. 이런 사유화의 결과, 소수의 엄청난 부자들과 모든 것을 잃은 다수의 빈자들 사이의 불균형이 점증하고 있을 뿐 아니라 일상생활이 빈곤화되고, 성·소통·인간관계 영역에서의 감수성의 상실 또한 초래됐다. 사회의 수준에서 이 전쟁은 영토와 경제적 삶의 불안정화와 범죄화라는 이름으로 벌어졌다. 지구상의 넓은 지역에서(이 지역은 점점 더 넓어지고 있다) 생산과 교환이 군사집단과 범죄조직들 사이의 폭력적인 충돌의 장이 됐다. 노예화, 공갈, 강탈, 살인은 경제용어 사전의 필수 항목들이다.

다가올 몇 년 동안 산발적인 봉기들이 발발할 것이다. 그러나 우리는 이 봉기들로부터 많은 것을 기대해서는 안 된다. 대도시 공간의 군사화 탓에 이 봉기들은 권력의 진정한 중심부를 건드릴 수 없을 것이다. 그리고 물질적 부나 정치권력의 관점에서도 많은 것을 얻을 수 없을 것이다. 오랫동안 이어진 대항지구화 운동의 도덕적 항의의 물결이 신자유주의 권력을 파괴할 수 없었던 것처럼, 새로운 의식성과 감수성이 부상해 확산되고 매일의 삶을 바꾸면서 전지구적 네트워크의 문화와 의식성에 뿌리를 둔 **비-일시적 자율지대들**[29]을 만들어내지 않는다면 봉기들은 해결책을 찾지 못할 것이다.

완전고용은 끝났다. 세계는 그렇게 많은 노동과 착취를 필요로 하지 않는다. 노동시간의 급진적 감축이 필수적이다. 고용 여부와 무관하고 노동시간을 내주는 것과 분리된 기본소득이 삶에 대한 권리로 천명되어야 한다. 능력, 지식, 숙련이 교환가치의 경제적 맥락과 분리되어 자유로운 사회적 활동의 관점에서 다시 생각되어야 한다.

작금의 경기침체를 경제적 관점에서만 봐선 안 된다. 우리는 이 경기침체를 본질적으로 전 세계의 자원과 권력의 재분배를 바꿔낼 인류학적 전환점으로 봐야 한다. 5백여 년에 걸친 식민주의가 끝나가고 있으니, 유럽은 그 경제적 특권을 잃게 될 것이다. 서구인들이 쌓아온 부채는 경제적인 것일 뿐 아니라 도덕적인 것이기도 하다. 쉽지 않을 테지만, 억압·폭력·집단학살의 부채가 이제는 상환되어야 한다. 유럽 인구의 대다수는 경기침체가 강제할 부의 재분배를 받아들일 준비가 되어 있지 않다. 이주의 물결이 몰아치고 있는 유럽은 점증하는 인종주의적 위협에 직면할 것이다. 민족 간 전쟁을 피하기는 어려울 것이다. 미국에서 오바마의 승리가 불러일으킨 기대는 거의 어긋났다. 그러나 이와 동시에 정체성에 기반을 두지 않은 토착적인 르네상스의 물결이 특히 라틴아메리카에서 일고 있다.

오늘날에는 비-일시적 자율지대들이 필요하다

'하킴 베이'라는 필명으로 더 잘 알려진 미국의 아나키스트 피터 램본 윌슨(Peter Lamborn Wilson, 1945~)은 1991년 "일시적으로 공식적 통제구조를 벗어난 저항과 자유의 공간"을 일컬어 '일시적 자율지대'(Temporary Autonomous Zone)라 불렀다. 윌슨은 '해적들의 유토피아'(해적들이 비축물을 감췄던 섬이나 동굴)라는 유럽의 전통과 1960~70년대 미국 반문화 운동에서 얻은 자신의 개인적 경험을 바탕으로 이 개념을 만들었는데, 윌슨에 따르면 일시적 자율지대는 비록 권력의 억압으로 오랫동안 존속될 수 없지만 그 안에 거주하는 모든 사람이 각자의 삶을 변화시켜주는 강렬한 경험을 하는 공간이다.

최근 모습을 드러낸 '일시적 자율지대'를 꼽아보자면 2011년의 타흐리르 광장(카이로) [위 사진], 주코티 공원(뉴욕), 푸에르타델솔 광장(마드리드) 등이 있다. 그러나 비포는 오늘날 궁극적으로 필요한 것은 이런 일시적 자율지대들의 일회성을 뛰어넘어 더 강한 지속성을 지닌 공간, 즉 '비-일시적 자율지대들'(Non-Temporary Autonomous Zones)이라고 말한다. 베이 역시 훗날 '영구적 자율지대들'(Permanent Autonomous Zones)이라는 개념으로 '일시적 자율지대'와 상호영향을 주고 받을 수 있는 공간의 필요성을 언급한 바 있다.

기초적 필요들(주거·교통·식량)과 사회적 서비스의 사유화는 부와 행복을 사적으로 소유한 재산의 양과 동일시하는 문화에 근거한다. 근대 자본주의의 인류학에서 행복은 결코 향유와 동일시되지 않고 획득과 동일시됐다. 다가올 몇 년 동안 우리가 살아가게 될 사회적 동요의 과정 속에서 행복과 소유의 동일시를 문제 삼아야 한다. 이것은 정치적 과제이지만, 무엇보다도 문화적 과제이자 정신치료학적 과제이기도 하다.

기호생산물과 관련해 사적 소유는 점점 더 부적절한 것이 되고 있다. 사실 사적 소유를 강요하는 것이 점점 더 어려워지고 있다. 저작권 침해를 반대하는 캠페인들은 역설적인데, 집단지성의 생산물을 사유화하기 위해 필사적으로 노력하고 생산자 공동체에 세금을 부과하려고 억지 노력을 하고 있는 기업들이 진짜 해적들이기 때문이다. 집단지성의 생산물은 내재적으로 공통적이다. 지식은 쪼개거나 사적으로 소유될 수 없기 때문이다. 금융시장과 신자유주의 이데올로기의 붕괴가 초자본주의의 취약한 토대를 드러냈을 때, 새로운 유형의 코뮤니즘이 디지털 네트워크의 기술적 변형들로부터 이미 생겨나고 있었다. 이제 우리는 성장의 붕괴, 점증하는 부채, 행복을 사적 소비로 보는 것에 대한 문제제기로부터 새로운 변화의 물결을 예측할 수 있다. 지식의 공통성, 사적 소유 이데올로기의 위기, 공동체에 기반을 둘 수밖에 없는 욕구, 이 세 가지 힘들로 인해 새로운 지평과 전망이 가시화되고 부상할 것이다. 코뮤니즘이 돌아오고 있다.

전위의 의지와 주의주의, 새로운 전체성에 대한 편집증적 기대에 기반을 둔 낡은 코뮤니즘은 20세기 말에 실패했고 부활할 수 없을 것이다. 완전히 새로운 유형의 코뮤니즘이 필연의 형태로, 자본주의 체제의 급격한 몰락의 불가피한 결과로 부상할 것이다. 자본의 코뮤니즘은 야만적인 필연이다. 우리는 이 필연에 자유를 불어넣어야 하며, 이 필연을 의식적으로 조직화된 선택으로 만들어야 한다.

코뮤니즘이 돌아왔지만 우리는 여기에 다른 이름을 붙여야 한다. 역사의 기억이 이 특정한 형태의 사회조직화를 종교의 성격을 띤 정치적 전제정치와 동일시하기 때문이다. 20세기의 역사적 코뮤니즘은 특이성에 대한 전체성의 우월함이라는 관념에 기반을 두고 있었다. 그러나 이제 20세기 코뮤니즘 운동을 규정했던 변증법적 틀은 완전히 폐기되어서 아무도 그것을 부활시킬 수 없을 것이다.

헤겔의 영향력은 '역사주의'라 불리는 종교적 신념이 형성되는 데 주된 역할을 했다. 지양(이념을 실현시키기 위해 현실적인 것$^{the\ Real}$을 폐기하는 것)은 코뮤니즘이라는 개념 전체의 편집증적 배경이다. 그런 변증법적 틀 안에서 코뮤니즘은 모든 것을 아우르는 자본주의적 총체성을 지양하고 대체할 것으로 기대되는, 모든 것을 아우르는 또 하나의 총체성으로 간주됐다. 주체(노동계급의 의지와 행동)는 낡은 것을 지양하고 새로운 것을 개시하는 도구로 간주됐다.

개념들의 생산 외부에 존재하는 산업 노동계급은 지양·총체화의 신화에 의기투합할 수 있을 뿐이었지만 일반지성은 그렇게 할 수 없다. 일반지성에게는 20세기의 레닌주의 정당 같은 표현 주체가 전혀 필요하지 않다. 일반지성의 정치적 표현은 기호들을 이해하고 생산하는 일반지성의 활동과 일치한다. 우리는 특이성들의 다층적 공진화共進化를 위해 변증법의 영토를 떠났다. 자본주의는 끝났지만 사라지지는 않을 것이다. '비-일시적 자율지대들'의 창조는 어떤 총체화도 낳지 않을 것이다. 우리는 혁명 같은 카타르시스적 사건을 목격하지도, 국가권력의 갑작스런 붕괴를 보게 되지도 않을 것이다. 수년 내에 우리는 주체 없는 혁명을 목격할 것이다. 이 혁명을 주체화하기 위해서 우리는 특이성들을 확산시켜야 한다. 나의 소견으로는 이것이 우리의 문화적·정치적 과제이다.

지양과 총체화의 변증법을 폐기한 뒤에 우리는 지금 재조합과 특이화의 동학에 관한 이론을 구축하려 애쓰고 있다. 이 개념들은 분명 가타리의 작업들, 특히 가타리 생전의 마지막 저서 『카오스모제』에서 나온 것이다. 특이성이라는 말로 나는, 이전에는 결코 본 적 없는 맥락의 표현을 의미한다. 이 표현의 행위자는 개인일 수도 있고 집단일 수도 있지만, 사건이 될 수도 있다. 이 행위자가 자기 존재의 장을 가로지르는 다양한 흐름들을, 반복적이지 않거나 이전에 존재했던 어떤 종속된 주체의 형식도 참조하지 않은 원리에 따라 재조합할 때, 이것을 특이성이라 부른다. 특이성이라는 말로 나는, 순종이나 반복의 규칙을 따르지 않고, 어떤 역사적 필연성이나 역사에 대한 연속적 이해 속에서 형성되지 않은 (역사는 창발적이고 자기창조적인 과정이다) 행위를 의미한다.

우리는 사회적 전망의 급속한 변화보다는 새로운 경향의 느린 부상을 기대해야 한다. 즉 붕괴하고 있는 자본주의 경제를 버리고, 일자리 찾기를 포기하는 개인들이 점점 더 많아지며, 자신들만의 서비스 네트워크를 창조하는 새로운 경향이 부상하기를 말이다.

사회적 삶이 더 이상 산업노동을 필요로 하지 않기 때문에 산업의 해체는 막을 수 없다. 성장 신화는 폐기될 것이고, 사람들은 부를 재분배하는 새로운 방식들을 찾을 것이다. 특이한 공동체들은 검약과 자유에 대한 감각을 통해 행복과 부에 대한 인식 자체를 바꿀 것이다. 이 이행 속에서 우리에게 필요한 문화 혁명은, 더 많은 재화들을 획득하는 데 필요한 돈을 버느라 바빠서 정작 향유할 수도 없는 재화에 대한 사적 소유를 부로 보는 인식에서 벗어나, 다른 사람들과 공유할 수 있는 필요한 양만큼의 사물들의 향유를 부로 보는 인식으로 옮아가게 해줄 것이다.

서비스와 재화의 탈사유화는 우리에게 매우 필요한 이 문화 혁명으로 가능해질 것이다. 이 혁명이 계획적이고 균일한 방식으로 일어나지는 않을 것이다. 오히려 이 혁명은 특이한 개인들과 공동체들의 물러나기, 공통적 재화들과 서비스들의 공유 경제 창조, 문화·오락·정서를 위한 시간의 해방이 가져오는 효과가 될 것이다. 이런 과정이 사회의 변두리에서 확장되는 동안, 범죄계급은 자신들의 권력에 매달려 점점 더 억압적인 법률을 입안해 시행할 것이며, 대다수의 사람들은 점점 더 공격적이고 필사적이 될 것이다. 민족 간 내전이 유럽 전역으로 확산되고, 시민적 삶의 구조 자체를 망가뜨릴 것이다.

특이성들의 확산(물러나기, 비-일시적 자율지대들의 구축)은 평화적인 과정이 될 것이지만, 체제 순응적인 다수의 사람들은 폭력적으로 반응할 것이다. 이런 일은 이미 일어나고 있다. 순응적인 다수는 지적 에너지의 탈주를 두려워하는 동시에 지적 활동의 표현을 공격하고 있다. 이런 상황은 미디어 전체주의가 만들어낸 거대한 무지와 일반지성의 공통적 지력 사이의 싸움으로 묘사할 수 있다.

우리는 이 과정의 결과가 어떨지 예측할 수 없다. 우리의 과제는 자율의 장을 확장하고 보호하는 것이며, 공격적인 다수의 무지의 장과 폭력적으로 접촉하는 것을 가능한 한 피하는 것이다. 대결을 피하고 물러나는 이런 전략이 항상 성공하지는 않을 것이다. 때로는 인종주의, 파시즘 등과 불가피하게 대치하게 될 것이다. 원하지 않은 충돌이 일어났을 때 무엇을 해야 하는가를 미리 말하기란 불가능하다. 비폭력적인 대응이 최선인 것은 분명하지만, 그것이 항상 가능하지는 않을 것이다. 행복을 사적 소유와 동일시하는 것은 너무나 깊게 뿌리박혀 있어서 인간 환경의 야만화를 완전히 뿌리 뽑을 순 없다. 그러나 일반지성의 과제는 정확히 다음과 같다. 즉 범죄계급 및 순응적 대중들과의 대결을 피하는 한편, 편집증으로부터 도망쳐 인간적 저항의 지대들을 만들고, 에너지를 최소로 소비하는 최첨단 기술을 사용해 생산의 자율적 형식들을 실험하기.

수년 내에 정치와 치료는 하나의 동일한 활동이 될 것이다. 사람들은 희망을 잃은 채 절망하고 우울해하며 공황상태에 놓일 것이다. 탈성장 경제에 대처할 수 없고, 사라지고 있는 근대적 정체성을 그리워하게 될 것이기 때문이다. 우리의 문화적 과제는 이런 사람들에게 멀지 않은 곳에 있는 행복한 적응의 방식을 보여주면서, 이들에게 주의를 기울이고 이들의 정신이상을 돌보는 것이다. 우리의 과제는 치료의 전염지대처럼 작용하는 인간적 저항의 사회적 지대들을 만드는 것이 될 것이다. 자율의 발전은 지양이 아닌 치료로 간주되어야 한다. 이런 의미에서 자율의 발전은 총체화하지 않고, 과거를 파괴하거나 폐기하려 하지 않는다. 정신분석적 치료처럼 이것은 끊임없는 과정으로 간주되어야 한다.

| 나이든 이들이 사랑에 빠질 때 |

영화 『아홉 번째 구름』[30)에서 안드레아스 드레센 감독은 단순한 사랑 이야기를 연출한다. 잉에는 베르너와 결혼했지만, 칼과 만나 사랑에 빠진다. 잉에는 남편을 떠나 애인인 칼과 함께 살기로 결심한다. 어느 날 밤, 사랑하는 칼의 품에 안겨 잠들어 있던 잉에는 한 통의 전화를 받는다. 베르너의 자살 소식을 알리는 전화였다.

자, 이게 어떻다는 건가? 말했듯이 이것은 사랑 이야기이다. 그런데 내가 중요한 것을 알려주는 것을 깜빡했다. 이 영화의 주인공들은 잉에, 베르너, 칼은 70대의 노인들이다. 나는 드레센이 아름다운 영화를 만들었다고 생각한다. 나이든 이들의 사랑은 극소수의 예외를 제외하고는 문학과 영화가 이야기하지 않았던 주제이며, 우리가 아는 바가 거의 없는 주제이다. 그 이유는 단순하다. 나이든 이들이 한 번도 존재한 적이 없었기 때문이다. 몇 십 년 전까지만 해도 60대 이상의 사람들은 그 수가 너무 적어서 고독하고 드물었다. 때로 경의와 존경의 아우라에 둘러싸여 있기도 했지만, 대개 소외되거나 사회의 변두리로 밀려났고, 항상 홀로 있었으며, 생존수단을 빼앗겨 공동체를 이룰 수 없었다. 평균 수명의 연장은 지금까지 한 사람이 사회의 성장에 기여한 바에 대한 약간의 보상, 즉 퇴직금에 대한 권리와 관련되어 왔다. 유럽은 수년 내에 인구의 3분의 1이 노년층에 포함될 것이다. 이 세대는 평화, 민주주의, 복지에 대한 근대적 약속의 이행이 분명 머지않았던 전후에 태어난 세대들이다. 5백여 년 동안의 잔인한 자본주의적 팽창은 조직된 노동자들의 정치적 힘에 의해 필경 완화됐다. 1945년에서 1975년 사이에 태어난 세대는 자유, 평화, 정의가 마치 보편적 가치인 것처럼, 이에 대한 기대를 자신의 문화적 배경 안에 가지고 있었다. 당연히 이런 가치는 보편적이지 않다. 보편적 가치 같은 것은 존재하지 않기 때문이다. 그것은 사회적 관계들이 생산한 문화적 기대의 관념론적 해석일 따름이다.

30년이 넘는 세월 동안 신자유주의가 승승장구하면서, 자본주의의 반격은 탈규제화된 노동시장에 잔인한 경쟁의 법칙을 부과하고 사회적 삶을 통제되지 않는 이윤의 지배에 종속시키면서, 자유와 정의의 가능성을 위한 조건 자체를 철저하게 파괴해버렸다. 자본주의의 반격이 이뤄진 이 시기에 자라나 이제 막 노동시장에 진입하고 있는 세대들은 과거의 사회적 문명화의 기억도, 약탈 경제로부터 자신의 존재를 지킬 수 있는 정치적 힘도 없다.
　나이든 사람들은 어떤가? 우리는 나이 들어가는 것에 대해 거의 아는 것이 없으며 나이든 이들의 감정, 그들의 사회적 조직화 능력, 연대의 능력, 정치적 힘에 대해서도 아는 바가 없다. 나이 들어보지 않았기 때문이다. 그러나 이제 그런 경험이 시작되고 있다. 노령화 시대가 도래했으며, 유럽은 그것이 처음으로 전개될 곳이다. 전후 세대들은 그 이전의 세대들과 같은 정도로 자식을 낳지 않았기 때문에, 노령화된 유럽 영토에서 마이너스 인구 성장이 시작됐다. 이 경향은 피임기구의 보급, 개인의 자아실현에 대한 숭배, 모성에 대한 의식적 거부, 도시환경에서의 높은 육아 비용 같은 이유로 전 세계에 확산되고 있다. 유럽에서는 이 경향이 이미 그 효과를 낳고 있으며, 우리는 진전된 노령화 상태에 대해서 이야기할 수 있다.
　나는 노령화의 경제적 효과나, 점점 더 많은 사람들이 은퇴할 나이에 다다르고 있는데 생산연령에 속한 사람들의 수는 적어지는 사회의 딜레마에 대해서 이야기하고 싶은 것이 아니다. 나는 단지 이것을 말하고 싶다. 즉 노인들로 하여금 은퇴를 미루도록 해야 한다고 주장하는 것은, 노동시간을 연장하고 젊은 사람들을 실업과 불안정성의 덫에 가두려는 순전히 신자유주의적인 속임수라는 것이다.

여기서 내가 관심을 갖고 있는 부분은 장기적인 관점에서 사회적 노쇠함이 가져올 문화적 효과이다. 유럽의 노령화는 봉쇄정책(솅겐협약)31)으로는 막을 수 없을 만큼 대규모로 이뤄지고 있는 이주 과정과 나란히 진행되고 있다. 한편으로 보면 이주는 지난 5백여 년의 식민지배 기간 동안 유럽에 집중되어온 부의 재분배를 요구하는 가난한 사람들의 압박이다. 이것이 우리가 유럽의 노령화를 전지구적 경제 균형이 재규정되는 국면으로 봐야 하는 이유이다.

다가올 10년간 유럽은 두 가지 가능성 사이에서 선택을 하도록 강요받을 것이다. 하나는 아프리카와 아시아로부터 몰려드는 군중들에게 유럽의 국경선을 개방하고, 서구의 소비 규모를 줄이며, 생산과 소비의 '탈성장'을 추구하는 삶의 방식을 채택하는 것을 포함하는, 부와 자원의 재분배이다. 다른 하나는 유럽 땅에서 이미 그 첫 번째 징후가 보이는 민족 간 내전의 격화이다. 2009년 6월에 있었던 선거에서 외국인 혐오를 드러낸 정당들이 선전한 것은 그런 징후들 중 하나이다.32) 대부분의 유럽인들은 수세기의 식민지배 동안 축적된 특권을 필사적으로 지키려 하고 있지만, 지난 세기에 식민 제국들의 몰락 이래로 이 특권은 약화됐으며, 전지구적 경기침체 속에서 이제 정말로 산산이 부서지고 있다. 2009년 6월의 선거들은 노쇠함에 대처할 수 없는 무능력, 사회적 유기체가 지닌 정신 에너지의 부패, 즉 유럽의 슬픔을 보여준다. 이 투표 결과는 정치적 의지의 결과가 아니라, 급속하게 확장되고 있는 노년의 치매 증상이라 할 수 있다.

근대의 시기 동안 정보영역과 이성 사이에는 매우 섬세한 균형이 이뤄졌다. 이 균형으로 인해 역사의 행위자들이 상대적으로 좁은 범위의 정보를 파악하고 거기에 기초해 결정을 내릴 수 있었기 때문에,

정치적 의지가 합리적으로 작용할 수 있었다. 그러나 기호의 발산이 가속화되고 정보영역이 비대해지면서 장기적으로 과부하, 이에 따른 불안, 공황 같은 효과가 생겨났다. 이와 동시에 유럽은 너무 나이들어 버렸다. 이것은 무엇보다도 인구통계학적인 문제이지만 이에 국한되지 않는다. 유럽은 사랑해서가 아니라 소유를 위해서 자신의 삶을 필사적으로 더듬어 찾는 늙은이들의 나라이다. 필리핀, 몰다비아, 모로코 출신의 젊은 간병인들이 필요한 늙은이들의 나라이자, 우리의 손아귀에서 너무나 많은 고통을 받아 더 이상 고통을 두려워하지 않고 유럽법의 처벌을 신경 쓰지 않게 된 저 젊은이들의 민첩함을 경멸함으로써 스스로를 괴롭히는 늙은 바보들의 나라이다. 노인성 치매(기억상실, 알 수 없는 것에 대한 비합리적 공포)가 정신적으로 나약하고 사회적으로 피로한 유럽 사회의 모든 세대에 퍼져나가고 있다. 우파 민족주의 정당에 표를 던지는 젊은 유권자들은 잔뜩 겁을 집어먹은 노인들만큼이나 아둔하며, 또한 그들만큼이나 자신들의 순응적 태도에서 빠져나갈 길을 생각하거나 찾아낼 능력이 없다.

이것의 결말은 어떻게 될까? 결말을 예측하는 것은 쉽다. 늙은 유럽인들은 잘 무장되어 있으니, 그들은 죽일 것이다. 조직적 대학살, 대규모 폭력, 민족 간 내전. 이것이 유럽의 미래이다. 우리는 그리스도교의 '단념' 개념을 종교적이지 않은 용어로 번역하는 길을 찾아야 한다. 아무것도 할 수 없을 때, 너무 많은 증오가 집단의 업에 쌓여 있을 때, 무엇을 해야 할까? 전쟁기계가 모든 적재적소에 숨겨져 있다는 사실을 알았을 때, 우리는 어떻게 계속해서 행복하고 자유로울 수 있을까? 바로 이것이, 늙어서 평화로운 지혜를 갖게 되거나 아니면 공격적 치매의 심연에 빠지기 전에, 내가 나 자신과 내 친구들에게, 젊은이들이 목숨 걸고 싸웠던 마지막 전쟁 이후에 태어난 나의 세대들에게 던지는 질문이다.

전후의 희망 속에서 수십 년 동안 자라난 우리 세대는 오늘날, 1968년에 수행할 수 있었던 과제만큼이나 중요하고 커다란 문화적 과제에 직면해 있다. 이제 우리는 유럽 사회가 탈성장 과정을 의식적으로 시작하기 위한 조건들, 서구 사회가 5백 년에 걸친 식민지배 동안 축적해온 막대한 빚을 갚기 위한 조건들을 창조해야 한다.

근래의 경기침체는 서구(특히 미국)가 최근 몇 십 년 동안 진 금융채무의 결과이다. 그러나 어떤 방식으로도 갚을 수 없는 훨씬 더 무거운 부채가 있다. 그것은 아메리카 원주민들에게 자행한 대량학살과 수백만 명의 아프리카·아시아인들을 강제 이송해 노예로 삼은 것으로부터 발생한 상징적 부채이다.

유럽의 노인 세대는 서구 사회가 부와 자원의 재분배에 관한 오래 지속될 합의에 이르도록 준비시키는 문화 혁명의 주체가 될지도 모른다. 그런 문화 혁명은 근대 문화에 스며들어 있는 원기왕성한 젊음에 대한 비판으로 시작되어야 한다. 무한한 성장 이데올로기와 공격적 경쟁 숭배는 자본주의 발전의 토대였다. 또한 근대 후기에 서구 사회를 적극적으로 움직인 낭만주의적·민족주의적 이데올로기가 자라나게 만들었다.

연대와 나눔을 활발하게 실천하고 소비주의의 극복과 탈성장을 열망하는 노년의 문화는 오늘날 거의 불가능해 보인다는 것을 인정해야겠다. 지난 선거의 결과들은, 유럽인들이 가능한 한 모든 수단을 동원해서 자신들의 특권을 지키기로 결정했다는 사실을 보여줬다. 그러나 이런 태도는 어떤 좋은 것도 가져올 수 없을 뿐 아니라 이미

많은 해악을 불러일으키고 있다. 민족 간 내전은 일상생활 속에 숨어 있고, 우리는 이것이 상상할 수 없는 폭력의 형태로 폭발하는 것을 보게 될 것이다. 매우 어려운 삶의 조건에 익숙해진 젊은이들이 요새를 포위하고 있다. 이들은 수백 년에 걸친 착취와 굴욕의 무의식적 기억을 품고 있다. 또한 광고와 전지구적 이데올로기가 자신들에게 약속한 것들에 대한 의식적 기대를 품고 있다.

지난 수십 년 동안, 유럽은 평화와 사회적 정의의 땅처럼 보였다. 그러나 이제 유럽은 슬픔과 냉소의 파고 속에 가라앉고 있다. 젊은이들은 사회적 조건을 바꿀 수 없어 보이고, 서로 연대를 맺거나 한 숨 돌리는 여유조차 가지지 못한 채 사회의 미로 속을 헤매고 있다. 노인 인구가 피할 수 없는 것들에 편안한 영혼으로 맞설 수 있다면, 이들이 새로운 희망의 담지자가 될 수 있다. 이들은 인류가 이제까지 알지 못했던 어떤 것을 발견할 수 있을 것이다. 나이든 이들의 사랑을, 지혜(많은 것을 보았고 아무것도 잊지 않았지만 모든 것을 처음 보는 것처럼 바라보는 사람들의 지혜) 이외에 삶에서 그 어떤 것도 기대하지 않는 이들의 감각적 느림을 말이다.

| **행복한 결말** |

나는 이 책에서 다룬 주제들에 대해 강의해달라는 요청을 받곤 한다. 흔히 청중들은 사회활동가들, 급진적 사상가들, 예술가들이다. 강연에 이어지는 토론은 대개 생기 넘치고 청중들의 참여 열의도 높지만, 강연이 끝날 때쯤 청중들이 어떤 쓸쓸한 느낌을 가진다는 것이 감지된다. 나도 이런 무력하고 불편한 감각을 느끼는데, 그 이유를 쉽게 추측할 수 있다. 나의 논의가 행복한 결말이 아니기 때문이다.

맞다. 나의 이야기에는 행복한 결말이 없다. 내가 보기에는 어떤 눈에 띄는 주체화도, 의식성의 회복도, 해방의 형식도 가까운 미래에 가능할 것 같지 않다. 그리고 나는 이 게임에서 속임수를 쓰고 싶지 않다. 나는 스스로를 위안하는 공허한 말이나 다중에 대한 수사적 발언을 좋아하지 않는다. 적어도 내 눈에 보이는 대로의 제한된 진실일지언정 나는 진실을 말하는 편을 선호한다. 출구는 없다. 사회적 문명화도 끝났다. 신자유주의가 초래한 노동의 불안정화와 미디어 독재가 과거에 저항을 가능케 했던 문화적 항체들을 파괴했다. 내가 아는 한에서는 그렇다.

그러나 당연히 나는, 나의 제한된 관점에서 내가 볼 수 있는 것만을 알 따름이다. 20세기에 착취에 대항한 도덕적 반란은 자본주의적 통치의 문화적·경제적 지배로부터 사회의 자율을 확보하겠다는 합리적 전망에 근거해 일어났다. 이 전망은 현존하는 조건들에 대한 현실적 분석에 근거한 것이었다.

이후 무엇인가가 바뀌었다. 지난 수십 년 동안 나는 자본주의 경제가 야기한 변이를 목격했고, 이 변이가 돌이킬 수 없는 것이라 판단했다. 이 변이는 사회적 영역에 영향을 미칠 뿐 아니라 기호적·생물학적·정신적 영역에도 영향을 미쳤다.

그래서 나의 지식과 이해는 대안의 가능성, 지난 30년 동안 고삐가 풀려버린 자본주의 지배의 유산으로 등장하고 있는 지옥으로부터 벗어날 가능성의 끈을 잃어버렸다.

자본주의와 근대성의 분리는 완료됐다. 다시 말해서 자본주의의 지배는 근대 문명을 제거하고 있는 중이다. 휴머니즘, 계몽, 사회주의 같은 근대 민주주의의 문화적 규제자들이 자본주의가 내려친 최후의 일격에 포함되어 있었던 문화의 탈규제에 의해 휩쓸려 떠내려 갔다. 모든 살아 있는 공간과 활동의 사유화, 사회적 영역에서의 경쟁과 경제적 잔인성이 사회적 신체의 자기인식에 깊이 영향을 미쳤다. 나의 지식과 이해로는 이제 이런 과정이 피할 수 없고 돌이킬 수 없어 보인다. 이 과정이 근대가 창조한 사회적 문명의 구조들을 파괴했을 뿐 아니라 사회적 환경의 정동적 구조와 새로운 세대의 문화적 기대들 또한 위태롭게 만들었기 때문이다.

이것이 내가 보고 생각하고 말하는 바이다. 그래서 나는 내 강의를 듣기 위해 모인 활동가들의 불만을 이해한다. 이들은 마치 내게 이렇게 물어보는 것 같다. "그렇다면 왜 저항하는 거죠? 당신이 어떤 의식적이고 집단적인 주체화도 가능하지 않다고 생각한다면, 범죄를 저지르는 자본주의의 폭주기관차를 납치할 그 어떤 방안도 없다고 생각한다면, 급진적 사유는 도대체 무슨 소용이고, 비판과 지적 참여는 도대체 무슨 소용이죠?"

여기에서 나는 이 질문에 답하고자 한다.

1992년에 가타리는 자신의 마지막 책 『카오스모제』를 출간했다. 이 책은 분열증 분석을 다룬 책이자 20세기의 마지막 시기에 정치적·환경적 전망이 어떻게 점점 더 파국적으로 되어가고 있는지를 다룬 책이었다. 다음은 가타리가 스스로에게 제기한 문제이다.

20세기 말을 암울하게 만드는 안개와 독기毒氣 속에서 주체성의 문제가 중심 주제로 다시 등장하고 있다. 주체성은 더 이상 공기나 물처럼 자연적으로 주어지는 것이 아니다. 어떻게 주체성을 생산하고 포획하고 풍부화해 돌연변이적인 가치의 세계와 양립할 수 있는 방식으로 끊임없이 재발명할 수 있을까? 주체성의 해방, 즉 주체성의 재특이화를 위해서 우리는 어떻게 해야 할까?33)

가타리는 여기서 '재특이화'로 규정한 해방 과정의 가능성을 묻고 있다. 가타리는 또한 안개와 독기에 대해 이야기한다. 소비에트 제국의 붕괴에 뒤이은 평화의 환각 이후, 혼란한 전쟁이 페르시아만에서 발발했다. 냉전의 지정학적 질서가 끝나고 일어난 새로운 충돌은 국제관계에서 일어날 일반적 혼돈의 징후였다.

1992년 당시, 전지구적 환경에 관한 몇 가지 결정을 내리기 위해 전 세계의 영향력 있는 국가 지도자들이 리우데자네이루에서 정상회담을 가졌다. 이 회담에서 부시는 미국식 삶의 방식은 협상의 대상이 아니며, 미국인들은 환경 재앙에 관해 이야기하기를 거부한다고 전 세계에 통보했다. 리우데자네이루 정상회담은 실패였으며, 이는 오늘날의 환경 재앙으로 이어질 길을 열어줬다.

리우데자네이루 정상회담 몇 달 뒤에 목숨을 거둘 무렵, 가타리는 세계적 상황의 극단적 위험을 의식하고 있었다. 생의 마지막 시기에 가타리는 내적·외적 혼돈의 이중적 블랙홀을 겪고 있었다. 정신과 의사들이 우울증이라 부르는 블랙홀 안에서는 개인적인 것, 사회적인 것, 지구적인 것이 구별되지 않는다. 민족, 인종, 군중이 항상 분열증적 의식(그리고 무의식)의 정신적 풍경 안에 항상 존재한다.

이것이 혼돈에 관한 내 이해의 출발점이다. 가타리가 자신의 마지막 저서에서 이야기한 세계의 혼돈은 우울, 안개, 독기뿐만이 아니다. 혼돈은 그 이상의 것이다. 혼돈은 색깔들의 무한성, 눈부신 빛들, 극도로 빠른 직관들, 숨이 멎을 정도의 감정들이기도 하다.

혼돈은 이중으로 접힌 세계이다. 함께 쓴 마지막 책(『철학이란 무엇인가?』)에서 가타리와 들뢰즈는 혼돈이 친구이자 적이라고 말한다. 혼돈은 적이자 동맹이다. "**혼돈과의 싸움**은 바로 그 적[혼돈]과의 친화성 없이는 이뤄질 수 없는 것 같다."[34)]

혼돈은 적이지만 친구가 될 수도 있다. 혼돈이 창조의 문이기 때문이다. 우리는 어둠 속을 걷고 있지만 주변을 밝힐 개념들을 만들어낼 수도 있다.

우정은 들뢰즈와 가타리가 쓴 이 마지막 저서의 핵심 단어들 중 하나이다. 우정은 리토르넬로를 공유하는 것을 의미한다. 즉 우리로 하여금 똑같은 이상을 보게 해주고, 혼돈으로부터 새로운 세상을 창조하도록 도와줄 기호들의 무리를 공유하는 것을 의미한다.

혼돈은 세계 안에 있지 않다. 현실은 혼돈도 질서도 알지 못한다. 혼돈은 우리 두뇌의 속도와 현실의 변화하는 속도 사이의 관계 안에 있다. 혼돈은 너무 빽빽하고, 너무 두텁고, 너무 강렬하고, 너무 빠르고, 너무 순식간에 일어나고, 너무 많아서 우리 두뇌가 판독할 수 없는 어떤 복잡성이다. 심리적 작업의 속도가 세계의 속도와 복잡성에 압도당할 때, 우리는 혼돈을 이야기한다.

혼돈은 일체의 일관성을 무한한 조각들로 무질서하게 풀어헤쳐 버린다. 그러나 철학의 과제는 사유가 발생하는 원천인 무한성을 잃지 않으면서 공재의 평면을 창조하는 것이다.

우리가 다루고 있는 카오스는 정신적 측면과 물리적 측면 둘 다를 가지고 있다. 이때 물리적 측면이라 함은 세계의 물리적 측면이 아니라 유기체(의식적이고 감각적인 존재)의 물리적 측면이다. 신체의 물리적 측면은 혼돈이 발생하고 일어나는 공간이다. 불행과 정신

질환, 공황과 우울, 외로움으로 가득 찬 공간에서는 투사된 세계의 질서가 붕괴한다.

혼돈은 어떤 설명 체계로도 해독할 수 없을 정도로 복잡한 환경이다. 혼돈은 기호와 감정의 흐름이 너무 빨리 순환해서 우리의 정신이 작업을 행할 수 없는 환경이다.

혼돈을 다듬는 것은 가타리가 **리토르넬로**라 부른, 기호를 생성하는 기계의 출현에 의해 가능해진다. 이것이 카오스모제, 즉 형식의 출현이며 창조적 형태발생이다.

형태발생 과정은 근대 인식론에서 오랫동안 결정론적 관점으로 서술되어왔다. 아이작 뉴턴과 갈릴레오 갈릴레이는 통일적 언어(수학의 언어)가 창조 전체의 뼈대를 세운다는 관념 위에 물리학을 정초했다. 이론적·과학적 작업의 최종 목표는 모든 자연 과정의 결정론적 발생을 설명하는 법칙들의 이해였다. 생물학과 생물발생학 또한 이와 동일한 결정론적 틀 안에서 전개됐다. 이 학문들은 생물학적 형태발생을 코드와 유기체 사이의 결정론적 관계라는 관점으로 설명한다. 1950년대에 DNA가 발견된 이후, 신체는 생명의 펼쳐짐을 설명해주는 함축된 명령인 코드의 전개이자 실현으로 생각됐다.

자연에 대한 이런 상은 19~20세기의 사회적 에피스테메와 나란히 발전했는데, 그것은 경제적 요인과 사회적 효과 사이의 결정론적 관계에 기초하고 있었다. 결정론에 기반을 둔 인식론적 구조는, 산업적 패러다임이 산업생산과 산업적 기술에 근거한 세계를 이해하는 데 유용했다는 의미에서 근대 시기에 풍요로웠다. 그러나 전자 기술이 생산과 지식에 부과한 가속화는 결정론적 관점으로 설명될 수 없는 새로운 차원을 열었다. 결정론은 인지노동 네트워크의 불명료하고 극도로 복잡한 구조를 이해할 수 없다. 노동시간과 가치의 관계가 해체되어, 결정이라는 관념 자체가 사라지기 때문이다.

미시물리학 분야에서 베르너 하이젠베르크가 처음으로 주장한 불확정성의 원리가 새로운 사회적 의식성의 틀을 결정한다.

미시물리학에서 관찰자의 존재가 양상을 바꾸기 때문에 입자의 운동량과 속도를 결정할 수 없는 것과 마찬가지로, 사회학에서도 현재와 미래 사이의 관계를 결정할 수 없다. 주체적 요소가 이해하거나 설명하기에 너무 복잡하기 때문이다.

현재 시점에서, 지식의 예언적 힘은 위기에 처해 있다. 전지구적 정신의 복잡성은 특정 상황에 긴박된 개인이나 집단, 정당, 국가가 이해할 수 있는 한계를 넘어선다.

맑스주의는 오랫동안 예측의 과학으로 이해됐다. 상이한 사회적 행위자들(부르주아지와 노동계급)의 관계를 분석할 수 있고, 경제 위기의 동학(과잉생산, 이윤율 저하, 자본주의 경제의 몰락)을 예측할 수 있었던 맑스주의의 학문적 전망은 이야기의 결말도 예측할 수 있다고 주장했다. 코뮤니즘의 최종 승리, 계급의 폐지, 이성의 실현이 그것이다. 헤겔로부터 유래해 프리드리히 엥겔스가 재공식화한 변증법적 유물론의 공식 버전에서, 현재의 조건과 미래의 관계는 결정론적 환원의 관점에서 설명됐다. 미래는 현재에 기입되어 있는 경향의 펼쳐짐으로 상상됐다. 반복이 우세했고 차이는 무시됐다. 진보적 미래에 대한 믿음은 이런 결정론적 환원에 근거한 것이었고, 이것은 변증법적 유물론이라는 개념적 틀이 폐기되자마자 사라져버렸다.

사건은 우리가 현재 알고 있는 것의 전개가 아니기 때문에 예측할 수 없다. 사건은 새로운 **리토르넬로**를 창조하는 창조의 몸짓이다.

왜 저항하고, 왜 계속 권력으로부터의 자율을 추구하고, 희망은 어디에 있느냐고 묻는 질문에 이제 답해보겠다. 희망은 나의 지식과 이해의 한계 안에 있다. 나의 지식과 이해로는 사회적 파국의 전개가 사회적 행복을 어떻게 가져다줄 수 있을지 모른다. 그러나 (그리스어 어원인 'kata'[아래서부터]와 'strophe'[뒤집다]로 보면 '변전'變轉을 뜻하는) 파국catastrophe은 새로운 전망이 드러나는 지점이기도 하다.

나는 그 전망을 알 수 없다. 나의 지식과 이해가 제한되어 있고, 내 언어의 한계가 내가 보는 세계의 한계들이기 때문이다. 나의 지식과 이해는 그런 사건, 그런 특이성을 놓친다. 그래서 나는 "마치 그런 것처럼" 행동해야 한다. 즉 마치 노동과 지식의 힘이 탐욕과 소유에 대한 집착의 힘을 극복한 것처럼, 인지노동자들이 자신들의 삶과 지력의 프랙탈화를 극복하고 집단적 지식의 자기조직화를 탄생시킨 것처럼 행동해야 한다. 나는 미래 이후에 무슨 일이 일어날지 알 수 없다는 바로 그 이유 때문에 저항해야 하고 사회적 연대, 인간적 공감, 무상의 활동, 자유, 평등, 우애 등에 관한 의식과 감수성을 지켜야 한다. 만일을 대비해서 말이다. 근대성의 미래 다음에 올 텅 빈 공간에서 무슨 일이 일어날지 우리는 모르기 때문에. 이것이 내 스스로가 평화로워지는 유일한 길이기 때문에 나는 저항해야만 한다. 자기애의 이름으로 우리는 저항해야 한다. 자기애는 아나키스트가 귀중하게 여기는 기본적인 윤리 규칙이다.

현재의 무지를 가능성의 공간으로 봐야 한다. 우리는 일반지성의 무지로부터 출발해야 한다. 집단지성의 힘은 한계가 없다. 이론적으로는. 그러나 그것은 오늘날 자기 자신에 대한 일체의 의식성을 결여하고 있다. 자기의식이 없는 지성.

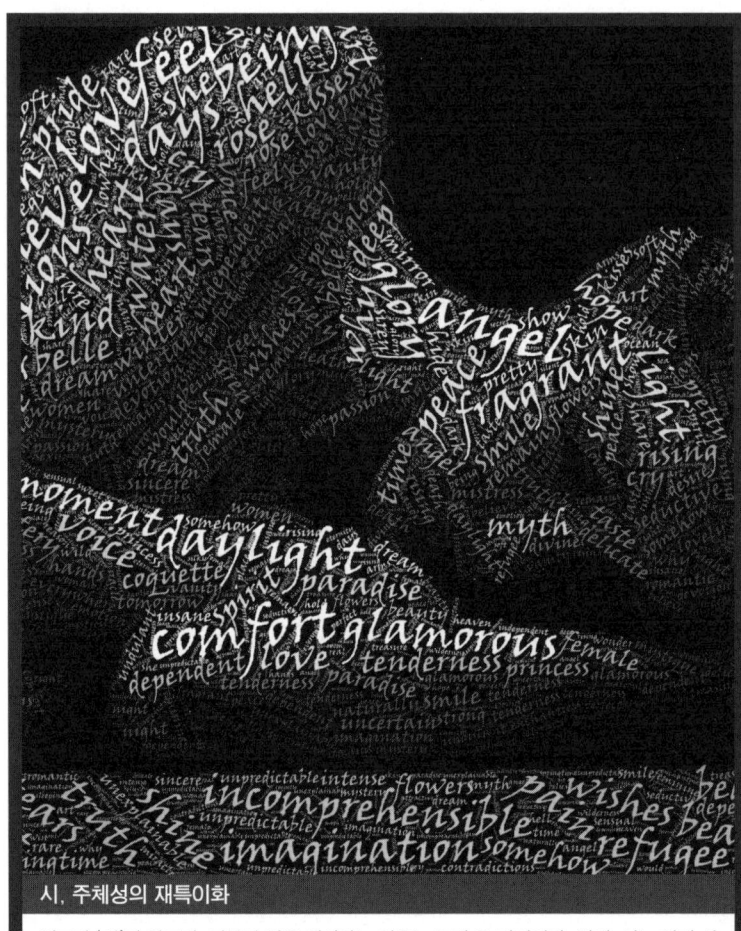

시, 주체성의 재특이화

비포가 '시'의 창조적·전복적 힘을 제시하는 이유는 크게 두 가지이다. 첫째, 시는 현재 실제로 존재하지 않는 무엇인가를 만들고 생산하고 창조하기 때문이다. 이때의 '시'는 어원 그대로의 시, 즉 '만들다'(poiein)라는 그리스어 동사에서 파생된 '만드는 기술'[포이에티케] (poiêtikê)을 뜻한다. 둘째, 시는 단어(혹은 의미)의 탈자동화 과정을 가능케 하기 때문이다. 이때의 '시'는 세계를 이해하는 가장 보편적인 도구인 언어의 잠재력을 극대화하는 기술을 뜻한다. 가령 랭보의 '공감각적 언어'나 러시아 형식주의자들의 '낯설게 하기'처럼 단어와 삶의 가능한 의미들을 재발견할 수 있게 해주는 것이 이런 의미에서의 시이다.

이렇듯 비포에게 시란 무엇인가를 말하려고 욕망하는 인간의 힘을 재활성화함으로써 정서적 신체, 더 나아가 사회적 연대를 재활성해주는 것이다. 즉 시란 특이성의 재활성화, 가타리가 말하는 주체성의 재특이화를 가능케 하는 기제이다.

나는 전 세계 수백만, 수천만의 사람들이 생산하고 있고, 지구를 돌아가게 만드는 정보흐름, 즉 일반지성의 자기의식에 대해 이야기하고 있는 것이다. 자기의식을 지닌 형태의 일반지성을 만들어내는 것이 미래의 정치적 과제이다. 이것은 정치적일 뿐만 아니라 철학적이고 인식론적이며 결국 치료적인 과제이다.

시와 치료(치료시$^{thera-poetry}$)가 코그니타리아트의 자기의식을 창출할 힘이 될 것이다.35) 어떤 정당을 창출하거나 이해관계를 조직할 힘이 아니라 코그니타리아트의 감수성을 재활성화할 힘.

일반지성의 무지가 미래 이후의 출발점이다.

도대체 왜 코그니타리아트는 약하고 분열되어 있을까? 도대체 왜 코그니타리아트는 노동자로서 자신이 지닌 권리를, 연구자로서 자신이 지닌 지식을 긍정하지 못할까? 무엇보다도 코그니타리아트가 이중의 형태 속에서 살고 있고, 그들의 두뇌가 그들의 신체와 분리되어 있으며, 그들의 소통 정도가 점점 더 낮아지고 삶에 대한 감각이 점점 더 얼어붙고 있기 때문이다. 행동주의의 새로운 공간이 시와 치료의 연결에, 새로운 패러다임들의 창조에 놓여 있다.

| 미래주의 이후 |

1백 년 전 필리포 토마소 마리네티는 미래를 신봉한 세기의 시작을 알린 선언문을 발표했다. 이 책의 도입부에 실려 있는 1909년의 「미래주의 선언」은 인류의 기계-되기를 상술한다. 이런 기계-되기는 전지구적 웹의 연결로 그 대단원에 이르렀다. 그것은 경제의 미래화, 즉 부채와 경제적 약속에 토대를 둔 금융 체제의 위기로 인해 전복됐다. 약속은 끝났다. 미래 이후의 시대가 시작됐다.

포스트미래주의 선언
프랑코 베라르디 '비포'

1. 우리는 사랑에 대한 위험, 결코 흩어지지 않는 달콤한 에너지의 일상적 창조를 노래하고자 한다.
2. 아이러니, 부드러움, 반란이 우리 시의 본질적 요소가 될 것이다.
3. 이데올로기와 광고는 인류의 생산적 에너지와 신경 에너지를 이윤과 전쟁을 향해 영구히 동원하는 것을 찬양해왔다. 우리는 부드러움, 졸음, 황홀경, 욕구의 검약과 감각의 기쁨을 찬양한다.
4. 우리는 새로운 아름다움, 자율의 아름다움이 세계의 찬란함을 풍요롭게 해줬다고 선언한다. 각자가 자신만의 리듬을 따르기. 아무도 단일한 보조에 맞춰 행진하도록 강요받아서는 안 된다. 자동차들은 희소성이라는 매력을 잃었고, 무엇보다도 자동차를 고안해낸 목적인 그 자체의 임무를 더 이상 수행할 수 없다. 즉 속도는 느려졌다. 자동차들은 도시의 혼잡함 속에서 멍청하게 꾸벅꾸벅 조는 거북이만큼이나 움직이지 않는다. 오직 느림만이 빠르다.
5. 우리는 서로를, 이 세계를 더 잘 알기 위해 서로를 어루만지는 남성들과 여성들에 대해 노래하고자 한다.
6. 시인은 집단지성의 힘을 증대시키고 임금노동 시간을 줄이기 위해 열의를 다해 전력으로 자신을 바쳐야 한다.
7. 아름다움은 오직 자율 속에만 존재한다. 가능한 것의 지성을 표현하지 않는 걸작은 없다. 시는 다양한 상상의 공유를 가능케 하고 특이성들을 해방시키기 위해 무의 심연 위에 가로 놓인 다리이다.

8. 우리는 세기의 가파른 곳 위에 있다. 우리는 군사적 공격성과 민족주의의 무지가 어느 때고 불러낼 수 있는 폭력과 공포의 심연을 기억하기 위해 뒤를 돌아봐야만 한다. 우리는 너무 오랫동안 종교의 정체된 시간 속에서 살아왔다. 편재하는 영원한 속도는 이미 우리 뒤에, 인터넷 속에 존재한다. 따라서 우리는 그 속도의 당김음을 잊고 우리의 특이한 리듬을 찾을 수 있어야 한다.
9. 우리는 전쟁 담론을 퍼뜨리는 멍청이들, 즉 경쟁의 광신자, 학살을 선동하는 턱수염 기른 신들의 광신자, 우리 모두의 안에서 피어나 상대방을 무장 해제시키는 여성성을 두려워하는 광신자들을을 비웃고자 한다.
10. 우리는 예술이 삶을 바꾸는 힘으로 변해야 한다고 요구한다. 우리는 장사치들로부터 미디어의 힘을 되찾아 시인들과 현자들에게 돌려주기 위해, 시와 대중매체의 분리를 폐지하고자 한다.
11. 우리는 집단적 반란으로 착취에 맞서 마침내 임금노동이라는 노예상태로부터 스스로를 해방시킬 수 있는 위대한 군중에 대해 노래한다. 우리는 지식과 발명의 무한한 연결망에 대해서, 우리를 육체적 고난으로부터 해방시켜줄 비물질적 기술에 대해서 노래한다. 우리는 각자의 몸과 접촉해 반란을 일으킨 코그니타리아트에 대해서 노래한다. 우리는 현재의 무한함을 노래하고 미래라는 환영을 버린다.

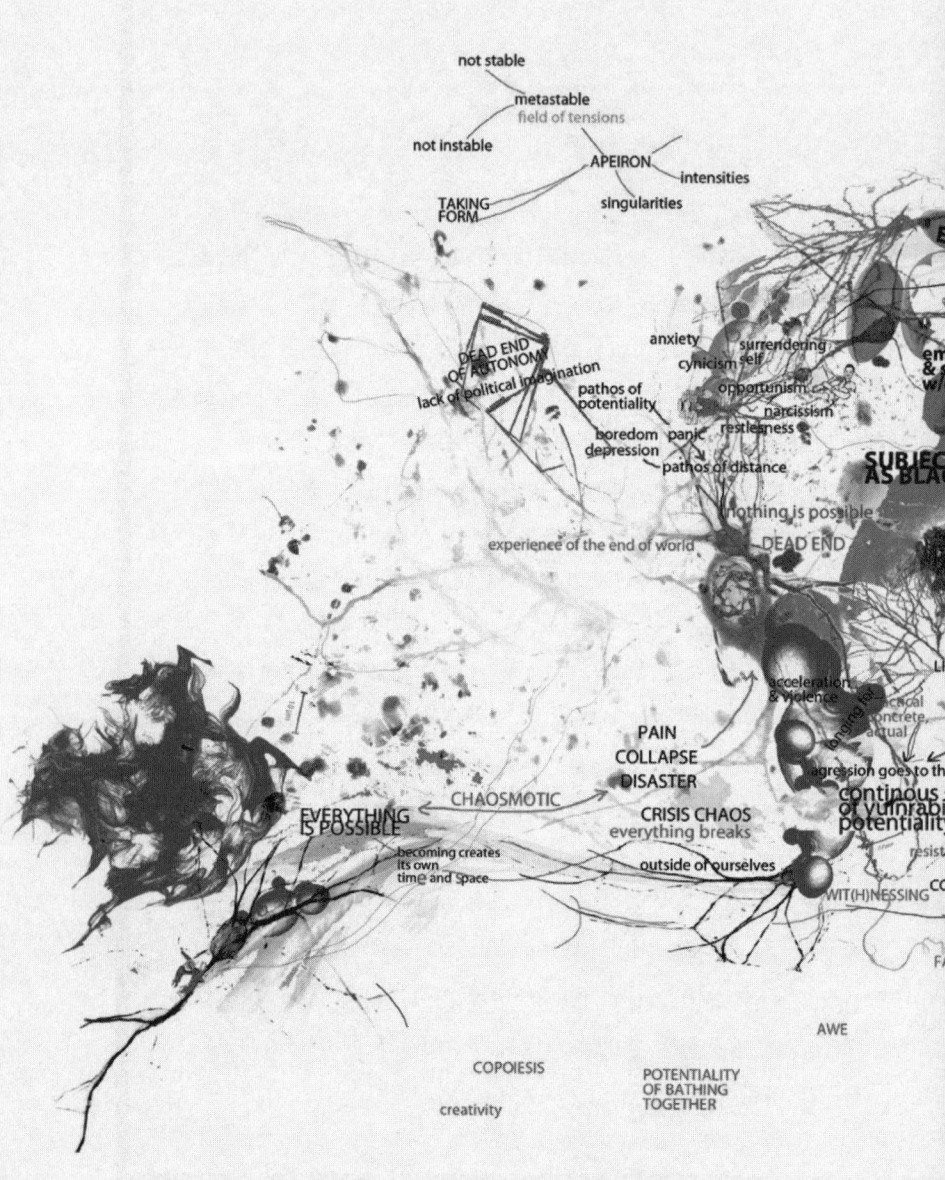

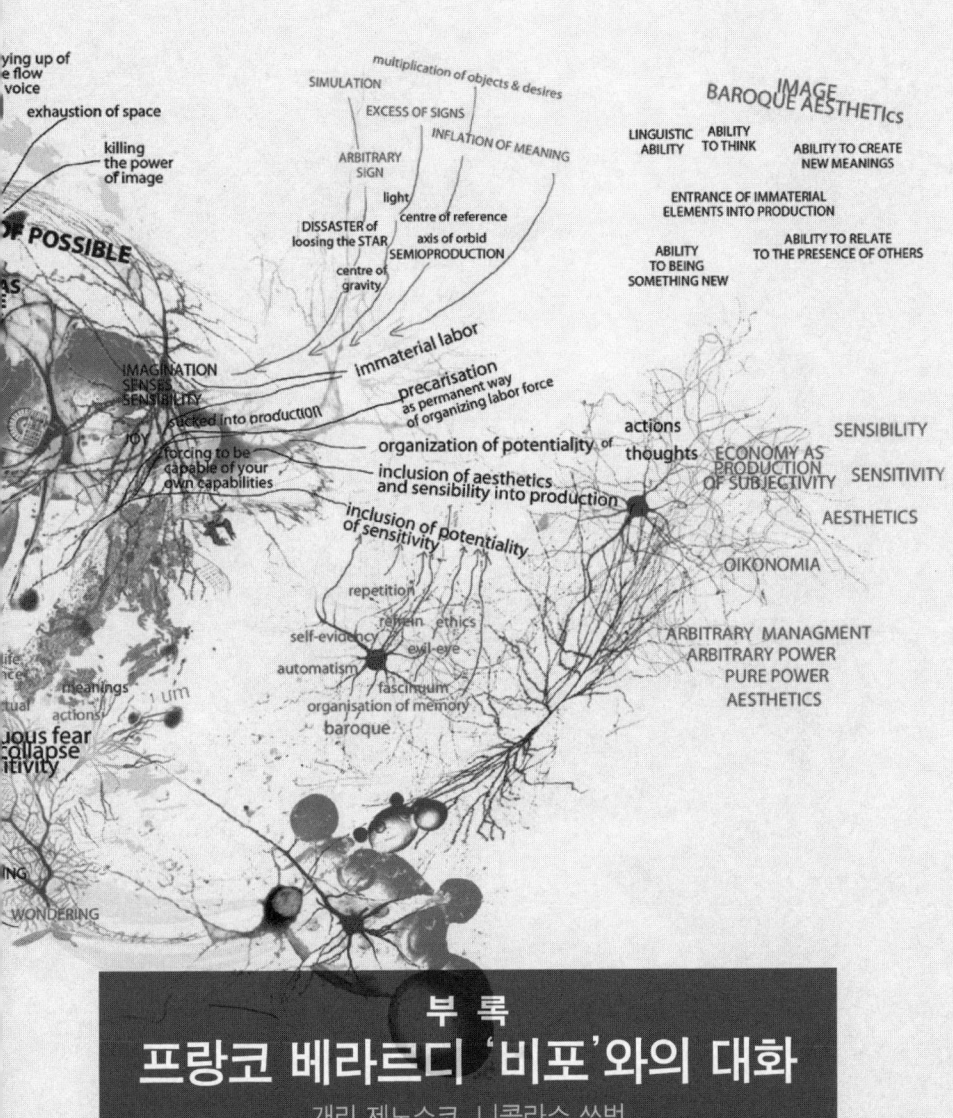

부록
프랑코 베라르디 '비포'와의 대화
개리 제노스코, 니콜라스 쏘번

프랑코 베라르디 '비포' 영어판 편집자들과 나눈 이 대담은 2010년 봄 이메일을 통해 이뤄졌다.

니콜라스 쏘번(이하 닉) 당신이 『아/트라베르소』, 라디오 알리체, 텔레스트리트, 레콤비난트 같은 연합체에서 펼친 정치와 쓴 글들은 미디어 실천과 깊이 관련되어 있습니다. 저는 당신이 '대항정보'라는 지배적인 정치 미디어 모델과 결별해왔던 작업 방식에 매우 흥미를 가지고 있습니다. 예컨대 『아/트라베르소』에 실린 한 텍스트에서 당신은 라디오 알리체가 "방송을 하는 것과 사실을 알리는 것 사이의 관계에 끼어들어가기"를 행했다고 말한 적이 있지요. 당신은 [기존의 방식처럼 미디어의 내용을 정치화하기보다는] 오히려 미디어의 연합적, 정동적, 무의미적, 감각적 특성들에 주의를 기울이면서 미디어 형식 자체를 정치화했습니다. 『미래 이후』에서 당신은 러시아 미래주의자들의 '초이성적' 언어인 짜움에 대해 이야기합니다. 짜움은 의미 그 자체라기보다 정동들과 강도들을 소통시키는 언어이지요. 라디오 알리체는 언어를 '촉각적'이고 '비생산적'인 것으로 만들면서, 라디오를 '말해지지 않은 것'과 '두렵고도 낯선 것'에 열어줬다는 평가를 받습니다. 당신이 언제, 그리고 왜 처음에 정치적 실천의 장소로서 미디어 형태에 주목하게 됐는지 말씀해주시겠습니까?

프랑코 베라르디 '비포'(이하 비포) 1970년대 이탈리아에서는 사회적 갈등으로 기존의 정치적 조직화 형식이 부서졌습니다. 이와 동시에 젊은 노동자들·학생들의 자율적인 운동이 20세기의 이데올로기적 언어가 낳은 유산과는 다른 언어로 말하기 시작했지요. 1975년 5월에 저는 학생, 투사, 페미니스트, 노동자, 시인 등으로 이뤄진 소규모 친구 집단에서 『아/트라베르소』라는 잡지를 창간했습니다.

우리는 새로운 정치적 커뮤니케이션 형식을 창조하고 싶었습니다. 우리는 윌리엄 버로우즈, 질 들뢰즈, 펠릭스 가타리를 읽었고 수많은 록음악을 들었습니다. 우리 잡지는 사회적 커뮤니케이션에 예술적 아방가르드의 기운을, 즉 다다이즘, 미래주의, 초현실주의, 비트세대의 시 같은 기운을 불어넣고자 했습니다.

1976년에 자유라디오 운동이 터져 나왔고, 라디오 알리체가 그 해 2월에 방송을 시작했습니다. 그 시절 미디어 환경에 자유라디오가 만들어낸 효과를 이해하고 싶다면, 당시 정보영역이 텅 비어 있었다는 것을 고려해야 합니다. 국가 소유의 RAI[1]만이 자신들의 메시지를 방송하도록 허용되어 있었지요. 그러니까 기독교민주당 국가와 바티칸의 목소리가 방송과 사람들의 상상력을 지배했던 것입니다. 그래서 우리가 청취자를 찾는 것은 쉬운 일이었습니다. 기존의 미디어 환경에서 단 한 번도 목소리를 내본 적 없는 사람들이 마침내 자신들의 말을 할 수 있게 된 것이지요.

자유라디오는 새로운 문화, 즉 산업노동에 대한 거부를 표현했던 젊은 노동자들이 자신들의 자율적 문화를 창조하는 데 크게 이바지

하나, 둘, 셋, 수백만의 라디오 알리체를!

1976년 2월 9일, 비포(위 사진의 오른쪽)가 잡지 『아/트라베르소』의 동료들 및 자율주의 운동의 몇몇 활동가들과 함께 볼로냐에서 처음 방송을 시작한 라디오 알리체는 최초의 자유라디오였다. 라디오 알리체에서 처음 나온 방송 멘트는 다음과 같았다. "목소리를 내지 못했던 사람들에게 목소리를 주자"(dare voce a chi non ha voce).

그렇지만 라디오 알리체의 실험은 이듬해 3월 12일 정부 당국에 의해 강제적으로 중단된다. 하루 전인 11일, 경찰의 총격에 의해 지속적인투쟁의 활동가인 프란체스코 로루소가 사망한 사건을 가감없이 방송했기 때문이다. 라디오 알리체는 77년 운동을 선동하고 부추긴 배후자로 지목됐고, 비포를 비롯해 모든 관계자들은 도피와 망명의 시간을 보내야 했다(비포는 이때의 망명을 통해 파리에서 가타리를 만나게 된다).

라디오 알리체의 활동에 지대한 관심을 보였던 가타리는 이 라디오 방송국의 의의를 다음과 같이 열정적으로 정리했다. "가장 작은 탈주선이 모든 것을 폭발시킬 수 있다는 점에 주의하라. 알리체, 라디오 탈주선. 라디오 알리체는 하나의 과정을 촉진시켰다. 모든 다양한 자율성(학생, 페미니스트, 동성애자, 남부 출신의 노동자 등)을 관통하는 과정을. 그러자 자율할인, 전유, 노동거부, 계획적 결근 등의 운동이 거대하게 발전하기 시작했다. 경찰은 라디오 알리체를 폐쇄했다. 그러나 알리체가 수행했던 혁명적 탈영토화 작업은 약해지지 않은 채 그 박해자들의 신경 속에서까지 계속되고 있다!"

했습니다. 이들의 감수성은 근대적 노동윤리의 유산에서 자유로웠지요. 이것은 20세기의 아방가르드가 남겨 놓은 유산의 표현이기도 했지만, 이와 동시에 탈산업사회와 새로운 인지노동의 출현을 알리는 것이기도 했습니다.

이탈리아의 정보영역과 미디어 환경에서 벌어진 투쟁의 역사는 흥미진진합니다. 국가가 방송을 독점적으로 소유하는 것을 위헌이라고 결정한 헌법재판소의 판결[1976년 7월 28일]로 시작된 방송 자유화는 자유라디오 방송국을 확산시켰습니다. 하지만 그 다음 단계는 텔레비전과 광고에 기반을 둔 금융제국의 탄생이었습니다. 밀라노에 기반을 둔 광고회사인 푸블리탈리아의 소유주 실비오 베를루스코니는 1970년대 말에 텔레비전 채널인 카날5를 개국했습니다.[2] 이것이 베를루스코니 미디어 제국의 시작이었고, 이 제국은 이탈리아의 문화와 정치를 뿌리째 바꿔 놓았습니다. 1980년대에 민영 텔레비전 방송국이 사회적 상상력의 생산에서 자유라디오를 대신하게 됐습니다. 탈규제의 과정 전체가 이런 이행에 포함되어 있습니다. 자유화에서 사유화로, 커뮤니케이션의 장에 대한 사회적 에너지의 개입에서 미디어의 사유화로 이행한 것이지요.

닉 당신은 인쇄 매체, 라디오, 텔레비전, 메일링 리스트, 그리고 기타 디지털 매체들에서도 활동했습니다. 이 다양한 매체들이 미디어 정치와 관련해 보여준 역량과 제약은 무엇이었나요?

비포 라디오와 인터넷 영역에서 활동가로 일하는 것은 공통점이 많습니다. 자유라디오는 방송을 내보낼 때 전화를 사용하기 시작했습니다. 그것은 새로운 일이었어요. 처음으로 청취자들이 개입할 수 있게 됐던 것이죠. 인터넷의 쌍방향 정신이 자유라디오의 경험 속에 이미 살아 있었습니다.

텔레비전은 전혀 다른 장소이고, 시청자에 대한 관계도 전혀 다릅니다. 텔레비전은 쌍방향 기술을 받아들이려고 애쓰지만 본질적으로 중앙집중적입니다. 텔레비전은 사람들을 움직이지 않게 만들고 사람들의 주의를 정신적으로 종속될 정도까지 포화시킵니다.

저는 텔레비전 방송과 관련된 두 번의 경험을 했습니다. 첫 번째 경험은 1995년부터 2000년까지 공영 텔레비전 방송국의 문화 채널인 RAI3에서 방영한 프로그램에 참여한 것이었습니다. 프로그램의 이름은 『메디아멘테』였어요. 당시 막 생겨나고 있던 인터넷 문화와 디지털 기술, 새로운 삶의 양식과 새로운 사회적 가치 등을 다룬 프로그램이었지요. 꽤 흥미로운 경험이었는데, 2001년에 베를루스코니가 선거에서 이기자마자 가차 없이 종영됐습니다. 정치적 협박이 참을 수 없을 정도였지요. 그들은 제가 하고 싶지 않은 것들을 하길 바랐어요. 그래서 포기하고 그만뒀습니다.

그 다음으로 저는 텔레스트리트라 불리는 실험에 참여했습니다. 2002년, 텔레비전 방송 분야에서 자행되는 베를루스코니의 독재를 저지하기 위한 노력의 일환으로 한 구역, 한 동네, 한 건물, 학교 하나 등 정말 지역적인 규모에서 우리만의 텔레비전 방송국을 만들기 위해 전국의 활동가들을 불러 모았습니다. 텔레스트리트는 2002년에서 2003년 사이에 이탈리아 전역으로 확산됐습니다.

2002년 말, 거의 2백여 개에 달하는 작은 텔레비전 방송국들이 볼로냐에서 열린 텔레스트리트 회의에 참석했습니다. 그러나 이 프로젝트는 오래 살아남을 수 없었습니다. 돈 없이는 텔레비전 방송을 제작하는 것이 장기적으로 불가능한 일이었기 때문입니다. 초창기 텔레스트리트의 활력은 자신들의 제작물을 보여주고 싶어 했던 수많은 비디오 활동가들에 의해 만들어졌습니다. 그러나 2005년 무렵 비디오 행동주의의 흐름은 유튜브라는 경로를 택했습니다. 웹 2.0이 텔레스트리트의 실험을 죽였다고 말할 수도 있지요.

라디오와 텔레비전의 차이를 아시겠죠. 라디오는 적은 돈으로도 살아남을 수 있습니다. 반대로 텔레비전은 민주적 매체로 바뀔 수 없습니다. 그 패러다임과 구상 자체에서 비민주적이니까요.

닉 논의를 위해 '코뮤니즘'이라는 주제를 제기해보고 싶습니다. 노동자의힘3)에서의 구체적 실천을 잠시 제쳐두고 당신이 어떻게 처음 코뮤니즘 정치를 만나게 됐는지, 당신의 정치적·지적 발전에 특별히 영향을 미친 맑스주의의 조류가 있는지 말씀해주실 수 있을까요?

비포 겨우 14살이던 1964년에 저는 이탈리아공산당청년조직4)에 가입했습니다. 제2차 세계대전에서 나치에 대항해 유격대원으로 참전했던 제 아버지는 코뮤니스트이자 선생님이셨고, 제가 어렸을 때부터 맑스주의 철학을 접하게 해주셨습니다. 또한 아버지는 아르투어 쇼펜하우어, 쇠렌 키에르케고르를 비롯한 많은 사상가들의 책을 읽어야 한다고 하셨지요. 그렇지만 당신도 짐작하듯이 맑스가 제게 가장 큰 영향을 미쳤습니다.

공산당의 어린 투사로서 저는 고등학생 조직가가 됐습니다. 그러다가 1967년에 당에서 쫓겨났지요. 제가 마오주의와 너무 가깝다는 혐의를 받았기 때문입니다. 사실 저는 한 번도 마오주의자였던 적이 없습니다만, 마오주의자라는 혐의는 1960년대의 친親소비에트적 코뮤니스트들이 사로잡혀 있던 망상이었고, 그들은 저를 마오주의자라고 판단해 내보낸 것입니다.

실상 그 시기에 저는 노동자의힘에 속해 있던 지식인 그룹과 어울리고 있었습니다. 저는 코뮤니스트 투사들의 일반적인 책들, 특히 청년 맑스의 『1844년 경제학-철학 수고』로 공부하기 시작하면서 맑스주의자가 되어갔습니다. 하지만 『붉은 노트』와 『노동계급』 같은 이단적 잡지들,[5] 큰 영감을 불어넣어준 마리오 트론티의 『노동자와 자본』[6] 같은 책을 발견했을 때 저는 정당의 정치적 조직화가 아니라 문화적 변화, 노동의 사회적 구성에 있어서의 변화가 진짜 문제라고 생각하기 시작했습니다. 성장기에 가장 큰 영향을 미친 글은 『붉은 노트』에 게재됐던 『정치경제학 비판 요강』의 「기계에 관한 단상」, 그리고 이와 마찬가지로 『붉은 노트』에 실린 로마노 알콰티의 글이었습니다.[7] 북부 이탈리아의 이브레아에 있던 올리베티[이탈리아의 유명한 타자기, 계산기, 컴퓨터 제조업체] 공장에서의 경험 속에서 노동력과 계급구성 문제를 고찰한 글이었지요.

닉 당신이 아마데오 보르디가[8]와 관련된 이탈리아공산당 좌파와 어떤 관계가 있었는지 듣고 싶군요. 저는 1950년대 자본주의적 기술구조에 관한 보르디가의 주목할 만한 작업뿐만 아니라 맑스의 『정치경제학 비판 요강』에 관한 그의 독해, 민주주의와 '자주관리'에 대한 그의 비판 등이 노동자주의와 놀랄 만한 공명의 지점들을 보여준다는 사실에서 깊은 인상을 받았습니다. 보르디가와 노동자주의 사이에 분명하고 중요한 차이점들이 없다는 것은 아닙니다만. 아무튼 이 흐름들 사이에 교류는 거의 없었거나 전무했던 것 같더군요.

비포 보르디가는 이탈리아 노동자 운동의 역사에서 매우 흥미로운 퇴출 사례입니다. 보르디가는 이탈리아의 정당과 문화의 역사에서 완전히 지워졌어요. 보르디가는 교조적인 스탈린주의의 이름으로 쫓겨난 이탈리아공산당의 첫 번째 서기장이었을 뿐만 아니라, 1960년대에 노동자의힘이 지지했던 생각들과 몇몇 흥미로운 일치점을 가지고 있는 독창적 사상가였습니다. 보르디가의 전망에서 가장 흥미로운 것은, 노동계급의 이해관계와 국가적 이해관계를 어떤 식으로든 동일시하는 것을 그가 근본적으로 거부했다는 점입니다. 노동자들의 이해관계가 다른 이해관계로 환원 불가능함을 근본적으로 주장하고, 민족·국민·국가 일반의 이해관계 같은 것을 일체 거부한 보르디가의 주장은 트론티가 산업 노동계급에 붙여준 이름인 '거칠고 이교도적인 인종'[9]의 성격에 매우 잘 부합합니다.

닉 앞서 『붉은 노트』와 『노동계급』을 언급하셨는데요, 노동자주의의 이 초기 집단들과, 혹은 라니에로 판치에리 같은 인물들과 어떤 교류가 있었나요?

비포 저는 좀 더 이후 세대에 속해서 판치에리를 만나본 적은 없습니다. 『붉은 노트』와 『노동계급』의 경험 전체가 끝난 1968년에 저는 열여덟 살이었어요. 저는 1967년 이후에야 노동자의힘에서 네그리를 만났고, 그를 비롯한 다른 많은 사람들과 함께 작업을 했습니다.

닉 노동자의힘에서의 경험으로 돌아가보겠습니다. 그것이 1970년대를 거치며, 사실 그 시기를 넘어서까지 노동자 정치의 전개에 지대한 영향을 미친 사람들, 아이디어들, 정치학의 매우 창의적이고 강렬한 결합이었다는 것은 분명합니다. 노동자의힘의 정치적 지향과 개념을 다룬 많은 글들이 있습니다만, 조직으로서 노동자의힘의 분위기, 문화, 스타일에 대한 당신의 인상을 이야기해주실 수 있을까요?

비포 저는 제가 정치적 행동, 전략, 지시, 조직화에 참여한다는 느낌을 받지 않았습니다. 그보다는 공장에서 나온 젊은 노동자들의 말들 속에서 미래의 신호를 읽어내고, 가능성들과 연결들을 개략적으로 그리려 애쓰고, 과정을 이해할 수 있게 만들기 위해 말과 개념을 적는 점술가 혹은 지도제작자의 역할을 한다는 느낌을 훨씬 더 많이 받았지요. 제게 노동자의힘은 정치인들의 모임이라기보다 사회적 예술가들의 모임에 훨씬 더 가까웠습니다.

닉 1973년 5월, 노동자의힘이 당시 등장한 자율주의 운동의 토대에 합류하기 위해 조직으로서 자기 자신을 해체하는 결정적 전개가 있었습니다. 제게 이 결정은 레닌주의적이지 않은 코뮤니즘의 중요한 특징, 즉 뚜렷하고 영속적인 조직적 당파의 존재를 운동의 힘이라기보다 약점의 징후로 해석하는 태도를 보여주는 일이었습니다. 전위 형태의 조직은 그 내적·외적 압력이 매우 심한지라 자신만의 타성과 경직성을 키워나가고, 결국 자신의 해체를 어려운 과제로 만드는 경향이 있습니다. 그래서 가타리가 전위를 '종속된 집단'이라는 개념으로 분석한 것이겠지요. 당신도 「자율주의의 해부」라는 에세이에서 자율주의의 새로운 급진주의가 전개됐을 때, 혁명 집단들이 '요지부동의 관료화'를 보여줬다고 썼습니다.[10] 그렇다면 당신에게 노동자의힘이 어떻게 해체를 결정하게 됐는지 여쭤봐도 될까요? 당신은 노동자의힘의 해체를 어떻게 경험했습니까?

비포 노동자의힘이 해체를 결정했을 때 저는 이미 조직에서 나온 상태였습니다. 공식적인 해체가 있기 2년 전인 1971년에 조직을 떠났지요. 그 해에 그룹의 지도자들이 레닌주의적으로 변했고, 그들은 공격적인 집단으로 행동하기로 결정했습니다. 저는 이에 동의할 수 없었습니다. 저는 이런 레닌주의적 변모와 거리를 두기 위해 첫 번째 책 『노동에 대항하여』11)를 출간했고, 그 이후 조직을 떠났습니다. 그러니 1973년에 조직을 해산하기로 한 결정에 제가 동의했으리라는 것을 짐작하실 수 있을 겁니다. 저는 공장과 사회적 삶 속에서의 사회적 자율에 어떤 외부적 지시도 필요하지 않다고 생각했습니다.

닉 이 모든 것은 코뮤니즘의 기운이 충만했던 1960년대 말~1970년대의 일입니다. **오늘날** 코뮤니스트가 된다는 것은 당신에게 어떤 의미입니까? 이런 형상이 대중들의 상상력에 호소할 수 있는 매력이 상당히 줄어든 바로 이때에 말입니다.

비포 코뮤니즘은 사용하기 어려운 단어입니다. 그 말은 우리에게 새로운 총체성의 토대 안에서의 실험, 변증법적 부정, 완전히 새로운 세계의 개시를 떠오르게 합니다. 이 실험은 실패했습니다. 레닌의 사유와 러시아에서 공산주의 국가의 승리는 20세기 내내 사회의 역학을 경직시켰고, 전 세계 노동자들의 사회적 자율을 강화시키기보다 약화시켰습니다. 저는 자본의 확립된 지배로부터의 탈주선과 자율의 관점에서 사유하는 것을 더 좋아합니다.

닉 하지만 코뮤니즘은 죽어서 땅에 묻히지 않았습니다. 최근 런던에서 있었던 "코뮤니즘이라는 이념에 관하여"라는 컨퍼런스12)에 9백

명 이상의 군중들이 몰려들었다는 것은 주목할 만합니다. 그 컨퍼런스에 참가한 사람들은 결코 수동적인 청중들이 아니었습니다. 그들은 거기서 보인 코뮤니즘의 한계들에 대해 실망감을 표현했습니다. 저는 많은 사람들이 오늘날 코뮤니즘적 정치라 할 수 있는 것에 참여하기를 열렬히 바라고 있다고 생각합니다.

비포 그 컨퍼런스에 참석하지 않았기 때문에 뭐라고 말씀드릴 수 없군요. 하지만 그 컨퍼런스에 많은 청중들이 왔다고 해서 그것이 코뮤니즘이 살아 있다는 증거가 되는지 모르겠습니다. 어쨌든 저는 20세기의 역사적 유산과 연속성을 유지하는 것은 어떤 형태로 이뤄지든 오늘날 별 소용이 없다고 생각합니다. 과거의 공산주의와의 관계를 강조해야 할 어떤 개념적·정치적 이유도 없습니다.

신자유주의의 최후 일격, 즉 금융독재, 사회적 문명의 하부구조에 대한 체계적 파괴는 점점 더 큰 근심거리가 되고 있고 상당수 사람들이 이에 분노하고 있습니다. 그러나 이 분노는 무력하고 하잘 것 없습니다. 현재의 사회가 의식성과 조직된 행동에 다다를 수 없어 보이기 때문입니다. 유럽의 위기를 보세요. 우리 생애 단 한 번도 이토록 혁명의 기회들로 충만한 상황을 마주한 적이 없습니다. 그런데 이와 마찬가지로 우리 생애 단 한 번도 이토록 무력했던 적은 없습니다. 지식인들과 투사들이 가능한 새로운 방향을 보여주는 길을 찾는 데 이렇게 무력하고 침묵을 지켰던 적도 없습니다.

왜일까요? 역사의 진행 과정이 인간의 의지와 이해의 한계를 완전히 넘어섰기 때문입니다. 인간은 압도당했고, 역사적 차원을 흡수한 극도로 빠르고 복잡한 정보사회를 통제할 수 없습니다. 집단적 의식성의 창조는 불안정한 대도시 코그니타리아트의 손이 닿지 않는 매우 먼 곳에 있는 것 같습니다. 이들은 연대를 위한 문화적 조건들을 만들어낼 수 없습니다.

저는 마크 피셔의 주장에 적극 동의합니다. "영국 학생들은 …… 자신의 운명을 묵묵히 따르는 것처럼 보인다. 그러나 이것은 무감각의 문제도 아니고, 냉소주의의 문제도 아니다. 이것은 반응적 무력함의 문제이다. 그들은 상황이 나쁘다는 것을 안다. 하지만 그보다 더, 그들은 자신들이 이 상황에 대해 아무것도 할 수 없다는 것을 안다. 그런데 저 '앎,' 저 반응적 태도는 기존의 상황에 대한 수동적 관측이 아니다. 그것은 자기충족적 예언이다."[13]

이런 무력함은 정보흐름의 속도가, 문화·정동·몸·질병을 포함하는 인간의 반응 속도보다 갈수록 훨씬 더 빨라지고 있는 상황에서 유래합니다. 자연이 폭발하고 있습니다. 아이슬란드 화산 분출은 무의식적인 것, 그러니까 지구의 신체성, 정동들의 신체성의 갑작스런 귀환의 은유입니다. 이 화산 분출은 교통을 두절시켰고, 유럽인들의 두뇌의 상호연결은 야단법석이 되어 광란에 빠진 나머지 결국 무능해졌습니다. 국제회의들도 중단됐지요. 국제 전시회장도 텅 비었고, 관광도 망쳤습니다. 기술은 과잉착취된 자연의 에너지를 봉쇄하는 데 실패했습니다. 가장 강력한 기업들인 영국의 BP[예전의 브리티시페트롤륨]와 미국의 핼리버턴이 부린 교만에는 막대한 양의 석유가 멕시코만에 유출되는 응보가 뒤따랐습니다.

유로화 위기에서 자연은 어떤 역할도 하지 않는 것처럼 보입니다. 오직 숫자들, 0과 1들만이 보이지요. 그러나 문제는 동일합니다. 인간의 의지는 자기 자신이 만들어낸 산물의 폭발적 복잡성을 처리할 수 없게 될 것입니다. 정보흐름, 끊임없이 변하는 네트워크의 복잡함, 떼[군중/무리]14)의 가상적 하부구조, 떼의 영혼을 이해할 수도, 예측할 수도, 관리할 수도 없게 될 것입니다.

사회적 삶의 연속성을 유지하거나 갑자기 단절시키는 것은 인간 행위자의 선의나 악의가 아니라 추상적 기능들의 자동적 상호작동입니다. 오늘날 시스템을 작동하게 만드는 상호의존성과 공존 가능성의 추상적 모델을 사회적 관계 안에 통합시킨 것은 화폐의 교리입니다. 흐름에 대한 그 어떤 개입도 체계 안에 자기보호의 효과를 만들어냅니다. 포지티브 피드백이지요. 섭동에 노출된 시스템이 그 섭동의 크기를 증가시키는 방식으로 움직일 때, 우리는 '포지티브 피드백'이라고 이야기합니다. 이것이 신자유주의 경제의 영역에서 일어난 일입니다. 신자유주의적 정치가 삶, 환경, 부, 복지를 더 많이 파괴하면 할수록 지배계급은 신자유주의적 통치를 점점 더 강화합니다.

그런 상황에서 무엇을 할 수 있을까요? 우리는 어떤 정치적 방법론을 따라야 합니까? 시위와 항의는 아무런 소용이 없습니다. 민주적 선거도 무용합니다. 국민에 의해 선출된 지도자들은 화폐의 권위와 금융 알고리즘에 응답해야 하기 때문입니다.

오직 물러나기, 수동성, 노동시장의 포기, 완전고용이라는 환상과 노동-자본의 공정한 관계라는 환상의 포기만이 새로운 길을 열어줄 수 있습니다. 사회적 경쟁의 영역을 떠난 자립적인 공동체들만이 새로운 희망에 길을 열어줄 수 있습니다. 이것이 제가 '코뮤니즘'보다는 '자율'을 말하고 싶어 하는 이유입니다. 자율은 새로운 총체성을 창조하는 것을 의미하지도, 현재에 대한 총체적 전복을 의미하지도 않습니다. 자율은 탈주와 자립의 가능성을 의미합니다. 자율은 경제적 영역과의 접촉을 줄이는 것을 의미합니다.

닉 행동주의와 투쟁성에 대한 당신의 비판에 상당히 공감합니다. 예컨대 알랭 바디우와 슬라보예 지젝의 영향을 받은 서클들이 최근 '투사'의 형상으로 회귀하는 것은 신자유주의적 합의와 민주주의 정치에 대한 냉소에 직면한 오늘날 분명 도발적이고 매력적입니다. 그렇지만 이런 움직임은 1968년 이후의 정치문화를 이끈 인물들, 그러니까 들뢰즈와 가타리를 포함해 좌파 코뮤니즘, 반反정신의학, 사회주의적 페미니즘 등이 수행했던 비판, 즉 전투적 주체성의 억압적 구조에 대한 근본적 비판을 놓쳤거나 의도적으로 무시하는 것 같습니다. 게다가 미디어 영역, 디지털 소통네트워크, 분산되고 불안정한 노동의 확장, 정신약리학의 대두, 정동의 대규모 조작 등과 연관된 주체성 생산의 새로운 조건들은 정치가 삶의 실재적 조건들로부터 다소 괴리된 채 전투적 의식성과 의지에 기반을 두도록 만듭니다.

반대로 이 책에서 당신의 작업은 우리가 근본적으로 변한 사회적 상황에 냉정한 분별력을 가지고 직면해야 한다고 말합니다. 쥐세피나 메치아와 나눈 대담에서 당신은, 오늘날 좌파적인 "의지의 낙관주의는 내게 일종의 히스테릭한 반사작용으로 보인다"[15]라고 말한 바 있습니다. 하지만 당신이 앞서 사용한 '물러나기,' '수동성,' '자립적 공동체'는 그것이 수반할 수 있는 보수주의·도덕주의 등과 더불어 자기폐쇄적인 주체성을 낳을 위험이 있지 않나요? 즉 외부 세계로부터의 고립을 낳을 위험 말입니다.

비포 제 생각에 오랫동안 지속된 신자유주의적 지배는 근대성이 말하던 진보의 핵심인 사회적 문명의 문화적·물질적 기반을 계속 침식시켜왔습니다. 돌이킬 수 없을 만큼 말입니다. 이 사실을 직시해야 합니다. 재조합 기술들과 결합된 전지구적 자본이 만들어낸 변이는 원상태로 돌아갈 수 없습니다. 이런 맥락에서 수동성은 윤리적 복종을 의미하는 것이 아니라 참여의 거부를 의미합니다. 자본주의는 경제에 대한 참여, 협력, 능동적 개입, 경쟁과 기업가 정신, 비판적 소비, 건설적 비판을 요구하고 있습니다. 이 모든 것이 가짜입니다. 어떤 지평도 보이지 않을 때 행동주의는 가짜입니다. 급진적 수동성은 능동적 물러나기를 의미하며 물러나기는 자율적 공간의 창조를 의미합니다. 이 자율의 공간에서 연대가 재구축될 수 있고, 자립적 공동체들이 확산?전염되어 궁극적으로는 경향을 역전시키는 과정을 개시할 수 있을 것입니다. 저는 여기서 전혀 보수주의나 도덕주의를 찾을 수 없습니다. 경제적 종속과 이윤 숭배로 점철된 30년이 지난 뒤 우리가 막다른 길에 다다랐음을 인정하는 태도만이 보입니다.

닉 행동주의에 대한 비판과 함께, 『미래 이후』에서 당신은 정치적 실천으로서의 '소진'을 향해 나아갑니다. 이것은 들뢰즈가 가타리에 대해 했던 말, 그러니까 삶의 회오리바람 한가운데서 가타리 역시 "영점零點으로 돌아가고 싶은 열망"16)을 가지고 있었다는 말을 생각나게 합니다. 당신의 글 가운데 가타리의 삶과 작업에서 우울의 장소에 대한 매우 흥미롭고 감동적인 부분이 있었습니다. 당신도 가타리에게서 정치에 대한 비非행동주의적 접근, 즉 소진의 정치에 대한 생각의 원천들을 발견했습니까?

비포 사실 가타리는 우울과 소진의 문제에 대해 명백하게 정식화한 적이 없습니다. 저는 여기서 욕망 이론의 결정적 문제를 봅니다. 유기체의 영역에 존재하는 한계의 문제를 부인한다는 점 말입니다. 제가 하고 싶은 말은, 정작 문제는 유기체가 본래부터 유한하다는 것이며, 주체화에 대해 이야기할 때 우리는 주체화라는 언표에 대해서뿐만 아니라 실제로 주체화 과정을 겪는 사람의 유기적 차원에 대해서도 이야기하고 있다는 것입니다.

'기관 없는 신체'라는 관념은, 유기체가 당신이 규정할 수 있는 어떤 것이 아니며 유기체란 초과의 과정이자 문턱을 넘어가는 과정이고 '타자-되기'의 과정이라는 생각을 암시합니다. 이것은 결정적인 지점이지만 위험한 지점이기도 합니다.

주체화는 '타자-되기'를 의미합니다. 그리고 이론 타자-되기의 과정에는 그 어떤 한계도 없습니다. 당신은 언제나 변할 수 있고, 다른 곳으로 갈 수 있으며, 거듭 거듭 다르게 될 수 있습니다. 좋습니다. 하지만 당신은 다음과 같은 질문에 대답해야 합니다. 다르게 되고 있는 것은 누구입니까? 주체는 생성 과정에 앞서 존재하지 않습니다. 맞습니다. 하지만 신체의 물리적·신경적 물질들은 생성 과정 그 자체와 분리될 수 없습니다.

어떤 신체, 어떤 정신이 변형을 겪고 생성되고 있을까요? 어떤 불변적인 것이 타자-되기 과정의 아래에 놓여 있을까요? 이 질문에 답하고자 한다면, 당신은 죽음·유한성·우울을 인정해야만 합니다. 여기에 한계의 문제, 불가역성의 문제, 죽음의 문제가 있습니다.

개리 제노스코(이하 개리) 어디에선가 가타리는 1970년대 초에 원활한 사회생활을 위해서 항우울제로 감마-OH를 복용한 경험에 대해 언급한 바 있습니다. 그것은 특별히 효과가 있지 않았지만 가타리가 『안티-오이디푸스』를 쓰던 시기에 우울증에 대처하기 위해 어떤 조치들을 취하고 있었다는 것을 보여줬습니다. 그러나 가타리의 약물 복용은 자기 삶의 수많은 지점들에서 있었던 연애관계에서의 문제와 밀접하게 연결되어 있었습니다. 당신은 이 약물에 대해서, 그리고 가타리의 약물 복용에 대해서 알고 있는 바가 있습니까?

비포 저는 그 약에 대해 모르지만, 살아생전 마지막 몇 년 동안 가타리가 때때로 제게 했던 말을 기억합니다. 자신은 멍청해지려고 약을 먹고 있다고 했지요. 가타리는 자신의 우울증을 가지고, 블랙홀에 대한 자신의 경험을 가지고 농담을 하고 있었습니다.

가타리가 약을 생각한 방식은 매우 흥미로웠습니다. 가타리와 함께 그가 근무하던 라보르드 병원에 처음 갔던 때가 기억나는군요. 가타리는 병원에서 회복 중인 사람들 중 몇몇에게 약을 주었고 저는 이렇게 물었습니다. "왜 그들에게 약을 주는 거죠?.", "그 화학 약물들이 나쁘다고 생각하지 않나요?"

그러자 가타리가 제게 이렇게 대답했습니다. "화학적인 것에 무슨 반감 있어?" 사실 가타리는 화학과 자연 사이에, 기계영역과 정신영역 사이에, 사회영역과 정보영역 사이에 근본적인 불연속이 있다는 관념을 거부했습니다. 그것들은 모두 동일한 이질적 생성 과정의 일부라는 것이지요.

개리 1980년대 중반에 당신은, 특이성을 촉진하고 반反테크노크라시적 정신생태계를 발전시키기 위한 작업을 하고 있다고 가타리가 칭송한 '토피아'라는 집단에 참여했습니다. 가타리는 대안적 정신과학 운동의 맥락에서 그런 칭찬을 했지요. 거의 알려진 바 없는 토피아라는 집단이 무엇에 관심이 있었는지 말해주시겠습니까? 당신은 이탈리아의 대안적 정신의학에 관여했습니까? 이탈리아에서 대안적 치료의 조류에 가담했던 프랑코 바잘리아17)나 여타 제도권 내 실험자들과 친분이 있었나요? 정신병원에서든, 감옥에서든, 공장에서든, 학교에서든 어딘가에서 이뤄지고 있던 그 조류 말입니다.

비포 토피아는 한때 직물공장이었던 넓은 공터의 이름이었습니다. 1985년에 저는 심리학자, 전자 프로그래머, 예술가 등으로 이뤄진 몇몇 친구들과 함께 이 공간을 빌렸습니다.

정신의 생태를 위한 센터, 즉 정신분열증 치료와 극장, 시각 예술과 정보 기술을 위한 공간을 만들어보자는 생각이었습니다. 그 시기에 저는 그레고리 베이트슨에게 강한 영향을 받았고, 예술치료와 새로운 테크놀로지 사이의 관계가 우리 실험의 핵심이었습니다. 가타리는 거기에 와서 강연을 했지요.

이탈리아의 반정신의학 운동과 제 관계에 대해 말씀드리면, 대학 시절에 저는 반정신의학 운동의 주요 이론가 중 한 명인 볼로냐 출신의 심리학자 지안프랑코 민구치18)와 함께 공부했습니다. 그래서 이론적이고 정치적인 층위에서 바잘리아의 작업이 중요하다는 것을 알고 있었지만, 바잘리아를 개인적으로 만난 적은 없습니다.

1977년 볼로냐에서 일어난 운동은 정신병리학에 대한 반권위주의적 접근의 정치적 중요성을 분명히 의식하고 있었습니다. 예를 들어서 1970년대의 운동에 참여한 많은 학생들이 이탈리아에서 출판된 가타리의 첫 번째 책, 즉 사회 운동과 반정신의학적 접근의 관계를 다룬 『정신분석과 횡단성』19)을 읽었습니다.

개리 장 보드리야르와 가타리 사이의 문제에 대해서 구체적으로 설명해주실 수 있습니까? 초기에는 프랑스 마오주의 운동과 협력 작업을 했는데도 보드리야르는 꽤 일찍 프랑스 내의 진보정치 및 좌파와 결정적으로 단절했습니다. 그러나 가타리는 때때로 보드리야르에 대해 우호적으로 말했습니다. 특히 시뮬라시옹을 둘러싼 가설이 제1차 걸프전쟁에 적용됐을 때, 그 가설에 대해서 말이지요. 당신이 탈규제로서의 시뮬라시옹을 받아들이는 것은 보드리야르의 유산과 화해가 필요하다는 암시를 줍니다. 이를 위한 조건은 무엇입니까?

비포 보드리야르와 가타리의 관계, 더 넓게는 푸코, 들뢰즈·가타리, 리오타르 등과 보드리야르 사이의 차이와 논쟁은 매우 흥미로운 주제이지요. 제가 아는 한 실제로 다뤄진 적이 없는 주제입니다.

푸코의 친구들은 보드리야르가 『푸코를 잊어라』[20]를 출간한 이후 보드리야르의 도발에 절대 응하지 않기로 결정했습니다. 그리고 저와 당신과 우리의 친구들을 이런 식으로 이름 붙여도 좋다면, 제2세대 가타리주의자들은 이 언쟁을 항상 당황스러워했습니다. 저는 우리가 무조건 텍스트로 돌아가서 1970~80년대의 특별한 상황 속에서 이 텍스트를 이해해야 한다고 생각합니다. 저는 『노동하는 영혼』[21]에서 이 작업을 하려고 노력했지요. 여러 장에 걸쳐 이 대립에 대해 썼고, 특히 보드리야르가 『상징적 교환과 죽음』에서 정말로 멀리 내다봤다는 것을 인정했습니다.

욕망의 모호한 성격을 강조하고 나서 보드리야르는 종종 단념의 대리자처럼 행동한다는 비난을 받았습니다. 소비주의 사회의 미래에 대한 그 비관주의적 전망 때문에 말이지요. 『상징적 교환과 죽음』이 출간되고 35년이 흐른 지금, 지구화 시대에 자본주의가 만들어낸 인류학적 변화의 스펙트럼 전체를 이해하고자 한다면, 『안티-오이디푸스』와 함께 이 책을 꼭 읽어야 한다고 생각합니다.

만약 보드리야르의 시각만 참조한다면 당신은 주체화의 힘과 자율의 잠재력을 놓치게 될 것입니다. 하지만 『안티-오이디푸스』만 읽고 『상징적 교환과 죽음』을 잊어버린다면, 당신은 욕망의 어두운 면을 보지 않으려는 셈이고, 신자유주의적 탈규제와 무한한 에너지라는 잘못된 이데올로기의 광신자가 될 위험이 있습니다.

닉 이 대담을 마무리를 짓기 위해 최근 당신이 진행한 바 있던 정치 실천과 미디어 관련 실천에 대해 질문하고 싶습니다. 당신은 2000년대 초에 레콤비난트라는 메일링 리스트를 만든 사람들 중 하나였습니다. 이 메일링 리스트의 목적과 이것을 끝내게 된 이유에 대해서 이야기해주실 수 있습니까?

비포 1990년대에 아서 크로커와 크리티컬아트앙상블은 정보과학과 생물발생학 같은 기술들의 특징을 규정하기 위해 '재조합적'이라는 단어를 사용했습니다. 이런 직관을 좇아서 저는 활동가, 예술가, 심리학자, 생물학자 친구들과 함께 레콤비난트라는 이름의 메일링 리스트를 만들었습니다.

이 메일링 리스트는 전지구적 정의를 위한 운동의 중요한 시기였던 2000년에 시작됐습니다. 주로 사회적 행동주의와 새로운 테크놀로지 사이의 관계를 논의하기 위한 메일링 리스트로서, 전지구적 정의를 위한 운동의 철학적·정치적 문제들을 토론하는 데서 중요한 역할을 수행했습니다. 저와 더불어 이 메일링 리스트의 웹마스터이자 주요 공헌자였던 마테오 파스퀴넬리가 이 실험을 끝내기로 결정했을 당시 1천8백여 명의 구독자가 이 메일링 리스트에 가입해 있었고, 이들 중 대부분은 이탈리아의 연구자들이었습니다.

우리는 이 메일링 리스트가 과거의 운동과 긴밀하게 연결되어 있고, 탈행동주의적 국면에 적응할 수 있는 새로운 어떤 것을 창조하는 데 방해가 되고 있다는 판단 아래 이런 결정을 내렸습니다. 소통과 집단적 연구의 형식으로서 메일링 리스트는 현재의 웹 2.0과는 거의 접촉하지 못하는 것으로 보입니다. 따라서 우리는 연구와 그 심화의 새로운 가상공간을 만들 것입니다. 이는 주로 혼란의 시대에 필요한 정신분열증 치료와 정치에, 그리고 이미지의 침략적 속도에 대항하는 방법으로서의 시에 몰두하게 될 것입니다. 이 새로운 공간의 이름은 '로트레몬드'Lotremond라고 붙여질 것입니다.

후 주

편집자 서문

1) Steve Wright, *Storming Heaven: Class Composition and Struggle in Italian Autonomist Marxism* (London: Pluto, 2002).
2) *Lavorare con lentezza*. 2004년 귀도 키에자(Guido Chiesa, 1959~)가 제작한 영화. 제목은 칸초네 가수 엔초 델 레(Enzo Del Re, 1944~2011)가 1974년 발표한 동명의 노래에서 따왔다. 이 노래는 라디오 알리체가 전파를 송출하기 전과 뒤에 시그널로 틀었던 것으로도 유명하다.
3) Karl Marx, *Grundrisse: Foundations of the Critique of Political Economy*, trans. Martin Nicolaus (Harmondsworth: Penguin, 1973), p.692. [김호균 옮김, 『정치경제학 비판 요강』(2권), 백의, 2000, 367쪽.]
4) Marx, *Grundrisse*, p.693. [『정치경제학 비판 요강』(2권), 371쪽.]
5) Franco Berardi 'Bifo,' *The Soul at Work: From Alienation to Autonomy*, trans. Francesca Cadel and Giuseppina Mecchia (Los Angeles: Semiotext(e), 2009), p.85. [서창현 옮김, 『노동하는 영혼: 소외에서 자율로』, 도서출판 갈무리, 2012, 115쪽.]
6) Alain Badiou, *The Meaning of Sarkozy*, trans. David Fernbach (London: Verso, 2008).
7) Franco Berardi 'Bifo,' *Félix Guattari: Thought, Friendship and Visionary Cartography*, trans. Giuseppina Mecchia and Charles J. Stivale (New York: Palgrave Macmillan, 2008), p.13.
8) Berardi, *Félix Guattari*, p.13.
9) Berardi, *Félix Guattari*, p.13.

1장. 미래를 신봉한 세기

1) 「미래주의 선언」은 다음 잡지에 처음 실렸다. Filippo Tommaso Marinetti, "Manifesto del Futurismo," *Giornale dell'Emilia* (5 febbraio, 1909). 그 다음으로 전문(前文)이 포함된 판본과 최종 판본은 각각 다음에 수록됐다. "Le manifeste du futurisme," *Le Figaro* (20 février, 1909); "Manifesto del Futurismo," *Poesia*, vol.5, no.1-2 (febbraio-marzo, 1909). 본문에 인용된 제4항(그리고 다른 항목)의 번역은 최종 판본에 의거했다.

2) Marinetti, "Le manifeste du futurisme," art.11.

3) Filippo Tommaso Marinetti, "À l'automobile," *Poesia*, vol.1, no.7 (agosto 1905).

4) 그리스도교 전통에서 '타락/추방으로서의 시간'(time as a Fall)이라는 관념의 시작은 성 아우구스티누스에게로 거슬러 올라간다. 창세기에 따르면, 원래 영원성을 부여받았던 최초의 인간(즉 아담과 이브)은 선악과를 따먹음으로써 에덴동산에서 쫓겨나고(낙원으로부터의 추방), 그에 따라 노동과 출산의 고통을 느끼며 언젠가는 죽는 세속적 육신의 운명에 갇히게 된다(영원성으로부터의 타락). 성 아우구스티누스에 따르면 이로써 인간은 신의 시간이 아니라 세속적인 시간에 속하게 된다는 것이다. Saint Augustine, *On Genesis: Refutation of the Manichees, Unfinished Literal Commentary on Genesis, The Literal Meaning of Genesis*, ed. Boniface Ramsey (New York: New City Press, 2004). 미국의 시인 필립 부스는 이런 성 아우구스티누스의 창세기 해석을 간명하게 표현한 바 있다. "시간은 아담이 먹은 선악과 ...... [아담이 선악과를 따먹은 이후] 그분이 다가와 시계태엽을 감는다." Philip Booth, "Original Sequence," *Letter from a Distant Land* (New York: Viking, 1957), pp.20~21.

5) 비포가 착각한 듯하다. 유토피아를 지평선에 빗댄 것은 네루다가 아니라 에두아르도 갈레아노이다. "유토피아는 지평선에 걸려 있다. 내가 두 발짝 다가서면, 그보다 두 발짝 더 물러선다. 내가 다시 열 발짝 더 다가서면, 저 지평선은 열 발짝 더 달려간다. 내가 몇 발짝을 내디디든 결국 거기에 닿을 수 없다. 그렇다면 도대체 유토피아의 쓸모란 무엇인가? 바로 우리를 [앞으로] 걷게 만드는 데 쓰인다." Eduardo Galeano, *Las palabras andantes* (Madrid: Siglo XXI, 1993), p.310.

6) Paul Valéry, "La Conquète de l'ubiquité"(1928), Œuvres, t.II, éd. Jean Hytier (Paris: Gallimard, 1960), pp.1284~1285.

7) Kevin Kelly, Out of Control: The New Biology of Machines, Social Systems, and the Economic World (Mass.: Addison-Wesley, 1994), p.202.

8) Robert Delaunay, Du Cubisme à l'art abstrait (Paris: S.E.V.P.E.N., 1957), p.142. 들로네는 1912년 2월 5일 파리의 베르넹 쾬느 갤러리에서 개최된 미래주의자들의 전시회를 보고 난 뒤에 이 글을 적었다.

9) Umberto Boccioni, Luigi Russolo, Giacomo Balla, Carlo Carr?, e Gino Severini, "Manifesto tecnico della pittura futurista," Archivi del futurismo, vol.1 (Roma: De Luca, 1958), p.63. 이 선언문은 원래 1910년 4월 11일 밀라노에서 리플릿으로 제작되어 배포됐다.

10) Velimir Khlebnikov, "The Radio of the Future," Collected Works of Velimir Khlebnikov, vol.1: Letters and Theoretical Writings, trans. Paul Schmidt, ed. Charlotte Douglas (Cambridge, MA: Harvard University Press, 1987), pp.392~396.

11) Zaum(заумь). 1913년 러시아 미래주의 시인들이 창조해낸 실험적 언어 혹은 그와 관련된 새로운 언어적 감수성을 지칭한다. 짜움은 어원적으로 '이성을 넘어서는 것' 혹은 '의미를 초월한 것'(за[beyond]+ум[mind/nous])이다. 그래서 영미권에서는 짜움을 '초지성적(transmental)[초이성적(transrational)] 언어'로 번역한다. 이 신조어를 처음으로 만든 크루초니흐는 짜움이 인위적으로 만들어진 에스페란토어와 달리 자연적으로 탄생한 것으로서, 보편적인 시적 언어가 될 것이라고 생각했다.

12) Stéphane Mallarmé, "Lettre à Cazalis"(24 juillet 1863), Correspondance, t.1: 1862-1871, éd. Lloyd James Austin et Henri Mondor (Paris: Gallimard, 1995), p.206.

13) Angelo Maria Ripellino, "Tentativo di esplorazione del continente Khlebnikov," Saggi in forma di ballate (Torino: Einaudi, 1978), p.93.

14) Ripellino, "Tentativo di esplorazione del continente Khlebnikov," p.93.

15) Lama Anagarika Govinda, Foundations of Tibetan Mysticism (London: Weiser Books, 1960), p.17.

16) Govinda, Foundations of Tibetan Mysticism, pp.17~18.

17) Govinda, *Foundations of Tibetan Mysticism*, p.19.
18) "[기존의] 단어들 대신에 작은 도형들을 사용한다면, 우리는 중국인들의 문자보다 더 대중적이고 더 나은 보편 문자를 도입할 수 있다. 보이는 것을 회화적으로 재현하고, 보이지 않는 것을 ……… 그에 부합하는 보이는 것을 통해 재현하는 그런 도형들을 사용한다면 말이다. 그렇게 하면 멀리 떨어진 사람들과 더 쉽게 소통할 수 있을 것이며 …… 글쓰기에 그런 도형들을 사용한다면 우리의 상상력을 풍요롭게 만드는 데 큰 도움이 될 것이다." Gottfried Wilhelm Leibniz, "Nouveaux essais sur l'entendement humain"(1704), *Œuvres philosophiques* (Amsterdam/Leipzig: Rud. Eric Raspe, 1765), Livre IV, ch.VI, §2.
19) Pierre Lévy, *L'idéographie dynamique* (Paris: La Découverte, 1991).
20) William Gibson, *Neuromancer* (New York: Ace, 1984), p.81. [김창규 옮김, 『뉴로맨서』, 황금가지, 2005, 85쪽.]
21) Paul Williams, *Only Apparently Real: The World of Philip K. Dick* (Maryland: Arbor House, 1986), p.72.
22) Williams, *Only Apparently Real*, p.170.
23) Telematic(s). 원격통신(telecommunication)과 정보공학(informatics)의 합성어로, 정보통신 기술을 일컫는 말이다.
24) 비포가 '탈규제'(deregulation)를 '랭보의 유산'이라고 말하는 이유는 랭보가 자신의 시론을 밝히는 편지들에서 'dérèglement'라는 표현을 즐겨 쓴 바 있기 때문이다. 흔히 '착란'(혹은 '교란')으로 번역되는 이 단어(영어로는 'derangement')를 통해서 랭보는 공감각적인 새로운 언어를 찾을 수 있는 자신만의 방법을 논했다. "문제는 모든 감각의 착란을 통해 미지의 것에 도달하는 것입니다." "시인은 오랫동안 엄청나게 체계적으로 모든 감각을 착란시킴으로써 견자(見者)가 됩니다." Arthur Rimbaud, "Lettre à Georges Izambard(13 mai, 1871)"; "Lettre à Paul Demeny (15 mai, 1871)," *Œuvres complètes*, éd. Antoine Adam (Paris: Gallimard, 1972), pp.249, 251. 현재 '탈규제'의 뜻으로 쓰이는 프랑스어 단어(dérégulation)는 영어와 철자가 동일하다. 이렇게 볼 때 '탈규제'를 '랭보의 유산'이라고 말하는 것은 약간 비약일 수도 있으나, 프랑스어 '착란'의 어근인 'règlement'이 (드물긴 하지만) '규제'라는 뜻으로도

쓰이긴 한다. 따라서 비포는 자신의 논지를 설명하기 위해 언어유희를 하고 있다고 보는 것이 옳겠다. 이에 대한 더 자세한 내용으로는 다음을 참조하라. Franco Berardi 'Bifo,' *The Uprising: On Poetry and Finance* (Los Angeles: Semiotext(e), 2012), pp.18, 27. [유충현 옮김, 『봉기: 시와 금융에 관하여』, 도서출판 갈무리, 2012, 28, 38쪽.]

25) Hypercapitalism. 미국의 문명사가 제레미 리프킨이 물질적 재화가 아닌 각종의 문화적 경험, 인간의 정신, 나아가 삶 전체에 대한 접근권을 상품화하는 현대 자본주의를 지칭해 사용한 말이다. Jeremy Rifkin, *The Age of Access: The New Culture of Hypercapitalism, Where All of Life is a Paid-For Experience* (New York: Putnam, 2000), pp.7~10. [이희재 옮김, 『소유의 종말』, 민음사, 2001, 15~19쪽.]

26) Jean Baudrillard, *L'Échange symbolique et la mort* (Paris: Gallimard, 1976), p.8.

27) Prozac. 1986년 미국의 일라이릴리 제약회사가 개발해 현재 세계적으로 가장 널리 이용되고 있는 항우울제. 미국인들 사이에서 아스피린만큼이나 광범하게 복용되고 있으며, 병을 치료할 뿐 아니라 삶의 행복까지 되찾아준다는 뜻에서 비아그라 등과 함께 '즐거움을 주는 약'(happy drug/happy-maker)으로도 불린다. 항우울제의 과도한 남용에 대한 또 다른 비판으로는 다음을 참조하라. 엘리자베스 워첼, 김유미 옮김, 『프로작 네이션: 우울에 빠진 한 여자의 심리 보고서』, 민음인, 2011.

28) Walter Benjamin, "Das Kunstwerk im Zeitalter seiner technischen Reproduzierbarkeit"(Dritte Fassung), *Gesammelte Schriften*, Bd.I-2, Hrsg. Rolf Tiedemann und Hermann Schweppenhäuser (Frankfurt am Main: Suhrkamp, 1974), p.506. [최성만 옮김, 「기술복제시대의 예술작품」(제3판), 『기술복제시대의 예술작품』, 도서출판 길, 2007, 147~148쪽.]

29) Gerald Raunig, *Kunst und Revolution: Künstlerischer Aktivismus im langen 20. Jahrhundert* (Wien: Turia+Kant 2005).

30) Hélène Carrère d'Encausse, *Lénine* (Paris: Fayard), p.78.

31) 2001년 9월 16일 독일 함부르크에서 열린 기자회견에서 슈톡하우젠은 자신의 작품에 9·11 사건이 끼친 영향에 대해 묻는 어느 기자의 질문에, "우주 전체를 위해 존재하는 가장 위대한 예술작품"이라고 대답했

다. 이 일로 4일간 열릴 예정이던 슈톡하우젠의 함부르크 공연이 취소됐다. 이후 슈톡하우젠은 자기 답변의 맥락이 제거되어 진의가 심각하게 왜곡된 채 언론에 보도됐다고 해명했다. 자기는 "악마만이 할 수 있는, 파괴행위로서의 예술작품"이라고 답변했다는 것이다.

32) Donella H. Meadows, Dennis L. Meadows, Jørgen Randers, and William W. Behrens III, *The Limits to Growth* (New York: Universe Books, 1972). [김병순 옮김, 『성장의 한계』, 갈라파고스, 2012.]

33) Nicholas Georgescu-Roegen, *The Entropy Law and the Economic Process* (Cambridge, MA: Harvard University Press, 1971).

34) Nicholas Georgescu-Roegen, "Energy and Economic Myths," *Southern Economic Journal*, vol.41, no.3 (January 1975), p.360. 조제스쿠-뢰겐의 경제사상에 대해서는 다음을 참조하라. 에릭 바인하커, 안현실·정성철 옮김, 『부의 기원: 최첨단 경제학과 과학이론이 밝혀낸 부의 원천과 진화』, 랜덤하우스, 2007, 474~509쪽.

35) Georgescu-Roegen, "Energy and Economic Myths," p.369.

36) Alain Minc et Simon Nora, *L'Informatisation de la société: Rapport au président de la République* (Paris: La Documentation française, 1978).

37) 원래 이 보고서는 캐나다 퀘벡 주의 대학협의회가 리오타르에게 작성을 의뢰한 것이었다. 리오타르가 보고서를 제출한 것은 1979년 4월이고, 프랑스에서 별도의 단행본으로 출간한 것은 9월이다. Jean-François Lyotard, *Les problèmes du savoir dans les sociétés industrielles les plus développées* (Québec: Conseil des Universités, 1979); *La Condition postmoderne: Rapport sur le savoir* (Paris: Minuit, 1979). [유정완·이삼출·민승기 옮김, 『포스트모던의 조건』, 민음사, 1992.]

38) Indiani Metropolitani. 1976~77년 동안 활동했던 이탈리아 비의회 좌파 학생들의 통칭. 자율주의 운동과의 일정한 연계 아래 대학·공장 점거 등을 주도했다. 전투에 나가는 아메리카 인디언들처럼 얼굴과 몸에 물감으로 분장을 하고 히피처럼 옷을 입어서 이런 명칭이 붙었다. '77년 운동'의 열기가 정부의 강경 진압으로 한풀 꺾인 뒤로는 사회센터(Centri Sociali) 운동과 빈집점거 운동을 펼쳤다. 이들에 대한 더 자세한 내용으로는 다음을 참조하라. George Katsiaficas, *The Subversion of Politics:*

European Autonomous Social Movements and the Decolonization of Everyday Life, updated ed. (Oakland, CA: AK Press, 2006), pp.36~43. [이재원 옮김, 『정치의 전복: 유럽의 자율주의 사회운동과 일상생활의 탈식민화』, 도서출판 난장, 근간.]

39) No wave. 1975년 후반부터 큰 인기를 끌기 시작한 '뉴 웨이브' 장르의 상업성에 반발해 뉴욕을 중심으로 시작된 일종의 언더그라운드 예술 운동. 음악적으로는 뉴 웨이브의 상업적 요소를 배제한 무조(無調) 계열의 전자음악에 가깝다.

40) 1999년 4월 20일 미국 콜로라도 주의 컬럼바인고등학교에서 벌어진 총기 난사 사건. 이 학교에 재학 중이던 클리볼드(Dylan Klebold, 1981~1999)와 해리슨(Eric Harris, 1981~1999)이 학생·교사 13명을 살해하고, 23명에게 큰 부상을 입힌 뒤 자살했다. 미국에서 총기 소지법, 왕따 문제, 폭력적인 대중문화에 관한 논란을 일으킨 사건이다. 이 사건은 마이클 무어(Michael Moore, 1954~)에 의해 『볼링 포 컬럼바인』(*Bowling for Columbine*, 2002)이라는 제목의 다큐멘터리 영화로도 제작되어 전 세계적으로 많은 이들의 주목을 받았다.

41) Allan Jones, "Riding on the Dynamic of Disaster: An Interview with Robert Fripp," *Melody Maker*, no.54 (April 1979). 프립은 영국의 유명한 프로그레시브록 밴드 킹크림슨의 리더이자 기타리스트로서, '프리퍼트로닉스'(Frippertronics)는 1973년에 프립이 개발한 일종의 루핑(looping) 테크닉이자 녹음장비를 지칭한다. 프리퍼트로닉스에 대한 프립 자신의 더 자세한 설명으로는 다음을 참조하라. Robert Fripp, "The New Realism: A Musical Manifesto for the 80s," *Musician, Player and Listener*, no.22 (January 1980).

42) Carlo Formenti, *Incantati dalla rete: Immaginari, utopie e conflitti nell'epoca di Internet* (Milano: Cortina, 2000); *Mercanti di futuro: Utopia e crisi della Net Economy* (Torino: Einaudi, 2002); *Cybersoviet: Utopie postdemocratiche e nuovi media* (Milano: Cortina, 2008).

43) Arthur Kroker and Michael A. Weinstein, *Data Trash: The Theory of the Virtual Class* (New York: St. Martin's Press, 1994), pp.7~8.

44) Kelly, *Out of Control*, p.260.

45) Kelly, *Out of Control*, p.33.
46) Bill Joy, "Why the Future Does not Need Us," *Wired*, no.8.04 (April 2000). [www.wired.com/wired/archive/8.04/joy.html]
47) Miguel Benasayag et Gérard Schmit, *Les Passions tristes: Souffrance psychique et crise sociale* (Paris: La Découverte, 2007), p.29.
48) Caretto Ennio, "Le armi, il delirio, la morte: In onda il video del killer E la tv finisce sotto accusa," *Il Corriere della Sera* (20 aprile 2007), p.20.
49) Newspeak. 영국의 소설가 조지 오웰이 자신의 디스토피아 소설『1984년』(*Nineteen Eighty-Four*, 1949)에서 처음으로 묘사한 가공의 전체주의적 언어. 사상통제를 위해서 고안된 언어로, 신어는 "전쟁은 평화" 같은 '이중사고'(doublethink)의 기반이 된다. 비포는 신자유주의의 어법이 이와 일맥상통한다고 보는 듯하다.
50) Alain Ehrenberg, *La Fatigue d'être soi: Dépression et société* (Paris: Editions Odile Jacob, 1998), p.25.
51) Melancholic depression. 일상어에서는 멜랑콜리와 우울증이 동의어처럼 쓰이지만, 의학적으로 멜랑콜리는 우울증(더 정확하게는 우울장애[Depressive disorder])의 형태이다. 멜랑콜리적 우울증의 주요 특징으로는 쾌감 상실, 주변 분위기에 대한 반응 저하가 있다. 우울증의 가장 심각한 형태로 통용된다.
52) Gilles Deleuze et Félix Guattari, *Qu'est-ce que la philosophie?* (Paris: Minuit, 1991), pp.111~112. [이정임·윤정임 옮김,『철학이란 무엇인가?』, 현대미학사, 1995, 170쪽.]
53) Deleuze et Guattari, *Qu'est-ce que la philosophie?*, p.189. [『철학이란 무엇인가?』, 290쪽.]
54) Julia Kristeva, *Soleil noir: Dépression et mélancolie* (Paris: Gallimard, 1987), pp.29~30. [김인환 옮김,『검은 태양: 우울증과 멜랑콜리』, 동문선, 2004, 33쪽.]
55) Ehrenberg, *La Fatigue d'être soi*, p.10.
56) "[신자유주의라는] 새로운 통치술에서 관건이 되는 것은 상업사회가 아닙니다. …… 신자유주의자들이 생각하고 있는 것과 같은 시장에 따라 조절되는 사회, 그것은 상품교환보다도 오히려 경쟁메커니즘이 조절 원

리를 구성해야 하는 사회입니다. …… 획득되어야 하는 것은 상품 효과에 종속된 사회가 아니라 경쟁의 역학에 종속된 사회라는 것입니다. 슈퍼마켓 사회가 아니라 기업사회인 것입니다." Michel Foucault, *Naissance de la biopolitique: Cours au collège de France, 1978-1979* (Paris: Seuil/Gallimard, 2004), p.152. [오트르망 옮김, 『생명관리정치의 탄생: 콜레주드프랑스 강의 1978~79년』, 도서출판 난장, 2012, 222쪽.]
57) Ehrenberg, *La Fatigue d'être soi*, p.199.

2장. 2000년대

1) Amy Goodman (with Denis Moynihan), "Climate Discord: From Hopenhagen to Nopenhagen," *Democracy Now!* (December 23, 2009); *The Silenced Majority: Stories of Uprisings, Occupations, Resistance, and Hope* (Chicago: Haymarket Books, 2012), p.72.
2) Turbulence, "Life in Limbo?," *Turbulence: Ideas for Movement*, no.5 (December 2009), p.3. [turbulence.org.uk/turbulence-5/life-in-limbo/]
3) Turbulence, "Life in Limbo?," p.4.
4) Amy Goodman and Juan González, "Bolivian President Evo Morales: 'Shameful' for West to Spend Trillions on War and Only $10 Billion for Climate Change," *Democracy Now!* (December 16, 2009). [www.democracynow.org/2009/12/16/bolivian_president_evo_morales_shameful_for]
5) Jean Baudrillard, *La Transparence du mal* (Paris: Galilée, 1990), p.35.
6) Enron Corporation. 미국의 에너지 회사. 『포춘』이 6년 연속으로 "미국에서 가장 혁신적인 기업"으로 선정했을 만큼 세계에서 가장 선도적인 전기, 천연가스, 펄프·제지, 통신사업 회사 가운데 하나였으나, 2001년 말 조직적인 회계부정(분식회계)이 발각되어 파산했다. 그 뒤 엔론은 기업 사기와 부패의 유명한 상징으로 통하고 있다.
7) Geert Lovink, *Dark Fiber: Tracking Critical Internet Culture* (Cambridge, MA.: MIT Press, 2002).
8) Karl Marx, "Grundrisse der Kritik der Politischen Ökonomie"(1857), *Marx-Engels-Werkausgabe*, Bd.42 (Berlin: Dietz, 1983), p.602. [김호균 옮김, 『정치경제학 비판 요강』(2권), 그린비, 2007, 382쪽.]

9) Peter Drucker, *The New Realities: In Government and Politics, in Economics and Business, in Society and World View* (New York: Harper and Row, 1989), pp.156~157.
10) Drucker, *The New Realities*, p.166.
11) Jacques Robin, *Changer d'ère* (Paris: Seuil, 1989), p.39.
12) Jean Baudrillard, *L'Échange symbolique et la mort* (Paris: Gallimard, 1976), p.92.
13) Peter Schwartz, "Post-Capitalist: An Interview with Peter Drucker," *Wired*, no.1.03 (July-August 1993), p.1. [www.wired.com/wired/archive/1.03/drucker.html]
14) Schwartz, "Post-Capitalist," p.5.
15) André Gorz, *Métamorphoses du travail* (Paris: Galilée, 1988), p.132.
16) William Gibson, *Pattern Recognition* (New York: G. P. Putnam's Sons, 2003), p.57.
17) Bob Herbert, "Young, Jobless, Hopeless," *The New York Times* (February 6, 2003).
18) Richard Sennett, *The Corrosion of Character: The Personal Consequences of Work in the New Capitalism* (New York: W. W. Norton, 1998), p.98. [조용 옮김, 『신자유주의와 인간성의 파괴』, 문예출판사, 2002, 140~141쪽.] 최근 세넷은 "불안정하고 파편화된 실존적 조건" 속에서 약해진 인간들 사이의 협력을 진단하고 새롭게 공동체를 강화할 수 있는 방안을 고민한 책을 발표했다. *Together: The Rituals, Pleasures, and Politics of Cooperation* (New Haven, CT: Yale University Press, 2012). [김병화 옮김, 『투게더: 다른 사람들과 함께 살아가기』, 현암사, 2013.]
19) James Hillman, "An Essay on Pan," *Pan and the Nightmare* (New York: Spring Publications, 1972), pp.26~35. 어원학적으로 패닉은 '판(목신)과 관련된~'이라는 뜻이다. 고대인들에게 판은 '자연과 총체성의 신'이었기 때문에, 당시의 어법으로 '패닉(상태)'에 빠진다는 것은 살아 있는 자연의 존재와 힘을 깨닫는다는 것과 마찬가지였다. 이런 패닉이 오늘날과 같은 '공황'의 뜻을 지니게 된 것은 신화 속의 판이 곧잘 양과 염소들을 깜짝 놀라게 해서 도망치게 만들었기 때문이다.

20) Mike Davis, *City of Quartz: Excavating the Future in Los Angeles* (New York: Vintage, 1990), p.226.
21) Mike Davis, *Dead Cities and Other Tales* (New York: New Press, 2003), pp.12~13.

3장. 바로크와 기호자본
1) Bolívar Echeverría, *Vuelta de siglo* (Mexico, DF: Ediciones Era, 2006).
2) Serge Gruzinski, *Images at War: Mexico from Columbus to Blade Runner (1492-2019)*, trans. Heather Maclean (Durham, NC: Duke University Press, 2001), p.114.
3) Halliburton. 세계에서 두 번째로 큰 미국의 유전·자원개발 기업. 걸프전쟁(1990~91년) 이후 당시 국방장관이던 딕 체니가 베푼 특혜를 통해 쿠웨이트 재건 사업을 독점하다시피 해서 논란을 일으켰다. 체니는 퇴임 후인 1995년 핼리버튼의 CEO로 임명됐다.
4) Blackwater. 미국의 민간 군사·보안 기업. 이라크 전쟁(2003~11년)에서 이 회사의 용병 20만 명 이상이 미군들과 함께 이라크 정규군과 전투를 수행하는 등 그 실체는 현대판 용병집단이다. 2009년 이름을 '지 서비스 유한책임회사'(Xe Services LLC)로 바꿨고, 2011년 '아카데미'(Academi)로 이름을 다시 바꿨다. 더 자세한 내용으로는 다음을 참조하라. Jeremy Scahill, *Blackwater: The Rise of the World's Most Powerful Mercenary Army* (New York: Nation Books, 2007). [박미경 옮김, 『블랙워터: 세상에서 가장 강력한 용병부대의 부상』, 삼인, 2011.]
5) Commedia dell'arte. 16~18세기에 유행한 이탈리아의 가면극. 딱히 정해진 대본이 없는 형식이기 때문에 즉흥성과 배우들의 임기응변이 중요했다. 베를루스코니의 통치방식이 딱 이렇다는 뜻이다.
6) Roberto Saviano, *Gomorra: Viaggio nell'impero economico e nel sogno della camorra* (Milano: Mondadori, 2006). [박중서 옮김, 『고모라』, 문학동네, 2009.]
7) Camorra. 18세기경 당시 스페인령이었던 나폴리에서 생겨난 비밀결사. 1970~80년대부터 체계적인 범죄조직으로 급성장해 오늘날에는 시칠리아 마피아(코사 노스트라)를 압도하기에 이르렀다.

8) Lewis Carrol, *Through the Looking-Glass* (London: Nonesuch Press, 1971), p.56. [김석희 옮김, 『거울나라의 앨리스』, 웅진주니어, 2008, 128~129쪽.]
9) Gilles Deleuze, *Logique du sens* (Paris: Minuit, 1969), p.29. [이정우 옮김, 『의미의 논리』, 한길사, 1999, 72쪽.]
10) Marcello Dell'Utri(1941~). 이탈리아의 정치인. 베를루스코니 총리의 1기 내각에서 수석고문을 지내다가, 2004년 탈세, 회계부정, 시칠리아 마피아와의 연루 등으로 총 10년형을 선고받았다.
11) Propaganda Due(P2). 1945~81년 이탈리아의 금융가 리치오 젤리(Licio Gelli, 1919~)가 이끌던 비밀결사. '국가 안의 국가,' '그림자 정부'로 불렸을 만큼 이탈리아 정·재계를 막후에서 조종했다. 1981년 그 존재가 당국에 의해 적발됐는데, 당시 이탈리아의 지도급 인사 9백63명이 연루되어 있었던 것으로 밝혀졌다.
12) White noise. 전도체 내부에 있는 전자의 불규칙한 자유 운동으로 야기되는 잡음. 전자장비 등에서 흔히 들을 수 있는 소리('칙-')로 패턴이 불규칙하기 때문에 랜덤 노이즈라고도 불린다.
13) Michael Albert, *Capitalism Against Capitalism* (London: Wiley, 1993).
14) Forza Italia. 1993년 베를루스코니가 만든 보수주의 정당. 당수인 베를루스코니가 이탈리아 최대의 미디어그룹 미디어셋의 소유주이자 유명 축구구단인 AC밀란의 구단주이기도 해서 '텔레비전-축구당'이라고 비꼰 것이다. 전진이탈리아는 2008년 자체 해산하고 이듬해 자유국민당(Il Popolo della Libertà)으로 변신을 꾀했다. 2011년까지 집권 여당이었던 자유국민당은 2013년 총선의 패배로 제2당이 됐다.
15) Compromesso storico. 1973~78년 사이에 당시 여당인 기독교민주당과 이탈리아공산당이 맺은 정책적 화해. 정국 안정과 경제 위기의 극복 등이 명분이었는데, 기독교민주당의 알도 모로(Aldo Moro, 1916~1978) 전 총리가 붉은여단에게 납치된 뒤 암살되면서 중단됐다.
16) Risorgimento. 19세기 이탈리아의 국가통일 운동을 일컫는 말.
17) Piero Gobetti(1901~1926). 이탈리아의 자유주의 언론인·지식인. 제1차 세계대전 이후 반파시스트 운동에 헌신하다가 베니토 무솔리니의 지지자들에게 폭행당한 뒤 요절했다.

18) Bettino Craxi(1934~2000). 이탈리아의 정치인. 이탈리아사회당 당수(1976~93)로서 1983년에 총리가 됐다. 그러나 1992년 당시 이탈리아 정치계를 지배했던 부패 체제(일명 '탄젠토폴리'[tangentopoli])의 핵심으로 지목받아 이듬해부터 재판을 받았다. 당시 검찰은 크락시를 기소하려고 의회에 면책특권 정지 승인을 요청했는데, 1993년 4월 29일 의회는 이 요청을 승인하지 않았다. 이에 따라 곧 대규모 항의 시위가 시작됐고, 결국 8월 5일 크락시의 면책특권이 정지되어 재판이 열렸다. 그러나 1심(1994년)과 2심(1996년)의 유죄 판결이 최종심(1998년)에서 무죄 판결로 뒤집혔고, 크락시는 망명지인 튀니지에서 사망했다. 이 당시의 이탈리아 사회를 분석한 글로는 다음을 참조하라. 조르조 아감벤, 김상운·양창렬 옮김, 「이 망명지에서: 이탈리아 일기, 1992~94년」, 『목적 없는 수단: 정치에 관한 11개의 노트』, 도서출판 난장, 2009.
19) Omar Calabrese, *L'età neobarocca* (Bari: Laterza, 1987).
20) Gilles Deleuze, *Le Pli: Leibniz et le baroque* (Paris: Minuit, 1988). [이찬웅 옮김, 『주름, 라이프니츠와 바로크』, 문학과지성사, 2004.]
21) Oscar Luigi Scalfaro(1918~2012). 이탈리아의 정치인. 기독교민주당 소속으로 제9대 대통령(1992~99)을 역임했다.
22) Carlo Azeglio Ciampi(1920~). 이탈리아의 정치인. 1993년 무소속으로 총리가 된 뒤 스칼파로의 조기 사임으로 제10대 대통령(1999~2006)이 됐다. 퇴임 이후 민주당에 입당했고 종신 상원위원이 됐다.
23) Ubu Roi. 프랑스의 극작가 알프레드 자리(Alfred Jarry, 1873~1907)의 연극 『위뷔 왕』(1896)의 주인공. 상스럽고 저속한 언사를 일삼고 물욕·성욕·식욕을 자제하지 못하는 인물로 유명하다.
24) Three-card Monte. 3장의 카드를 보여준 다음 잘 섞어서 엎어놓고, 특정 카드를 맞히게 하는 도박. 스페인에서 유래한 것으로서 우리에게 잘 알려진 일명 '야바위'(Three shells)와 비슷한 게임이다.
25) Re Travicello. 중요한 지위나 공무(公務)를 맡고 있으나 그에 걸맞은 권위나 능력이 없는 사람을 비꼬는 말. 원래 '트라비첼로'는 '작은 나무토막'을 뜻하는데, 고대 로마의 유명한 우화시인 파이드로스(Gaius Julius Phaedrus, BC 15~AD 50)가 '이솝 우화'에 근거해 쓴 작품 「왕을 요청한 개구리」("Le rane chiesero un re")에서 나온 말이다. 자신들의 방종을

다스려줄 왕을 보내달라는 일부 개구리들의 요청에 제우스는 나무토막을 연못 속에 던져준다. 개구리들은 처음에는 매우 놀라 모두 숨었으나 그 '왕'이 움직이지 않는다는 것을 알고는 실컷 모욕하고 더럽힌 뒤에 제우스를 다시 찾아가 다른 왕을 보내달라고 간청한다. 제우스가 다시 보내준 왕은 뱀이었다. 뱀에게 잡아먹히기 시작한 개구리들은 혼비백산한 나머지 모두 목소리를 잃게 되고 결국 자신들의 어리석음을 한탄한다. 흔히 이 이야기는 "행운에 만족하지 않으면 불운을 견뎌내야 한다," 혹은 "무능하지만 해를 끼치지 않은 왕('트라비첼로')이 능력 있지만 무섭고 잔인한 왕보다 훨씬 낫다"는 교훈을 전해준다고 여겨진다. 그러나 이탈리아 리소르지멘토 시대에 가장 유명한 시인들 중 한 명인 주세페 주스티(Giuseppe Giusti, 1809~1850)가 1848년 사보이 공국의 우유부단한 왕이었던 카를로 알베르토(Carlo Alberto, 1798~1849)를 '트라비첼로 왕'이라고 묘사하면서 그 의미가 다소 변형됐다.

26) Lorenzo Valla(1407~1457). 이탈리아의 인문주의자. 세속 황제에 대한 교황의 우위를 인정한 로마 황제의 칙령(콘스탄티누스의 기증[Donatio Constantini])이 허위 문서라는 것을 입증한 것으로 유명하다.

27) Don Abbondio. 이탈리아의 소설가 만초니(Alessandro Manzoni, 1785~1873)가 쓴 역사소설 『약혼자들』(*I Promessi Sposi*, 1827)에 등장하는 위선적인 성직자의 이름.

28) La grande guerra. 1959년 제작된 이탈리아 영화. 소르디(Alberto Sordi, 1920~2003)와 가스만(Vittorio Gassman, 1922~2000)이 각각 로마와 밀라노에서 징집된 젊은이로 분했는데, 상이한 성격에도 불구하고 전투에서 가급적 위험을 피하려는 공통된 목적으로 단짝이 된다.

29) Antonio Salandra(1853~1931). 이탈리아의 정치인. 제33대 총리(1914~16)로서 의회의 반대를 무릅쓰고 제1차 세계대전 참전을 강력히 주장했다. 종전 뒤 무솔리니 지지자가 됐다.

4장. 소진과 주체성

1) Georg Wilhelm Friedrich Hegel, "Phänomenologie des Geistes"(1807), *Werke*, Bd.3 (Frankfurt am Main: Suhrkamp, 1979), pp.22~23. [임석진 옮김, 『정신현상학 1』, 한길사, 2005, 51쪽.]

2) Hegel, "Phänomenologie des Geistes," p.23. [『정신현상학 1』, 52쪽.]
3) Hegel, "Phänomenologie des Geistes," p.24. [『정신현상학 1』, 55쪽.]
4) Arthur Kroker and Michael A. Weinstein, *Data Trash: The Theory of the Virtual Class* (New York: St. Martin's Press, 1994), pp.7~8.
5) Critical Art Ensemble, *Electronic Disturbance* (New York: Semiotext(e), 1993). 크리티컬아트앙상블은 1987년 뉴욕에서 결성된 전술 미디어 집단이다. 예술, 비판이론, 테크놀로지(특히 각종 미디어), 행동주의 등을 결합해 현존하는 권위주의 문화에 맞서는 것을 모토로 삼았다. 더 자세한 정보로는 이들의 홈페이지(www.critical-art.net)를 참조하라. 이들의 책들은 모두 무료로 다운로드가 가능하다.
6) Tiziana Terranova, *Network Culture: Politics for the Information Age* (Cambridge: Pluto, 2004), pp.58~59.
7) Christian Marazzi, *Capitale e linguaggio: Dalla new economy all'economia di guerra* (Roma: DeriveApprodi, 2002).
8) 골드센은 정확히 다음과 같이 말했다. "[오늘날 새로운 세대의] 인간은 [자신을 둘러싼 세계의] 원초적 인상(primal impressions)을 기계로부터 얻는다. 이런 일은 역사상 처음 있는 일이다." Rose Kohn Goldsen, *The Show and Tell Machine: How Television Works and Works You Over* (New York: Dial Press, 1977), p.ix.
9) Luisa Muraro, *L'ordine simbolico della madre* (Roma: Riuniti, 1991).
10) J. G. Ballard, *Super-Cannes* (London: Flamingo, 2000), p.365.
11) Melinda Cooper, *Life as Surplus: Biotechnology and Capitalism in the Neoliberal Era* (Seattle, WA: The University of Washington Press, 2008), pp.15~16.
12) Cooper, *Life as Surplus*, pp.16~17.
13) Jean Baudrillard, *L'Échange symbolique et la mort* (Paris: Gallimard, 1976), pp.111~112.
14) Baudrillard, *L'Échange symbolique et la mort*, pp.8~9. 보드리야르는 가치 법칙의 변화와 관련해 외양(즉 시뮬라크라)의 세 가지 질서[계열](ordre)을 구분한 바 있다. 첫 번째는 르네상스 시기부터 산업혁명 시기에 이르는 '고전적' 시기에 지배적이었던 '모사'(contrefaçon)의 계열이

다. 두 번째는 산업화 시대에 지배적이었던 '생산'(production)의 계열이다. 세 번째는 코드에 의해 통제되는 오늘날 지배적인 '시뮬라시옹'의 계열이다. 첫 번째 질서가 가치의 '자연적' 법칙에 근거를 둔다면, 두 번째 질서는 가치의 '상업적' 법칙, 마지막 세 번째 질서는 가치의 '구조적' 법칙에 근거를 둔다(*L'Échange symbolique et la mort*, pp.77~128). 순서대로 각각의 질서에 상응하는 대표적인 경제적 산물을 꼽자면 위조화폐(모사물), 상품(복제품), 자본(시뮬라크라)이 있겠다.

15) Baudrillard, *L'Échange symbolique et la mort*, p.64.
16) Jean Baudrillard, *L'esprit du terrorisme* (Paris: Galilée, 2002), p.12. [배영달 옮김, 『테러리즘의 정신』, 동문선, 2003, 7~8쪽.]
17) Baudrillard, *L'esprit du terrorisme*, p.13. [『테러리즘의 정신』, 8~9쪽.]
18) Christian Marazzi, *Finanza bruciata* (Bellinzona, CH: Edizioni Casagrande, 2009). [심성보 옮김, 『금융자본주의의 폭력』, 도서출판 갈무리, 근간.]
19) Editorials, "What Went Wrong with Economics?," *The Economist* (July 18, 2009).
20) "신자유주의도 스스로 숨기지 않고 공언하는 바이지만, 확실히 신자유주의에서는 호모 에코노미쿠스 이론이 발견됩니다. 하지만 거기서 호모 에코노미쿠스는 …… 기업가, [그것도] 자기 자신의 기업가입니다. 그렇기 때문에 여기서 교환 상대방으로서의 호모 에코노미쿠스를 매 순간 자기 자신의 기업가로서 대체하는 것이 사실상 신자유주의에 의해 행해진 분석에서 관건이 됩니다. 자기 자신에게는 자기 자신의 자본, 자기 자신을 위한 자기 자신의 생산자, 자기 자신을 위한 '자기' 소득의 원천으로서의 호모 에코노미쿠스가 그것입니다." Michel Foucault, *Naissance de la biopolitique: Cours au collège de France, 1978-1979* (Paris: Seuil/Gallimard, 2004), p.232. [오트르망 옮김, 『생명관리정치의 탄생』, 도서출판 난장, 2012, 319~320쪽.]
21) John Maynard Keynes, *The General Theory of Employment, Interest and Money* (London: Macmillan, 1936), pp.161~162. [조순 옮김, 『고용, 이자 및 화폐의 일반이론』(개정판), 비봉출판사, 2007, 189쪽.]
22) George Akerlof and Robert J. Shiller, *Animal Spirit: How Human Psychology Drives the Economy, and Why It Matters for Global Capitalism*

(Princeton, NJ: Princeton University Press. 2009), p.1. [김태훈 옮김, 『야성적 충동: 인간의 비이성적 심리가 경제에 미치는 영향』, 랜덤하우스코리아, 2009, 24쪽.]
23) Matteo Pasquinelli, *Animal Spirits: A Bestiary of the Common* (Rotterdam: NAi Publisher, 2008), p.93.
24) Pasquinelli, *Animal Spirits*, p.15.
25) Robert J. Sardello, "Money and the City," *Money and the Soul of the World* (Dallas: Pegasus Foundation, 1983), pp.24~25.
26) Jenny Anderson, "Wall Street Pursues Profit in Bundles of Life Insurance," *The New York Times* (September 5, 2009).
27) J. G. Ballard, *Cocaine Nights* (London: HarperCollins, 1996), p.188.
28) Gilles Deleuze, *Foucault* (Paris: Minuit, 1986), p.98. [허경 옮김, 『푸코』, 동문선, 2003, 142쪽.] 여기서 들뢰즈가 말하고 있는 '힘'이란 생명(혹은 살아 있음)의 활기 자체를 뜻한다.
29) Hakim Bey, *TAZ: The Temporary Autonomous Zone, Ontological Anarchy, Poetic Terrorism* (New York: Autonomedia, 2003). 또한 다음의 저서도 참조하라. Pirate Utopias: Moorish Corsairs and European Renegadoes (New York: Autonomedia, 1996).
30) *Wolke Neun*. 독일의 영화감독인 드레센(Andreas Dresen, 1963~)의 2008년 작품. 노년의 성(性)을 가감 없이 드러낸 파격적인 정사 장면으로 주목을 받았다. 영화의 제목으로 쓰인 '아홉 번째 구름'이란 "인생에서 최고로 행복한 절정의 순간"을 뜻하는 관용구이다. 단테는 『신곡』에서 제9천(天), 즉 천사들의 거주지인 천구의 아홉 번째 영역이 신과 가장 가까운 곳(따라서 가장 영광스럽고 행복한 곳)이라고 묘사했는데, 여기서 이 관용구가 유래했다는 설이 있다. 그러나 정작 『신곡』에는 '아홉 번째 구름'이라는 구절이 없다.
31) Schengen agreement. 1985년 6월 14일 체결된 유럽 국가간 통행 자유화 협약. 룩셈부르크의 소도시 솅겐에서 협약이 체결되어 이런 이름이 붙었다. 현재까지 총 25개국이 가입했는데, 솅겐 비가입국의 국민은 솅겐 지역(협약 가입국들의 영토 전체를 포괄하는 지역) 내에서의 체류 기간이 제한된다(최초 입국일로부터 90일).

32) 2009년 6월 4~7일 행해진 유럽의회 선거 결과를 말한다. 이 선거에서 우파 성향의 기독민주유럽국민당-유럽국민당 동맹(EPP-ED)이 264석을 차지한 반면에, 좌파 성향의 유럽사회주의당(PES)는 161석을 얻는 데 그쳤다. 이로써 EPP-ED와 PES 사이의 의석수 차이는 2004년 선거의 68석에서 103석으로 크게 벌어졌다.
33) Félix Guattari, *Chaosmose* (Paris: Galilée, 1992), pp.186~187. [윤수종 옮김, 『카오스모제』, 동문선, 2003, 174쪽.], 가타리가 말하는 '카오스모제'란 '카오스'(혼돈/무질서)와 '코스모스'(안정/질서), 그리고 '오스모즈'(상호침투)[osmose]의 합성어이다. 즉 카오스와 코스모스의 상호침투 작용을 분석하는 것이 카오스모제이다.
34) Gilles Deleuze et Félix Guattari, *Qu'est-ce que la philosophie?* (Paris: Minuit, 1991), p.191. [이정임·윤정임 옮김, 『철학이란 무엇인가?』, 현대미학사, 1995, 293쪽.]
35) 더 자세한 내용으로는 다음을 참조하라. Franco Berardi 'Bifo,' *The Uprising: On Poetry and Finance* (Los Angeles: Semiotext(e), 2012). 특히 4장(「시와 금융」)을 참조할 것. [유충현 옮김, 『봉기: 시와 금융에 관하여』, 도서출판 갈무리, 2012, 142~173쪽.]

부록. 프랑코 베라르디 '비포'와의 대화

1) Radio Audizioni Italiane. 1924년 굴리엘모 마르코니('무선전신의 아버지')의 출자로 설립된 민영 방송국 이탈리아라디오방송연맹(Unione Radiofonica Italiana)이 국유화되며 발전된 이탈리아의 공영방송. 1954년 텔레비전 방송을 시작하면서 정식 명칭을 '이탈리아라디오텔레비전 공사'(Radiotelevisione italiana S.P.A.)로 바꾸고 현재에 이르고 있다.
2) 이탈리아 최초의 민영 텔레비전 네트워크인 카날5(Canale 5)의 공식적인 개국일은 1980년 9월 30일이다. 카날5의 모회사 격으로 역시 베를루스코니가 소유했던 텔레밀라노58(TeleMilano 58)의 개국일이 1978년 9월 7일이었는데, 비포는 이 점을 염두에 둔 듯하다. 당시의 미디어 환경과 라디오 알리체에 대한 비포 자신의 더 자세한 설명으로는 다음을 참조하라. Franco Berardi 'Bifo,' "Radio Alice: An Interview with Carlos Ordonez," *ZgPress* (July 10, 2010). [http://zgpress.com/?p=36]

3) Potere Operaio. 네그리(Antonio Negri, 1933~)의 주도로 1968년 결성되어 1973년 해체된 이탈리아의 좌파 조직. 1976년 결성된 노동자의자율(Autonomia Operaia)의 전신이다. 노동자의자율은 오늘날 우리에게 '자율주의'로 알려진 사상의 실험실이었는데, 1978년 당국에 의해 강제 해산됐다. 그 뒤 이 운동의 관련자들은 투옥되거나 망명길에 올랐다.
4) Federazione Giovanile Comunisti Italiana. 1949년 결성되어 1990년 해체된 이탈리아공산당(Partito Comunista Italiano) 산하의 청년 단체. 이탈리아공산당은 지난 1991년 좌파민주당(Partito Democratico della Sinistra)과 재건공산당(Partito della Rifondazione Comunista)으로 양분됐는데 그 뒤 재건공산당에서 분리된 이탈리아공산주의당(Partito dei Comunisti Italiani)이 새롭게 이탈리아공산당청년조직을 만들었다.
5) 『붉은 노트』(*Quaderni Rossi*)는 1961년 창간되어 1966년 폐간된 좌파 잡지이며, 『노동계급』(*Classe operaia*)은 1964년 『붉은 노트』의 일부 편집진이 따로 창간해 1967년 폐간된 좌파 잡지이다. 이 두 잡지에 주도적으로 관여한 판치에리(Raniero Panzieri, 1921~1964)와 트론티(Mario Tronti, 1931~)가 이탈리아 노동자주의[오페라이스모](Operaismo)의 기틀을 마련한 사람들이다. 더 자세한 내용으로는 다음을 참조하라. Steve Wright, *Storming Heaven: Class Composition and Struggle in Italian Autonomist Marxism* (London: Pluto, 2002).
6) Mario Tronti, *Operai e capitale* (Torino: Einaudi, 1966).
7) Romano Alquati, "Composizione organica del capitale e forza-lavoro alla Olivetti," *Quaderni Rossi*, no.2-3 (Giugno 1962-1963); *Sulla FIAT e Altri Scritti* (Milano: Feltrinelli Editore, 1975). 재수록.
8) Amadeo Bordiga(1889~1970). 이탈리아공산당의 초대 총서기. 1921년 스탈린이 이끌던 코민테른(제3인터내셔널)의 '연합전선' 전술에 맞서다가 1926년 당에서 축출된 뒤 자신의 지지세력과 함께 이탈리아공산당 좌파(sinistra comunista Italiana)를 결성했다(단체 명칭은 아니고 보르디가 지지자들을 통칭하는 표현이었다). 스탈린을 공공연히 비판하고 망명 중인 레온 트로츠키를 돕기도 했다.
9) Rude razza pagana. 트론티가 『노동자와 자본』에서 남부로부터 북부로 이주해온 젊은 '대중노동자들'을 지칭해 쓴 표현이다. '대중노동자'는 대공

업의 첫 번째 국면인 1848~1914년의 '전문노동자'를 뒤잇는 새로운 노동자의 형상을 지칭하는 노동자주의의 개념이다. 통상 제1차 세계대전부터 1968년까지가 대중노동자의 시기이며, 그 이후인 제3차 산업혁명기는 '사회적 노동자'의 시기로 구분한다.

10) Franco Berardi 'Bifo,' "Anatomy of Autonomy," *Semiotext(e)*, vol.3, no. 3: Autonomia, Post Political Politics, ed. Sylvère Lotringer and Christian Marazzi (New York: Semiotext(e), 1980), p.152.

11) Franco Berardi 'Bifo,' *Contro il lavoro: Lo sviluppo al capitale, il potere agli operai* (Milano: Feltrinelli, 1970).

12) On the Idea of Communism: Conference. 지난 2009년 3월 13~15일 슬라보예 지젝과 알랭 바디우의 주도로 영국의 버크벡칼리지에서 개최된 국제 컨퍼런스를 말한다. 이 컨퍼런스의 성공에 힘입어 약 2년 뒤인 2011년 14~16일에는 뉴욕의 쿠퍼유니온에서 "코뮤니즘, 새로운 시작?"(Communism, A New Beginning?)이라는 후속 컨퍼런스가 열린 바 있다. 이 두 컨퍼런스의 발표문은 모두 단행본으로 출간됐다. *The Idea of Communism*, ed. Costas Douzinas and Slavoj Žižek (London: Verso, 2010); *The Idea of Communism 2: The New York Conference*, ed. Slavoj Žižek (London: Verso, 2013).

13) Mark Fisher, *Capitalist Realism: Is There No Alternative?* (Winchester, UK: Zero Books, 2009), p.21.

14) Swarm (intelligence). 흔히 '곤충의 무리'를 뜻하는 '떼'는 최근 디지털 시대 군중의 집단행위를 새로운 관점에서 분석하는 틀로 많이 언급되고 있다. 특히 네그리는 '다중'의 행동양식을 긍정하기 위해 (인공지능 연구에서 나온) 탈중심화된 자기조직 체계를 지칭하는 '떼 지성' 개념을 활용한 바 있다(안토니오 네그리·마이클 하트, 조정환 외 옮김, 『다중: 제국이 지배하는 시대의 전쟁과 민주주의』, 세종서적, 2008, 127~129쪽). 여기서 비포는 네그리와 다른 방식으로 '떼'를 사유한다. 즉 '떼'의 행동양식을 부정적인 방식으로 이해한다. 본서의 1장(특히 94쪽)과 다음을 참조하라. Franco Berardi 'Bifo,' *The Uprising: On Poetry and Finance* (Los Angeles: Semiotext(e), 2012), pp.14~16. [유충현 옮김, 『봉기: 시와 금융에 관하여』, 도서출판 갈무리, 2012, 24~26쪽.]

15) Giuseppina Mecchia, "Interview with Franco Berardi(Bifo)," *Félix Guattari: Thought, Friendship and Visionary Cartography*, trans. Giuseppina Mecchia and Charles J. Stivale (London: Palgrave Macmillan, 2008), p.161. 2005년 7월 11일 볼로냐에서 이뤄진 이 대담은 2002년에 출간된 이탈리아어판에는 수록되어 있지 않다.
16) 원래 이 말은 가타리가 자신의 성격(그리고 그것과 연관된 작업방식)에 대해 한 말이다. Félix Guattari, *Les années d'hiver, 1980-1985* (Paris: Bernard Barrault, 1985; Paris: Prairies ordinaires, 2009), p.16.
17) Franco Basaglia(1924~1980). 이탈리아의 정신의학자·신경학자. 이탈리아 정신의학계를 개혁한 선구자로, 1973년 민주적정신의학(Psichiatria Democratica)이라는 단체를 결성해 모든 정신병원의 폐지를 제창했다. 이 주장은 일명 '바잘리아 법'(Legge Basaglia[Legge 180])으로 구체화됐고, 1978년 5월 13일 이탈리아 의회는 이 법안을 비준했다. '바잘리아 법'이 의회의 비준을 받음으로써 그 이후 이탈리아에 존재했던 기존의 모든 정신병원은 지역 정신보건센터로 대체됐다.
18) Gianfranco Minguzzi(1927~1987). 이탈리아의 심리학자. 1974년 민주적정신의학의 총비서로 선출되며 바잘리아와 더불어 이탈리아 정신의학 개혁에 앞장섰다. 주요 저서로 다음이 있다. *Problemi di psicologia di gruppo* (Bologna: Cooperativa Libraria Universitaria, 1969); *Dinamica psicologica dei gruppi sociali* (Bologna: Il Mulino, 1973).
19) Félix Guattari, *Psychanalyse et transversalité: Essais d'analyse institutionnelle* (Paris: Maspéro, 1972); *Una tomba per Edipo: Psicoanalisi e transversalità*, a cura di Luisa Muraro (Verona: Bertani, 1974)[다음의 새로운 판본도 참조하라. a cura di Gabriele Perretta (Milano: Mimesis Edizion, 2012)]. [윤수종 옮김, 『정신분석과 횡단성』, 울력, 2004.]

당시 이탈리아에서 등장한 새로운 세대의 활동가들에게 가타리가 얼마나 큰 주목을 받았는지에 대해서, 들뢰즈와 가타리의 평전을 쓴 프랑수아 도스는 다음과 같이 말하고 있다. "당국의 억압 정책에 맞서 주도권을 되찾아오기 위해, 이탈리아의 극좌파들은 1977년 9월 22일부터 24일까지 볼로냐에서 열린 대회와 토론회에 모두 모였다. 그 도시를 통치하고 있던 이탈리아공산당은 이 집회를 도발이라며 비난했다. …… 그러나 8만 명의 사람들이 사소한 폭력조차 없이 엄청난 평화와 평온 속에서 도시를 점유했다. 군중의 규모와 공기 중에 감돌던 긴장감을 생각해보면, 이것은 대단한 위업이었다. 비포는 그곳에서 무슨 일이 벌어지고 있는지 전화로 전해 들으면서 이 사흘을 보냈다. 그러나 가타리의 모든 친구들은 경외감에 가득 찬 채 볼로냐의 거리에 있었다. [……]
　가타리는 볼로냐에서 영웅 같은 인물이 됐다. 가타리는 이탈리아 좌파들을 위해 꼭 필요한 영감의 원천 중 하나로 여겨졌다. 가타리는 자신의 생각들이 사회적·정치적 힘으로 구현되는 것을 보며 크나큰 기쁨에 취해 행진을 바라봤다. 집회 다음 날, 일간지와 주간지가 일제히 가타리의 사진을 보도 기사에 실으며 가타리를 이 동원의 창시자이자 창조자라고 소개했다. 가타리는 갑자기 이탈리아의 다니엘 콩-방디가 됐다. '가타리가 볼로냐 거리를 걸어 내려오면, 모든 사람이 가타리에게 달려가 인사하고, 만져보고, 키스했다. 아주 열광적인 반응이었다. 들어본 적도 없는 일이다. 가타리는 물 위를 걷는 예수였다. 나도 매우 기뻤다. 나도 졸지에 약간 비슷한 대접을 받았기 때문이다'(제라르 프로망제)." François Dosse, *Gilles Deleuze et Félix Guattari: Biographie croisée* (Paris: La Découverte, 2007), pp.343~347. [이재원·최영화 옮김, 『질 들뢰즈와 펠릭스 가타리: 두 삶과 사유의 만남』, 도서출판 난장, 근간.]
20) Jean Baudrillard, *Oublier Foucault* (Paris: Galileée, 1977; 2004).
21) Franco Berardi 'Bifo,' *The Soul at Work: From Alienation to Autonomy* (Los Angeles: Semiotext(e), 2009). [서창현 옮김, 『노동하는 영혼: 소외에서 자율로』, 도서출판 갈무리, 2012. 특히 3장(「중독된 영혼」) 참조.]

옮긴이 후기

프랑코 베라르디 '비포'는 책 전체에 걸쳐 미래를 신봉한 세기이자 자본주의적 근대성이 정점에 달한 시기였던 20세기가 걷잡을 수 없는 파국을 맞게 되는 과정을 다양한 방식으로 묘사한다. 그리고 마지막 부분에서는 일견 모순적으로 보이는 결론으로 글을 맺는다. 지난 세기를 추동해온 지배적 질서가 끝장났고 기존의 지배계급도 좌파도 그에 대한 대안을 내놓지 못하고 있지만, 이 총체적인 시계視界 제로의 상황을 가능성의 장으로 생각하고 행동하자는 것이다.

이것이 대책 없는 낙관주의인가 하면 그렇지는 않다. 오히려 자신도 인지하고 있듯이 비포는 우울한 비관론자, 저주받은 예언자로 보일 만큼 현실에 존재하는 시나리오들 중 가장 암울한 시나리오가 가까운 미래에 펼쳐질 것으로 예측하기 때문이다. 그리고 이 책이 발간된 지 2년이 지난 지금, 비포의 예측은 크게 틀린 것 같지 않다. 그러나 비포는 오늘날 의식적인 주체화 과정을 재개할 수 없고 사회의 재구성을 상상할 수 없다는 그 한계를, 비포 자신과 그 세대의 사회적 몸을 이루고 있는 근대 문명의 진보적 시간관의 한계로 돌리면서 자신의 눈에는 보이지 않지만 그래도 우리가 우리 자신을 위해 준비해야 할 예측 불가능한 사건들을 향해 논의를 열어둔다. 이전 시대의 운동 방식인 의지적이고 행동주의적이며 거시적인 규모의 혁명과 전혀 다른 새로운 운동의 방향(감수성의 재활성화를 위한 치료로서의 운동)을 구체적으로 제시하면서 말이다.

그렇다면 얼핏 보기에 모순적으로 보이고 양적으로도 비대칭을 이루고 있는 이 책의 두 측면을 어떻게 받아들여야 할까. 나는 여기에 사상가이자 실천적 실험가로서의 비포와 우리가 특이한 결속을 이룰 수 있는지의 여부가 걸려 있다고 생각한다.

처음 이 책을 읽었을 때 나는 책 전반을 지배하는 묵시록적 정조를 견뎌내기가 어려웠다. 사회적·경제적·문화적으로나 생태적·환경적으로나 인류는 자신이 쌓아올린 기반은 물론이고 미래의 자원까지 다 끌어와 탕진해버렸고, 집단지성은 그 생산자들로부터 완전히 분리되어 자본의 수중에 넘어갔으며, 정신병 폭탄(우울증, 공황 등)을 안은 인간에게 의식적·집단적 변화를 시도할 가능성이 전혀 보이지 않는 상황이라면, 마지막의 포스트미래주의 선언은 다 뭐고, 자신이 준비하고 있다는 실천적 실험들은 다 무슨 소용이란 말인가? 비포가 상술하는 인간 영혼의 착취 과정은 너무나 실감나고 또 정말로 이런 과정이 전지구적이라는 것을 체감할 수 있을 만큼 광범위한 현상으로 서술되어 있어서, 이렇게 암울한 이야기만 할 거라면 과연 이 책을 옮기는 것이 무슨 소용이 있을까 싶을 정도였다.

그런데 책을 번역하고 교정을 보면서 여러 번에 걸쳐 다시 읽다 보니 이런 회의는 비포가 보여주는 두 가지 전망을 뒤섞어버리는 데서, 혹은 한 가지 전망이 다른 전망을 압도하는 것으로 잘못 읽는 데서 생겼다는 것을 알게 됐다.

비포가 보여주는 첫 번째 풍경은 근대가 성취해낸 문명의 물질적 조건, 문화적 기반, 주체성의 형상 등이 바로 그것들을 가능케 했던 자본주의에 의해 철저히 파괴되는 과정이다. 두 번째 풍경은 이 책에서 구체적인 사례로 제시되지 않았고 포스트미래주의 선언에서만 그 윤곽이 어렴풋이 그려졌다. 인지자본주의 시대에 결정적인 생산수단이자 따라서 혁명의 가장 강력한 무기인 집단지성의 만회, 이를 위한 감수성의 치료, 공감과 연대의 회복 가능성이 그것이다.

『미래 이후』에서 이 두 가지 풍경을 동시에 접할 때 그 내용의 구체성과 양적 측면에서 전자의 인상이 강력한 것이 사실이다. 그래서 이 첫 번째 풍경의 인상에 압도당하기 쉽다. 내가 바로 이런 우를 범했던 것인데, 사실 이런 오독을 막기 위한 비포 자신의 말이 이 책 속에 이미 존재한다. "사유에 주어진 임무가 있다고 할 수 있다면, 사상가의 임무는 가슴에 희망을 불어넣는 것이 아니라 현실을 이해하도록 돕는 것이다. 오직 이해만이 새로운 가능성을 불러낼 수 있기 때문이다." 즉 비포는 사상가로서 자신의 인식과 상상의 한계 안에서 파악한 현실을 서술한 것이다. 그러므로 곧장 "우리에게는 아무런 변화 가능성도 없다"라는 것이 비포의 결론이라고 단정해서는 안 된다. 현실의 서술, 비포의 첫 번째 전망의 의미는 "자신의 인식의 한계 안에서 파악한 현실," 바로 여기에 국한해야 한다.

이론의 정합성과 글의 논리적 완결성을 염두에 둔다면 이런 말이 말장난에 불과하다고 생각될 것이다. 아니, 현실이 이 지경이라는데 여기서 묵시록적인 결론을 이끌어내는 게 뭐가 어떻단 말인가?

여기서 두 가지를 고려해야 한다. 먼저, 첫 번째 풍경을 묘사하고 나서 비포가 혼돈과 파국의 이중성을 이야기한다는 점이다. 파국은 일이 잘못되어 판이 깨지는 국면이지만 아래에서부터 판이 뒤집혀 완전히 새로운 것이 형성될 수 있는 국면이기도 하다. 혼돈 또한 마찬가지이다. "혼돈은 이중으로 접힌 세계"이며 "친구이자 적"인 어떤 것이다. 이것은 말의 어원을 가지고 하는 언어유희가 아니다. 실제로 자본주의는 지금까지 스스로 만들어낸 모순과 위기를 봉합하고 넘어서면서 더욱 강력해지고 팽창해왔다.

그러나 오늘날의 위기는 근본적으로 다르다. 자본주의적 지배가 마지막 선을 넘지 않게 규제하면서도 자본주의를 추동하고 지탱해온 근대 문명 전체가 자본주의와 완전히 분리된 채 무너지고 있다. 이는 인류의 문명 전체에 너무도 깊숙이 침투한 위기여서 근대적 주체의 신체와 영혼에 치명적인 병증을 일으키며 근대적 주체의 형상 자체를 뒤흔들고 있을 정도이다. 그런데 이를 뒤집어서 생각해보면 자본주의가 위기에 처했을 때마다 주류 경제학이나 정치적 지배계급이 제시해온 일체의 임시적 해결책이 이제는 아무런 힘을 발휘하지 못하는 상황이 도래했다는 것이 된다. 그뿐만 아니라 저들과 대척점에 서 있었지만 동일한 시간관과 믿음을 공유했던 역사적 좌파들이 내놓는 해결책도 오늘날의 위기를 봉합할 수 없다. 임시적, 봉합적, 잠정적 대안들이 모조리 무력해진 것이다. 이런 상황이 가혹하긴 하지만 나쁘다고만은 할 수 없다. 눈가림용의 대안들이 더 이상 우리를 속일 수 없기 때문이다. 이제부터 우리가 만들어내야 할 대안은 근본적인 것이어야 한다. 이 세계를 혼돈으로 인식하는 우리 자신을 완전히 새롭게 창조해낼 수 있을 만큼 말이다.

그렇다면 비포는 이런 근본적 변화의 가능성을 어디에서 찾고 있을까? 이 책에서 비포는 그런 가능성의 장소를 '아직' 발견하지 못한 것 같다. 그런데도 우리가 왜 저항하고 왜 권력으로부터의 자율을 추구해야 하는지에 대해 비포는 이렇게 답한다. "미래 이후에 무슨 일이 일어날지 알 수 없다는 바로 그 이유 때문에 저항해야 하고 사회적 연대, 인간적 공감, 무상의 활동, 자유, 평등, 우애 등에 관한 의식과 감수성을 지켜야 한다"고, "만일을 대비"해야 한다고.

나는 이것이 활동가로서의 비포의 면모가 드러나는 지점이라고 생각한다. 비포는 자기 이론의 완결성이 아니라 현실의 변화에, 이 파국을 조금이라도 넘어서는 데 관심의 초점을 두고 있는 활동가로서 현실에 실제로 존재하는 (하지만 이론적 완결을 위해서는 배제해야 하는) 사건의 예측 불가능성에 주목한 것이다. 또한 사건은 우리가 지금 알고 있는 것의 전개가 아니기 때문에 예측할 수 없을 뿐 아니라 새로운 리토르넬로를 창조하는 창조의 몸짓이라는 점을 지적함으로써 지금까지의 논의를 새로운 실천적 실험의 가능성에 밑거름으로 제공하고자 한 애초의 의도를 다시금 상기시킨다.

활동가의 면모라고 이야기했지만 나는 이것이 이론가로서도 정직한 태도라고 생각한다. 실제로 "혁명을 이야기하는 것이 멋쩍고 우스운 일이 됐다"는 말조차도 낡아 보였던 시기에 우리는 튀니지에서 시작된 봉기가 아랍 세계와 북아프리카, 유럽과 아메리카 대륙을 넘나들며 봇물처럼 터져나오는 것을 보지 않았는가. 넓게 봤을 때 비포와 이론적·실천적으로 상호보완적인 행보를 보여주고 있는 안토니오 네그리와 마이클 하트가 최근 저작 『선언』(2012)에서 비포와 비슷한 이야기를 했다는 것은 이런 점에서 의미심장하다. "절망에 빠졌을 때조차도 우리는 역사의 도처에서 정치권력과 그 가능성의 무대를 완전히 뒤엎는, 예기치 않고 예상 불가능한 사건들이 도래한다는 것을 기억해야 한다. …… 그것이 도래할 날짜를 알지는 못하지만 그럼에도 우리는 그 사건을 준비해야만 한다."

어찌보면 싱겁고 뻔하다는 비난을 들을 답이지만, 나는 이것이야말로 '미래 이후'를 살아가기 위해서도, 비포의 말대로 내 스스로가 평화로워지기 위해서도 필요한 답이라고 생각한다.

현실과 호흡하면서 당대의 한계를 돌파할 방안을 모색하는 사상가이자 활동가로서의 비포를 고려한다면 두 번째 전망, 즉 현실의 변화 가능성에 대한 서술의 모호함과 취약함 또한 비포가 쓴 다른 저작들과의 연결선상에서, 즉 이 책이 써진 시기의 한계를 생각하면서 이해할 수 있다. 스스로 서문에서 짧게 언급하긴 했지만 비포는 이 책에 2011년 지구 전체를 뒤흔들었던 투쟁순환을 충분히 담을 수 없었다. 실제로 이 책의 서문에서 2011년의 투쟁순환의 한계를 주로 다뤘던 것과는 달리, 2012년에 출간된 『봉기』에서는 2011년 봉기의 물결이 오늘날 인지노동자들의 감수성의 재활성화, 새로운 연대 구축의 주요 실험으로서 가지는 의미에 대해 이야기한다. 2011년의 사건들을 좀 더 깊이 성찰함으로써, 『미래 이후』에서보다 더욱 구체적으로 주체화 과정의 재개를 사유하고 한 걸음 더 나아간 전략을 제시하는 데까지 이르게 된 것이다. 따라서 이 글을 읽는 독자들에게는 한국어로 옮겨진 비포의 다른 저작들(『노동하는 영혼』, 『봉기』)을 함께 읽기를 권한다. 여기에서 우리는 '시와 치료'를 통한 감수성의 재활성화와 이를 바탕으로 한 집단적 재구성 과정의 재개에 관한 비포의 구체적인 제안을 만날 수 있을 것이다.

책을 읽고 옮기면서 내가 범한 잘못을 반복하는 독자들이 있을지도 모르겠다는 기우 때문에 말이 길어졌다. 잡설이라 치부하고, 우리 삶의 문제에 공감하면서 그 너머를 함께 고민하는 동시대의 사상가이자 활동가인 비포와의 만남이 독자들에게 유익하고 즐거운 것이기를 바란다. 그리고 곧 다가올 6월에 있을 비포의 방한 활동에 이 책이 보탬이 될 수 있기를 바란다.

  번역 과정 내내 응원과 격려를 아끼지 않으시고 책의 내용을 다듬는 데도 큰 도움을 주신 도서출판 난장의 이재원 편집장님께 고마운 마음을 전한다. 처음으로 책 한 권을 혼자 옮기는 나에게 든든한 길잡이 역할을 해주셨다. 이 책은 초벌 원고를 정남영 선생님께서 여느 감수자 이상으로 꼼꼼하게 검토하고 바로잡아주시는 과정을 거쳐 나왔다. 애초에 공동 번역으로 기획된 책이 아니었고 시일의 촉박함으로 인해 선생님의 손길이 미처 닿지 못한 부분이 있어, 자칫 오역의 책임만 지워드리게 될 우려가 있어서 옮긴이의 이름에는 나 한 사람의 이름만 올라가지만 정남영 선생님의 검토와 가르침이 없었다면 이 책을 내놓는 것이 아예 불가능했을 것이다. 늘 사람들에게 선물을 주시는 선생님께는 다음 기회에 더 나은 번역서를 내놓고 끝까지 노력하는 제자가 되는 것으로 보답하겠다. 마지막으로 번역을 제안한 순간부터 지금까지 술자리에서나 세미나에서나 내가 방황하며 흔들릴 때 묵묵히 곁을 지켜준 연구공간 L의 친구들에게 고마움과 사랑의 마음을 전한다. 이 책을 가장 먼저 선물해드리고 싶은 부모님과 동생에게도 사랑의 마음을 전한다.

2013년 3월 9일

찾아보기

ㄱ

가상계급(virtual class) 91~93, 130, 147, 205
가상화(virtualization) 207, 220
가스만(Vittorio Gassman) 182, 292n28
가치 법칙(law of value) 59, 60, 175, 177, 208, 293n14
가치증식/가치화(valorization) 60, 61, 128, 135, 140, 141, 143, 155~157, 197, 200, 215
가타리(Félix Guattari) 23, 27, 28, 84, 192, 197, 198, 234, 244~247, 250, 258, 259, 265, 270~275, 296n33, 299n16, 299~301n19
　『안티-오이디푸스』(L'Anti-Œdipe) 272, 275, 276
　『정신분석과 횡단성』(Psychanalyse et transversalité) 274, 299~301n19
　『천 개의 고원』(Mille Plateaux) 198, 209
　『철학이란 무엇인가?』(Qu'est-ce que la philosophie?) 104, 246, 286n52-53
　『카오스모제』(Chaosmose) 234, 244, 247, 296n33
감각함(aesthesia) 69, 70
감성(sensitivity) 43, 88, 95
감수성(sensibility) 43, 47, 48, 65~76, 79, 110, 111, 196~199, 203, 249, 251

게이츠(Bill Gates) 129, 130
결속[온전한 결합](conjuction) 67~69, 111 → '접속' 항목 참조
경기회복(recovery) 116, 214
경쟁(competition) 26, 28, 61, 70, 72, 95, 102, 107, 116, 123, 124, 159~161, 175, 176, 212, 217, 219, 223, 226, 238, 241, 244, 269, 271
경제-바깥(out-onomy) 216 → '자율[성]' 항목 참조
경제학(economics) 86, 133~136, 217, 220~222
고르(André Gorz) 136
고메즈(Ruth Gómez) 74
　『반려동물』(Animales de compañía) 74
고베티(Piero Gobetti) 174
고빈다(Lama Anagarika Govinda) 53
골드센(Rose Kohn Goldsen) 202
공재의 평면(plan de consistance) 208, 209, 246 → '리토르넬로' 항목 참조
공존 가능성(compatibility) 200, 269
공통적인 것(the common) 218
공황(panic) 25, 28, 43, 69, 92, 101~103, 145~149, 288n19
구성(composition) 60, 132, 139, 168, 179, 196, 229
　계급구성(class composition) 263
　정치적 구성(political composition) 23

9·11(September 11 attacks) 16, 34, 65, 110, 125, 127, 148, 212, 283n31
굿먼(Amy Goodman) 115
그람시(Antonio Gramsci) 131, 174
그뤼진스키(Serge Gruzinski) 154
근대 문명[화](modern civilization) 35, 116, 118, 145, 228, 229, 243
근대성(modernity) 29, 35~38, 44, 63, 76, 80, 84, 153~155, 177, 243, 249
금융 위기(financial crisis) 11, 110, 190
금융자본주의(financial capitalism) 21, 123, 128, 159, 214~216
금융화(financialization) 156, 166, 214
기업가 정신(entrepreneurship) 97, 165
기술영역(technosphere) 95, 96
기호상품(sign-commodity) 123, 135
기호생산물/재화(semiotic products/goods) 146, 232
기호자본(semiocapital) 59, 92, 141, 146, 165, 166, 182, 201
기호자본주의(semiocapitalism) 25, 29, 61, 102, 155, 165, 166, 190, 203, 205, 208~210, 214, 222
기후변화회담(2009 UN Climate Change Conference in Copenhagen) 115~121
깁슨(William Gibson) 57

ㄴ

네그리(Antonio Negri) 22, 24, 26, 196, 264, 297n4, 298n14, 300n19
네루다(Pablo Neruda) 45, 280n5
네트영역(netsphere) 199
네트워크(network) 25, 88, 94, 95, 132, 140, 195, 199, 200, 247, 268
    디지털 네트워크(digital network) 111, 199, 200, 218, 232, 270,
    신경-텔레마틱 네트워크(neuro-telematic network) 59, 201
    재조합 네트워크(recombinant network) 141, 199, 216
    전지구적 네트워크(global network) 47, 93, 135, 143, 197, 200
노동(labor)
    노동시간(labor-time) 26, 60, 61, 135, 140~143, 157, 166, 177, 230, 238, 248
    사회적 필요 노동시간(socially necessary labor time) 59, 61, 144, 165, 176, 177
    임금노동(wage labor) 18, 176, 221, 222, 253
노동거부(refusal of work) 26, 171, 172, 175, 259
노동기피자들(shirkers) 171~175
노동자주의(operaismo) 22~24, 191, 195, 196, 263, 264, 297n5, 298n9 → '자율주의' 항목 참조
    노동자의힘(Potere Operaio) 22, 263~266
    포스트노동자주의(post-operaismo) 22, 24, 132
    『노동계급』(Classe operaia) 263, 264
    『붉은 노트』(Quaderni Rossi) 263, 264
노라(Simon Nora) 80
노령화(senility) 29, 236~242
뇌 덩굴(brain-sprawl) 25, 141, 200
닉슨(Richard Nixon) 166 → '브레턴우즈' 항목 참조

ㄷ

단편(segment) 25, 68, 140, 147, 195, 229 → '파편화' 항목 참조
달리(Salvador Dalí) 70, 72
닷컴 기업(dotcom) 127~132, 157
당코스(Hélène Carrère d'Encausse) 63
대도시 인디언들(Indiani Metropolitani) 81, 175, 284n38
대중지성(mass intellect[uality]) 132

대항지구화(counter-globalization movement) 16, 18, 189, 230
덩샤오핑(鄧小平) 121
데이비스(Mike Davis) 148
데페로(Fortunato Depero) 47
델우트리(Marcello Dell'Utri) 163
드러커(Peter Drucker) 132~136
드레센(Andreas Dresen) 236, 237
  『아홉 번째 구름』(Wolke Neun) 236, 237, 295n30
드릴로(Don DeLillo) 70
들로네(Robert Delaunay) 48, 281n8
들뢰즈(Gilles Deleuze) 23, 84, 89, 104, 162, 177, 191, 198, 209, 226, 246, 258, 270, 271, 275
  『안티-오이디푸스』(L'Anti-Œdipe) 272, 275, 276
  『의미의 논리』(Logique du sens) 162
  『주름』(Le Pli) 177
  『천 개의 고원』(Mille Plateaux) 198, 209
  『푸코』(Foucault) 226
딕(Philip K. Dick) 57, 70, 225
떼[군중/무리](swarm) 94, 269, 298n14

ㄹ
라자라토(Maurizio Lazzarato) 132
랜더스(Jørgen Randers) 76
레닌(Vladimir Ilyich Lenin) 26, 27, 63~65, 131, 156, 233, 265, 266
레비(Pierre Lévy) 56, 132
  집단지성(collective intelligence) 132, 213, 232, 249, 252
로뱅(Jacques Robin) 134
로빙크(Geert Lovink) 129
로제토(Louis Rossetto) 90
루솔로(Luigi Russolo) 47, 48
루슈디(Salman Rushdie) 147, 148

리소르지멘토(Risorgimento) 174, 182
리오타르(Jean-François Lyotard) 80, 275, 284n37
리토르넬로(ritornello) 197, 198, 209, 213, 246~248 → '가타리' 항목과 '공재의 평면' 항목 참조
리펠리노(Angelo Maria Ripellino) 51

ㅁ
마라치(Christian Marazzi) 132, 165, 201, 214
마르코니(Guglielmo Marconi) 49
마르쿠제(Herbert Marcuse) 44, 131
마리네티(Filippo Tommaso Marinetti) 9, 29, 32, 37, 40~42, 46, 47, 88, 251 → '미래주의' 항목 참조
마야코프스키(Vladimir Mayakovsky) 70
마오쩌둥(毛澤東) 26, 27
  마오주의(maoism) 27, 262, 263, 274
마키아벨리(Niccolò Machiavelli) 182
마피아(mafia) 124, 157, 160, 163, 174, 175, 182, 227, 289n7
만초니(Alessandro Manzoni) 182
만트라(mantra) 53, 228
  샤브다(Shabda) 53
맑스(Karl Marx) 23, 24, 58, 78, 92, 131, 133, 140, 177, 199, 222, 263,
  맑스주의(marxism) 76, 77, 97, 191, 196, 248, 262
  「기계에 관한 단상」(Fragment über Maschinen) 24, 263
  『정치경제학 비판 요강』(Grundrisse der Kritik der Politischen Ökonomie) 24, 131, 263
  『1844년 경제학-철학 수고』 (Ökonomisch-philosophische Manuskripte aus dem Jahre 1844) 263

맹크(Alain Minc) 80
메도즈(Dennis L. Meadows) 76
메도즈(Donella H. Meadows) 76
메치아(Giuseppina Mecchia) 270
메트로폴리스(metropolis) 118, 147
모랄레스(Evo Morales) 119
무라로(Luisa Muraro) 202
무솔리니(Benito Mussolini) 158, 159, 168, 178, 182, 184
문화 혁명(cultural revolution) 235, 241
물러나기(withdrawal) 212, 213, 228, 235, 269~271
미디어(media) 45~50, 81, 90, 91, 124, 126~129, 140, 163, 178, 182, 189, 194~197, 235, 243, 253, 257
미디어 환경(mediascape) 50, 167, 258
미래주의(futurism) 33~62, 88, 158, 168, 226, 251, 257, 258
　「미래주의 선언」(Manifesto del Futurismo) 9, 15, 29, 32, 33, 37~42, 61, 280n1
민구치(Gianfranco Minguzzi) 274
민족(nation) 36, 126, 191, 230, 235, 239, 240, 242, 245, 264
민족주의(nationalism) 35, 45, 89, 127, 240, 241
민주주의(democracy) 35, 47, 62, 126, 197, 212, 225, 229, 237, 243, 263, 270

ㅂ
바그너(Richard Wagner) 65
바디우(Alain Badiou) 27, 270, 298n12
바로크(Baroque) 153, 154, 158, 177
　신바로크(Neo-Baroque) 157, 158, 175~182
바잘리아(Franco Basaglia) 274, 299n17
반세계화 운동(anti-globalization movement) 62

발라(Giacomo Balla) 47, 48
발라(Lorenzo Valla) 182
발라드(J. G. Ballard) 96, 205, 225
발레리(Paul Valéry) 46, 47
백색소음(white noise) 163
버로스(William Burroughs) 70
범죄계급(criminal class) 127, 190, 191, 223, 225, 228, 235, 236
베나재야그(Miguel Benasayag) 97
베런스(William W. Behrens III) 76
베리히만(Ingmar Bergman) 83
　『뱀의 알』(Das Schlangenei) 83
베를루스코니(Silvio Berlusconi) 16, 29, 158, 159~164, 167, 178~182, 260, 261
베이트슨(Gregory Bateson) 274
벤야민(Walter Benjamin) 61, 131
변증법(dialectics) 97, 156, 197, 210, 233, 234, 248, 266
보드리야르(Jean Baudrillard) 55, 59, 84, 91, 120, 121, 135, 198, 205~213, 274~276
　『상징적 교환과 죽음』(L'Échange symbolique et la mort) 59, 207, 275
　『테러리즘의 정신』(L'esprit du terrorisme) 211
　『푸코를 잊어라』(Oublier Foucault) 275
보르디가(Amadeo Bordiga) 263, 264
보치오니(Umberto Boccioni) 47, 48
복지(welfare) 35, 214, 223, 237, 269
　복지국가(welfare state) 80, 156, 173
본조르노(Mike Bongiorno) 163, 164
볼로냐(Sergio Bologna) 196
부르주아지(bourgeois) 86, 117, 153, 155, 156, 159, 160, 169~176, 248
　룸펜 부르주아지(lumpen-bourgeois) 124, 158~161
　산업 부르주아지(industrial bourgeois) 153~156, 159, 174

부시(George W. Bush) 16, 17, 124, 125, 129~131, 189, 228, 245
부채(debt) 17, 119, 120, 121, 217, 230, 232, 241, 251
불안정성(precariousness) 10, 12, 16, 26, 60, 61, 79, 138~143, 189, 197, 238,
  불안정 노동자(precarious worker) 144, 197, 202, 219
  불안정화(precarization) 137~145, 190, 229, 243
붉은여단(Brigate Rosse) 79, 82
브래드버리(Ray Bradbury) 96
브레즈네프(Leonid Brezhnev) 80
브레턴우즈(Bretton Woods) 166
브레히트(Bertolt Brecht) 131
브루슈텔린(Alf Brustellin) 79
블랙워터(Blackwater) 158, 227, 289n4
비르노(Paolo Virno) 132, 165
비릴리오(Paul Virilio) 61, 84
비물질화(immaterialization) 166, 222
비-일시적 자율지대(Non-Temporary Autonomous Zones) 230~235
비포(Franco Berardi 'Bifo') 255~277, 303~309
  라디오 알리체(Radio Alice) 23, 27, 188, 257~259, 279n2, 296n2
  레콤비난트(Rekombinant) 23, 257, 276
  텔레스트리트(Telestreet) 257, 261, 262
  토피아(Topia) 273, 274
  「포스트미래주의 선언」(Manifesto del dopofuturismo) 252, 253
  『노동에 대항하여』(Contro il lavoro) 266, 298n11
  『노동하는 영혼』(The Soul at Work) 26, 275
  『봉기』(The Uprising) 283n24, 296n35, 298n14, 308
  『아/트라베르소』(A/Traverso) 257, 258

ㅅ

사비아노(Roberto Saviano) 159
사이버공간(cyberspace) 43, 135, 140, 141, 147
사이버문화(cyberculture) 34, 47, 50, 88~90, 128, 129
사이버시간(cybertime) 43, 92, 207
사이키델릭(psychedelics) 50, 57, 155
사적 소유(private property) 222, 232~236
사카모토(坂元友介) 73
  『생선구이의 노래』(焼魚の唄) 73, 74
사회적 두뇌(social brain) 92, 155, 197, 201, 224
살란드라(Antonio Salandra) 184
상상계(the imaginary) 148, 154, 204
상호작동(interoperablity) 200~203
사회적 관계(social relation) 44, 60, 69, 223, 237, 269
생명보험 전매(life settlement) 224
생산(production)
  비물질적 생산(immaterial production) 83, 134
  산업생산(industrial production) 37, 134, 140, 144, 166, 214, 247
  생산성(productivity) 37, 38, 61, 67, 77, 92, 101, 102, 134, 161, 170~172, 177, 184, 206, 212, 216
  재생산(reproduction) 34, 136, 206
세넷(Richard Sennett) 138, 288n18
세베리니(Gino Severini) 48
셍겐 협약(Schengen agreement) 239
소르디(Alberto Sordi) 183
소비주의(consumerism) 11, 124, 191, 212, 241, 275
소진(exhaustion) 76~85, 205~213
수아레스(Miguel Soares) 74
쉴러(Robert J. Shiller) 219

슈미트(Gérard Schmit) 97
슈톡하우젠(Karlheinz Stockhausen) 65
슐라이어(Hanns-Martin Schleyer) 79
슐뢴도르프(Volker Schlöndorff) 79
스미스(Adam Smith) 94, 95
스칼파로(Oscar Luigi Scalfaro) 178
스탈린주의(Stalinism) 45, 168, 264
스펙터클(spectacle) 155, 165, 207, 225
시뮬라시옹(simulation) 54~60, 96,
  155, 165, 166, 175~178, 207~209,
  275, 294n14
시뮬라크라(simulacra) 55, 208, 210,
  293~294n14
신경 에너지(nervous energy) 102, 103,
  199~201, 205, 206, 216
신자유주의(neoliberalism) 15~19, 60,
  79, 90, 108, 116~118, 123, 127~131,
  169~175, 223~243, 267, 269, 270
  자유주의(liberalism) 94, 95, 128, 141,
    142, 173, 174
심리영역(psychosphere) 88
실업(unemployment) 78, 80, 124, 137,
  213, 214~217, 238

ㅇ

아도르노(Theodor Adorno) 75, 131
아시모프(Isaac Asimov) 86
아틸라(Eija-Liisa Ahtila) 71
알콰티(Romano Alquati) 263
애커로프(George Akerlof) 219
앨버트(Michael Albert) 165
언어(language) 41, 42, 50~59, 68, 71,
  88, 132, 155~158, 161~167, 176~181,
  200~203, 210, 226, 250
에렝베르(Alain Ehrenberg) 107, 109
에체베리아(Bolívar Echeverría) 153
엥겔스(Friedrich Engels) 248
여성성(femininity) 158, 183, 184, 253

역사적 타협(Compromesso storico)
  168, 290n15, 300n19
역사주의(historicism) 97, 196, 233
연대(solidarity) 13, 18~20, 26, 79, 105,
  131, 144, 190, 196, 197, 201, 203, 227,
  238, 241, 242, 249, 268, 271
영토화(territorialization) 117, 153, 155
  재영토화(reterritorialization) 89, 179
  탈영토화(deterritorialization) 84, 89,
    118, 145, 154~156, 177
오바마(Barack Obama) 16, 215,
  228~230
오비넨(Pekka-Eric Auvinen) 65~67
오웰(George Orwell) 70, 96, 286n49
우울[증/함](depression) 10, 25~29,
  63~65, 69, 72, 79, 92~110, 193, 194,
  205, 212, 220, 236, 245, 247, 271~273
와인슈타인(Michael A. Weinstein) 91,
  195
워즈니악(Stephen Wozniak) 80
웹 2.0(Web 2.0) 262, 277
위뷔 왕(Ubu Roi) 179, 291n23
유물론(materialism) 248
의식성(consciousness) 16, 17, 144,
  156, 191~193, 230, 243, 248, 249
인종주의(racism) 215, 230
인지노동(cognitive labor) 12, 66,
  101, 122, 128, 132~137, 143, 157,
  199~201, 247, 260
  인지노동자(cognitive worker) 10, 25,
    61, 92, 128~131, 143, 197, 220, 249 →
    '코그니타리아트' 항목 참조
  인지자본주의(cognitive capitalism) 25,
    219, 305
일반지성(general intellect) 23, 78, 131,
  190, 199, 201, 213, 233~236, 249, 251
임금(wage) 59, 118, 134, 142~148,
  156, 159, 172, 175, 214~222

ㅈ

자기경멸(self-despise) 182~185
자동화/자동작용(automation) 60, 89, 94, 95, 96, 200, 204, 225
자리(Alfred Jarry) 291n23
자살(suicide) 65~69, 73, 83~85, 100, 106, 205, 210~213, 220, 227
자율[성](autonomy) 16~24, 170~176, 189, 196, 213~216, 226, 227, 235, 236, 243, 249, 266~271, 276
    자율주의(autonomia) 22~26, 79, 82, 84, 156, 162, 167, 171, 259, 265
재구성(recomposition) 143, 192~197, 199, 201, 207, 210, 224
재분배(redistribution) 190, 216, 227, 230, 234, 239, 241
재조합(recombination) 59~61, 95, 122, 139~144, 147, 163, 190~201, 215, 216, 234, 270, 276
저항(resistance) 26, 81, 144, 170~173, 182, 226, 231, 236, 243, 244, 249
적군파(Rote Armee Fraktion) 79
    『그 해 가을의 독일』(Deutschland im Herbst) 79
전진이탈리아(Forza Italia) 167~169, 290n14 → '베를루스코니' 항목 참조
접속[일면적 결합](connection) 65~76, 88, 103, 111, 141 → '결속' 항목 참조
정동(affect) 71, 106, 109, 137, 156, 193, 210, 229, 244, 257, 268, 270
정보노동(informational labour) 60, 137~145, 197
    정보노동자(infolaborer) 25,
    정보영역(infosphere) 20, 103, 111, 136, 146, 155, 167, 169, 177, 202~205, 210, 239, 240, 258, 260, 273
    정보자극(informational stimuli) 43, 101, 202, 203
정보통신 기술(telematics) 80, 91, 132
정보흐름(infoflow) 251, 268
조제스쿠-뢰겐(Nicholas Georgescu-Roegen) 76~78, 284n34
조승희(Cho Seung Hui) 98~101
조이(Bill Joy) 96
조직화(organization) 20, 21, 23, 63, 80, 147, 170, 195, 196, 215, 233, 238, 258, 263, 265
    자기조직화(self-organization) 19, 24, 128, 213, 216, 224, 249
종교개혁(Reformation) 169 → '바로크' 항목 참조
    반종교개혁(counter-Reformation) 153, 169, 170, 174
주목 시장(attention market) 208
주체성(subjectivity) 23, 191, 193, 195, 201, 212, 226, 244, 245, 250, 271
    주체화(subjectivation) 16, 17, 27, 143, 190, 193~197, 201, 203, 207, 210, 212, 226, 234, 243, 244, 272, 276
죽음의 경제[네크로노미](necronomy) 213~226
줄라이(Miranda July) 71
    『나와 너와 우리가 알고 있는 모든 이』(Me and You and Everyone We Know) 71
지아장커(賈樟柯) 71
지양(Aufhebung) 35, 233, 234, 236 → '헤겔' 항목 참조
짜움(zaum) 50~59, 257, 281n11

ㅊ

참피(Carlo Azeglio Ciampi) 178
체니(Dick Cheney) 189, 228, 289n3
초과실재(hyperreality) 60, 135, 207
초자본주의(hypercapitalism) 59, 174, 232, 283n25
치료시(thera-poetry) 251

ㅋ

카라(Carlo Carrà) 48
카모라(Camorra) 160, 289n7→ '마피아' 항목 참조
칼라브레세(Omar Calabrese) 177
캉기울로(Francesco Cangiullo) 47
캐럴(Lewis Carrol) 161
　험프티 덤프티(Humpty Dumpty) 161, 162, 181
　『거울나라의 앨리스』(Through the Looking-Glass) 161
커코브(Derrick De Kerckhove) 132
　접속지성(connective intelligence) 132
케인즈(John Maynard Keynes) 214, 219
　야성적 충동(animal spirits) 218, 219 → '파스퀴넬리' 항목 참조
켈리(Kevin Kelly) 47, 93~96, 128
코그니타리아트(cognitariat) 29, 80, 130, 142, 160, 190, 251, 267 → '인지노동자' 항목 참조
코메디아 델라르테(Commedia dell'arte) 159, 165, 289n5
코뮤니즘(communism) 21~29, 97, 232, 233, 248, 262, 265~267, 269
쿠퍼(Melinda Cooper) 206
크라카우어(Siegfried Kracauer) 131
크락시(Bettino Craxi) 174, 175, 178, 291n18
크로커(Arthur Kroker) 91, 195, 276
크루초니흐(Aleksei Kruchenykh) 48, 281n11 → '짜움'과 '흘레브니코프' 항목 참조
크루프스카야(Nadezhda Krupskaya) 63, 64 → '레닌' 항목 참조
크리스테바(Julia Kristeva) 106
크리티컬아트앙상블(Critical Art Ensemble) 195, 276, 293n2
클루게(Alexander Kluge) 79

ㅌ

탈규제[규제완화](deregulation) 59, 60, 118, 156, 157, 160, 161, 190, 197, 223, 238, 244, 260, 275, 276, 282n24
　규제(regulation) 42, 109, 133, 134, 136, 137, 139, 148, 161, 175, 229, 243
탈근대(postmodern) 41, 154, 155, 158, 169, 173, 177
탈성장(UnGrowth) 236, 239, 241
테크노마야(technomaya) 50~59
투사[물](projection) 34, 43, 57~59, 104, 155, 204, 247
트라비첼로 왕(Re Travicello) 181, 291~292n25
트론티(Mario Tronti) 196, 263, 264
　『노동자와 자본』(Operai e capitale) 263
특이성(singularity) 68, 107, 170, 192, 200, 226~236, 249, 250, 273
　재특이화(resingularization) 245, 250
　탈특이화(desingularization) 203
　특이화(singularisation) 234

ㅍ

파국(catastrophe) 193, 210, 211, 249
파스빈더(Rainer Werner Fassbinder) 79
파스퀴넬리(Matteo Pasquinelli) 218~220, 276
파시즘(fascism) 45, 62, 91, 167~170, 174, 182, 183, 236
파편화(fragmentation) 20, 61, 123, 132, 138, 143, 176, 197, 201, 215
판치에리(Raniero Panzieri) 264, 297n5
포드주의(Fordism) 26, 109, 165, 205
포르멘티(Carlo Formenti) 90, 132
포퓰리즘(populism) 167, 170, 172, 178, 182, 215
푸코(Michel Foucault) 109, 191, 219, 226, 275

프랙탈화(fractalization) 16, 142, 145, 176, 177, 199, 201, 249 → '파편화' 항목 참조
프랜즌(Jonathan Franzen) 72, 73
  『인생 수정』(The Corrections) 72, 73
프로이트(Sigmund Freud) 201, 228
프로작 경제(prozac economy) 61, 110
프립(Robert Fripp) 87, 285n41
피셔(Mark Fisher) 268

ㅎ

한계(limit) 34, 35, 43, 56, 77, 78, 92, 195, 207, 248, 249
행동주의(activism) 27, 28, 59~65, 81, 207, 212, 226, 251, 262, 270, 276
행위자(agency) 18, 19, 70, 127~132, 140, 192, 193, 234, 239, 248, 269 → '조직화' 항목 참조
허버트(Bob Herbert) 137
헤겔(Georg Wilhelm Friedrich Hegel) 44, 62, 191, 233, 248
혁신(innovation) 129, 136, 168
협력(cooperation) 153, 155, 271
호르크하이머(Max Horkheimer) 131
혼돈[카오스](chaos) 104, 105, 245~247, 305, 306
흐름(flow) 43, 47, 60, 61, 69, 132, 137, 141, 143, 145, 197, 202, 203, 269
흘레브니코프(Velimir Khlebnikov) 48~52 → '짜움'과 '크루초니흐' 항목 참조

미래 이후

초판 1쇄 인쇄 | 2013년 3월 25일
초판 1쇄 발행 | 2013년 4월 1일

지은이 | 프랑코 베라르디 '비포'
옮긴이 | 강서진
펴낸곳 | 도서출판 난장·등록번호 제307-2007-34호
펴낸이 | 이재원
주　소 | (121-841) 서울시 마포구 서교동 458-15 하이뷰오피스텔 501호
연락처 | (전화) 02-334-7485　(팩스) 02-334-7486
블로그 | blog.naver.com/virilio73
이메일 | nanjang07@naver.com

책값은 뒤표지에 있습니다.
잘못 만들어진 책은 구입한 서점에서 바꿔드립니다.
ISBN 978-89-94769-11-0　03300

이 도서의 국립중앙도서관 출판시도서목록(CIP)은
서지정보유통지원시스템 홈페이지(http://seoji.nl.go.kr)와
국가자료공동목록시스템(http://www.nl.go.kr/kolisnet)에서 이용하실 수 있습니다.
(CIP제어번호: CIP2013001410)